MEMOIRS OF
THE DUAL CUPS
2024

2024 双杯记

关于欧洲杯和美洲杯的私人记忆

阿艾 ————— 著

Personal Memories of the
UEFA European Championship
And Copa América

中国社会出版社

国家一级出版社·全国百佳图书出版单位

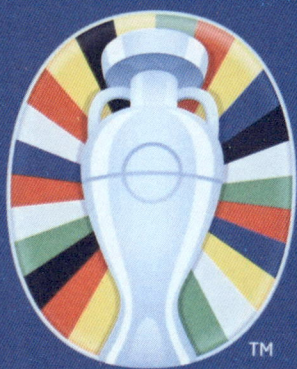

UEFA
EURO 2024
GERMANY

欧洲杯开幕

图书在版编目（CIP）数据

2024 双杯记 ：关于欧洲杯和美洲杯的私人记忆 ／ 阿艾著 ． —— 北京 ：中国社会出版社 ，2024．12． ——ISBN 978-7-5087-7132-8

Ⅰ．G843.732

中国国家版本馆 CIP 数据核字第 2024MD7304 号

2024 双杯记 ：关于欧洲杯和美洲杯的私人记忆

出 版 人：程　伟
终 审 人：李新涛
责任编辑：孙武斌
装帧设计：刘青文
出版发行：中国社会出版社
　　　　　（北京市西城区二龙路甲 33 号 邮编 100032）
印刷装订：山西基因包装印刷科技股份有限公司
版　　次：2024 年 12 月第 1 版
印　　次：2024 年 12 月第 1 次印刷
开　　本：185mm×260mm 1/16
字　　数：300 千字
印　　张：22.25
定　　价：119.00 元

序 言

为阿艾先生的《2024 双杯记——关于欧洲杯和美洲杯的私人记忆》写序，我有些忐忑踌躇犹豫。

看足球比赛，迷人的魅力在胜负未决的过程，一旦决出雌雄，失去悬念，即使精彩决赛的回放，看起来不说索然寡味，也会失色不少。

此前，看过阿艾的《我看世界杯——一部世界足球的当代史》，用传神之笔再现了 2022 年卡塔尔世界杯 64 场比赛的精彩瞬间。透过赛场的风云激荡，不仅对赛事中的技战术兴起背景、发展渊源、优劣得失，娓娓道来，还穿插了"章鱼保罗""世界杯魔咒""埃斯科巴的悲剧""乌龙球的来历"等让人会心一笑的典故；同时如数家珍、信手拈来，把足球史上的明星米拉、克鲁伊夫、贝肯鲍尔、延伸至加林查、肯佩斯、贝利、马拉多纳等的趣闻逸事描绘得历历在目……我读过不少体育专著，还鲜见这样由点及面，折射出"一部世界足球的当代史"的作品。

我知道阿艾是超级足球迷，有着40年的资深迷恋，用他自己的话说："还在上大四的时候，我就豪迈地宣布了此生将忠贞不渝热爱的三样事物：诗歌，啤酒，还有足球。现在已是知天命之年，发现青年时代的挚爱，都毫无折扣地坚持了下来。""我自己曾经写过一篇文章，标题是《爱是花时间给她》，看来，我是真爱足球。"

我能够理解这种痴迷："红尘自有痴情者，莫笑痴情太痴狂。"专注和痴情是成事的前提，"咬定青山不放松"，才能够"铁杵磨成绣花针"。

然而，《我看世界杯——一部世界足球的当代史》已经"穷尽千里目"，已经"叹为观止"，难道还有必要"痴心不改""爱屋及乌"，再为2024年举行的欧洲杯、美洲杯，画蛇添足狗尾续貂吗？

我为作者杞人忧天了。子非鱼，安知鱼之乐？

同样的"看足球"，"横看成岭侧成峰"。王国维的"看山三部曲"，妙处正在"似与不似"之间。

写作的高超技巧是言及于此而意归于彼，言有尽而意无穷。艺高人胆大。写出文字的张力，写出言说的多重蕴涵。

据说，阿艾还有一个更大的"花时间给她的爱"，他嗜书如命，收藏有4万多册书，腹中书富五车。我读过阿艾的3本《读书札记》，写下对300本书的阅读感受。博学强记，厚积薄发，使阿艾对足球的讲述，旁征博引、汪洋恣肆，超越了现场体育解说名嘴的程式及套路，形成自己独特的"评球"。别有一番滋味润心肺。

及至认真通读过《2024双杯记——关于欧洲杯和美洲杯的私人记忆》，才恍然大悟阿艾的良苦用心。

阿艾在西班牙队与克罗地亚队的比赛中，这样描绘了万众瞩目，正在国际足坛冉冉升起的新星阿明·亚马尔堪称绝妙的进球：

还没有来得及过17岁生日的亚马尔有如梅西附体，打出了一脚精确制导导弹般的左脚射门，足球以一道"梅氏弧线"飞向对方大门的远角门柱与横梁的夹角——如同尚是少年的大卫以石头准确击中不可一世的歌利亚……

无独有偶，阿艾在《世界艺术史漫谈》的讲座中，也提到米开朗琪罗斧凿下的《大卫像》。这尊表现健与力的"胜利者"雕像，米开朗琪罗在这个亦神亦人的大卫身上，蕴藏着一个深刻的主题。

阿艾写道："所谓成功，不仅是'成名要有种'，而且是'成名要趁早'。"

足球是青春属性。英雄出少年。每每一个足球队的横空出世，总与一个足球新星的诞生唇齿相依。"五星巴西"的罗纳尔多、罗马里奥，"三明治式冠军队"阿根廷的梅西，意大利的金童罗西，英格兰的索斯盖特，法兰西的德尚，葡萄牙的C罗等，一骑绝尘，万马奔腾。

阿艾道出"少年强则国家强"的至理名言。

足球是强烈对抗的体育运动，青春期短得稍纵即逝，一过而立之年，"无可奈何花落去"，当年的风光无限，随着时过境迁，难免显现力不从心的"英雄迟暮"。

阿艾把亚马尔场上春风得意的画面，意味深长地蒙太奇般切到了场下一角：

25岁的姆巴佩表情复杂地看向17岁的亚马尔，如同2018年世界杯阿根廷输给法国时，31岁的梅西看向19岁的姆巴佩。

这就是足球的故事，"江山代有才人出，各领风骚数百年"。数百年当然不可能，属于他们的辉煌也就几年。

人生易老天难老，谁人能青春永驻？

阿艾又延伸出梅西在本届美洲杯上的悲情时刻：

回到替补席的梅西难过得双手掩面痛哭，泪流满面。这将是足球史上的一个经典时刻，再现无数叱咤风云的英雄所经历过的悲情时刻，也展示了不屈的奋斗精神和冷酷命运之间永恒的张力。很多年以后，我们都会想起这个瞬间，看着在足球场上无往而不胜的梅西像个孩子一样无助地哭泣，最坚硬的顽石也会变得柔软起来。

还写到作为足球象征的巴西队的"英雄末路"：

未能挽救极速下滑的五星巴西。内马尔在看台上哭了，维尼修斯痛苦地抱住脑袋迟迟不肯抬头，这是盖世英雄的悲情时刻。当亚历山大在印度的泥沼里无奈宣布撤兵，当汉尼拔在梅陶罗河战役困守孤城最终逃回迦太基的时候，他们估计也都是这个表情。

常有落花伴红泥：

当莫拉塔打入第一个进球时，电视转播的镜头切向了莫德里奇因失望而略显苍老和疲态的脸。这是一个意味深长的镜头，C罗、梅西，也都会有这样的时刻。这不是前浪的失败，而是后浪的哲学。

男儿有泪不轻弹，只因未到伤心时。

赵阿艾先生长着一个苏格拉底式的睿智大脑袋，一双洞若观火的"火眼金睛"，捕捉到赛场画面里所蕴含的人生哲理和文化底蕴。

这样的"神来之笔"，俯拾皆是，随手拈来，以斑窥豹：

奥地利战胜荷兰之后："这是一场无比精彩的球赛。这个孕育了莫扎特、舒伯特、车尔尼、海顿、约翰·施特劳斯、卡拉扬等杰出音乐家的伟大民族，也用足球谱写了他们的胜利交响曲。"

评品格鲁吉亚的浪漫主义精彩表现："如同日本围棋大师大竹英雄，不能为了胜利而下出劣形。"

说到欧洲劲旅英格兰队："虽然最终他们以1胜2平积5分的战绩排名小组第一，但进球数只有2个，净胜球则只有1个，套用汉娜·阿伦特的术语，这是一种足球领域的'平庸之恶'。"

说到一场势均力敌的比赛："双方都想吃掉对方，道理如亚当·斯密在《国富论》里的论述，决定他们行为的不是爱足球的心，而是想出线的利益。"

"谁也输不掉曾经付出的爱""谁也赢不了和时间的比赛"。

与葡萄牙"诸神的黄昏"相对应，斯洛文尼亚的表现叫作"大闹天宫"。

西班牙和法国的对阵："也可以视为两种拉丁派——可以称为纯粹拉丁派和修正拉丁派的对话。而两队球衣的颜色，也似乎在为这两种风格做注解：西班牙穿着他们传统的红色球衣，仿佛骄阳一样热情如火，对应尼采笔下的酒神；法国则穿着他们传统的白色队服，仿佛雪后的大地一样冷静如冰，对应尼采笔下的日神。"

厄瓜多尔对委内瑞拉："从牧野之战到官渡之战，从淝水之战到赤壁之战，人们总是更能记住那些以弱胜强的著名战例。"

……

由于阿艾读书之广博，使他的表达左右逢源、得心应笔，充满了举一反三触类旁通的瑰丽联想。

西班牙对阿尔巴尼亚的比赛，阿艾这样描述：

反观阿尔巴尼亚，作为第三支确定无疑被淘汰的队伍，他们交出的答卷并非如结果那样不堪。作为一个不幸落入"死亡之组"的弱旅，他们的命运从一开始就充满了危机，但他们仍然表现出了相当顽强而坚定的气势，对欧洲两大豪门西班牙和意大利，都是一球小负。对克罗地亚，甚至在最后关头绝平了比分。3场比赛，3个最强对手，阿尔巴尼亚交出了进3球失4球的成绩，完全可以令他们昂着头离开。在阿尔巴尼亚"二战"电影《地下游击队》中，"把枪交给杰尔基"的游击队长阿克隆，最终拿回了自己的武器，在敌人的眼皮下从容不迫地处死了叛徒，完成了救助"政治犯"越狱的任务。这似乎也可以表征阿尔巴尼亚足球的未来。

阿艾的"看球"，总会横插出一些"闲笔"，然而这恰恰是"点睛"之笔。阿艾说："看一支队伍是否成熟，如同看一个人是否优秀，不要看他成功时如何华丽表演，而要看他逆境时如何把握机会绝地反击。"

阿艾从"看球"，到"评球"，功夫在"球"外，在为读者展示足球无比魅力的同时，揭示出许多深刻的人生哲理。

俗话说："看景不如听景。"阿艾先生对足球赛事的讲述，让读者有了"看球不如听球"的绝佳感受。

陈为人

（著名传记作家，山西省青联原常委，山西省青年作家协会原常务副主席，山西省老文学艺术家协会原主席。）

2024 年 12 月 1 日

引 言

　　著名的英超利物浦足球俱乐部的队歌，叫《你永远不会独行》。我第一次被这首歌打动，是在克洛普执教利物浦俱乐部的告别战之时。伴随着歌声，克洛普快步走入球场，利物浦球迷们送上了热烈的掌声。在人类无数悲欢离合的时候，歌声总是这样如影随形般出现，告诉我们，因为有足球，你永远不会独行。

　　最近一个月以来，我几乎看了2024年欧洲杯和2024年美洲杯的每一场比赛，少数场次是和儿子女儿一起看的，其他的，则多是独自一人在被窝儿里或者一个孤独的角落看的。如果此时《你永远不会独行》的旋律激昂地响起，那意味着什么？很简单，对于即将离开利物浦俱乐部的克洛普，球迷们表达了永远不会忘记他的拳拳之意。而对于独自蜷缩在被窝儿里的我，为什么也"不会独行"？那是因为，我和足球在一起。

　　和足球在一起，是个很好的答案。还在上大四的时候，我就豪迈地宣布了此生将忠贞不渝热爱的三样事物：诗歌、啤酒和足球。我现在已是知天命之年，发现青年时代的挚爱，或有类似于"披阅十载，增删五次"的变化，但这三样事物，都毫不折扣地坚持了下来。尤其是足球，以世界杯为节点，后来是欧洲杯，再后来加上美洲杯，当然也包括中国国家队的每一场大赛，居然坚持了将近 40 年。如果以每年看 100 场比赛、每场 2 个小时论，40 年来，我花在足球上的净时间差不多就有一年。如果以每天 8 小时、每周 5 天来计，那就是 4 年还多一点。这还不算包括谈足球、写足球、参与足球活动，以及去现场看球路上的时间。不算不知道，一算吓一跳。还有哪件事物，能吸引我花去如此之多的时间呢？我曾经写过一篇文章，标题是《爱是花时间给她》，看来，我是真爱足球的。

　　两年前，卡塔尔世界杯打响，当时正值新冠疫情期间，生活多有不便。对看球而言，虽然不能约若干好友坐到酒吧里边大杯喝冰啤酒边看球，但蜗居家中，反而有大把的时间可以一场一场看。不仅看那些顶级球队的比赛，连一些过去很少关注的二三流球队的比赛也看了不少。看完球，因为时间充裕，还会在手机的记事本里将比赛的进程乃至个人的观感记录下来。之所以突如其来有这样"记述足球"的举动，在我看来，与人类发明文字的过程大致相当。过去与朋友们一起看球，有了观感，不论是赞叹还是骂娘，都能在第一时间抒发出来。而此番困在家中，"独自打保龄"（《独自打保龄球》是一部经典社会学名著，反映美国人社区生活的衰落），表达受到限制，就只好用文字"自言自语"。说得多了，居然结集成一本书《我看世界杯：一部世界足球的当代史》，把看世界杯每一场的观感收集到一起，蒙中国社会出版社错爱，印成铅字出版。梓行以来，颇受球迷厚爱，虽不至洛阳纸贵，但也多有知音谬吕。

　　不意过了两载。今年又迎来了欧洲杯和美洲杯。这是除世界杯之外，足球领域最为重要的两个世界大赛。从创始之年看，欧洲杯比美洲杯晚近不少，但其正规化建设更加到位，四年一届已成传统。而美洲杯的举办时间、地点和参赛国家，都有不小的随意性。回顾往年，还从来没有如今年这样，欧洲杯和美洲杯举办时间重叠在一起的情形。从 6 月 21 日美洲杯揭幕，到 7 月 15 日两个赛事先后举行决赛，在整整 25 天的时间内，欧美两个大洲各启足球战端，球迷需要两线观战，东张西望，顾此而不能失彼。从好的一面说，这是超级豪华的足球饕餮盛宴；而不好的一面，时间和精力的分配几乎令人绝望。最多的时候——差不多有 10 天左右的时间——每天就有 6 场球开战。且不说看这 6 场球所需要的时间，就是看完一一写出球评，也是"时间与精力不能承受之重"——何况这 10 天中，还有五六天并非周末，尚有繁重工作任务需要承担。由于时间的关系，有些场次是赛后看的实况录像，有些场次则只看了半场加上赛后的集锦。无论如何，这个观看比赛并诉诸文字的过程，都是一个超越了爱好与欣赏，更多变成任务甚至道义的异化过程。不是我在看足球，而是那些赛事像早晨上班打卡一样，窥视着我是否如约到达、认真观看并付诸文字。当然，我虽然领不到全勤奖，但还算是一个忠实而勤奋的超级球迷，观览场次之多、之全面、之认真，都颇可自夸。在此之前和之中，我还翻阅了大量关于世界杯、欧洲杯和美洲杯历史的资料，甚至读了一些著名足球运动员——从克鲁伊夫到莱万多夫斯基——的传记，对世界足球多了一些感性而鲜活的认知。尽管疲劳无比，有时看球都能昏昏睡去，但这段时间内心的感触，较之卡塔尔世界杯时，又有新的感悟。

如此这般，从结果看，就是在两个重大比赛的间隙，我完全靠一部华为智能手机——拟提纲、查资料、写作、润色都在其中——完成了全部 83 场比赛的赛后评论，并以场上发生的事件为契机，对全球足坛过往人物与事件做了回顾与品评。与《我看世界杯：一部世界足球的当代史》一样，这是一个品评足球的过程，这也是一个赏析足球的过程，这还是一个批判足球的过程。定名为《2024 双杯记：关于欧洲杯和美洲杯的私人记忆》，既是对欧洲杯与美洲杯的简约概括，也预设了这样的想象——面对播放精彩赛事的屏幕，斟满两杯啤酒，与想象中同样看球的朋友们，为了足球，干杯！

你看，有了足球和啤酒，你永远不会独行。

欧洲杯开幕

目录

欧洲杯

德意志归来　– 003

邂逅匈牙利　– 009

进球要趁早　– 013

把枪交给杰尔基　– 019

乱拳打死老师傅　– 022

续写的童话　– 025

"强队"英格兰?　– 030

将冷门进行到底?　– 035

"约伯"卢卡库　– 038

天下武功，唯快不破　– 044

没有失败者的比赛　– 050

C 罗：荣耀与危机　– 054

欧洲杯小组赛第一轮印象　– 057

诸神的黄昏　– 060

以密集进攻对密集防守　– 063

最友好的比赛　– 068

兄弟阋于墙　– 070

快速是硬道理　– 074

老牌劲旅的新传控　– 079

乌克兰的危机与救赎　– 081

再见，莱万 – 083

零封？彼此彼此 – 086

无人喝彩 – 091

C 罗的新角色 – 093

事非经过不知难 – 098

欧洲杯小组赛第二轮印象 – 101

致敬匈牙利 – 103

功利向左，足球向右 – 105

梅花开到九分便好 – 107

一声叹息 – 109

奢侈的"锋无力" – 111

这个冷门不太冷 – 113

别让球赛总是"闷平" – 115

平庸之恶 – 119

"平"风"球"色 – 121

命运的力量 – 125

生存或毁灭 – 127

胜利者是不受指责的 – 132

亚平宁的衰落 – 137

大道至简 – 140

贝林厄姆抢戏 – 142

一场酣畅淋漓的胜利 – 148

真正的强强对话 – 153

大闹天宫 – 159

总被摆错的棋子 – 162

一场艰难的胜利 – 165

最佳比赛 – 167

目录
CONTENTS

比胜利还重要的　– 174

饶了足球吧　– 178

"西欧霸权"、青春派与乌龙君　– 183

江山代有才人出　– 188

命硬及其他　–194

技术流的胜利　– 198

数字欧洲杯　– 207

美洲杯

谈谈美洲杯　– 221

静悄悄的揭幕战　– 225

不进球是足球之觞　– 230

一切皆有可能　– 233

取胜比参加更重要　– 235

北美有强兵　– 237

精彩是硬道理　– 239

J 罗的胜利　– 244

巴西不巴西　–249

一失足成全场恨　– 254

关键之战　– 256

无心插柳柳成荫　– 261

豪猪的哲学　– 264

这就是足球　– 266

大胜的背后　–269

"大哥""小哥"落玉盘　– 273

大胜亦有隐忧　– 275

劳塔罗的救赎　– 278

何以粗野？　– 282

为墨西哥一叹　– 284

一黑冲天　– 286

失误？对不起，是失败　– 288

两军相遇勇者胜　– 293

但求无愧我心　– 295

足球，还是柔术？　– 297

圣马丁之夜　– 300

加拿大还活着　– 305

"屠杀"的背后　– 307

悲情时刻　– 309

放下最难　– 314

为乌拉圭一叹　– 319

感谢苏牙　– 324

梅西的哭泣与欢笑　– 326

数字美洲杯　– 333

FOOT-
BALL
2024

欧洲杯
2024

UEFA Euro

UEFA EUROPEAN FOOTBALL CHAMPIONSHIP

德意志归来

2024 年 6 月 15 日　北京时间 03:00

德国 VS 苏格兰

慕尼黑安联球场

　　揭幕战如期而至。尽管是凌晨 3 点这样一个令人难受的时刻，但因为有东道主德国队出场，又是周末，相信很多球迷会和我一样，选择看球。如果再年轻 10 岁，也许会熬夜，和朋友们坐在酒吧里，喝着啤酒，边聊足球边等待开场。面对这样的重要比赛，睡觉甚至是可耻的。但毕竟年龄不饶人，更明智的选择是提前休息，3 点钟醒来——不需要闹钟。

　　德国队当然值得期待。不仅仅因为这是一支世界足球历史上足够伟大的球队——我甚至说过，在国家队层面上，伟大这样的形容词只适用于 4 支球队，南美的巴西和阿根廷，欧洲的德国和意大利——更重要的是，德国队近年来命运多舛，从战绩上看，甚至几乎成了一支鱼腩部队。单看揭幕战，德国队已经连续 3 次大赛首场失败了，2018 年世界杯首战，德国队爆冷 0：1 负于墨西哥队；2020 年欧洲杯首战，德国队 0：1 惜败法国队；2022 年世界杯首战，德国队大爆冷 1：2 败在日本队脚下。今天，会有一支不一样的德国队吗？

　　而德国队的对手苏格兰队，或许会令很多球迷摇头叹息，毕竟，这不能算是一支强队。我们从来不知道哪一个著名球星是来自苏格兰的。也许会有人说起丹尼斯·劳，但他是 1974 年退役的，那时绝大多数中国人还没看过电视。如果我们说得近一点，那么，距这支球队上一次出现在世界杯正赛中已经过去了 26 年，而此次入围欧洲杯是该队时隔 28 年之后的再度亮相。也就是说，苏格兰队上一次出现在世界大赛之中，今天坐在电视机前的球迷很多还没有出生。但是，如果我们熟悉近年来的足球进程，就会知道这是一支不一样的苏格兰队。苏格兰人眼中的传奇主帅克拉克执教这支球队已经 5 年，在他的带领下，球队场均得分为 1.66 分，这对于一支二三流球队来说已经相当不错——要知道，传奇教练贝肯鲍尔带德国队的场均得分也仅仅是 1.89 分。此届欧洲杯预选赛上，苏格兰队不仅战胜过强大的西班牙队，而且在最后关头艰难挤掉了挪威队出线。这可是为他们拉足了仇恨。因为，这届欧洲杯和 2022 年卡塔尔世界杯一样，我们看不到哈兰德。

一个似乎总是开场不利的德国队，碰上了一个似乎正在创造奇迹的苏格兰队，究竟会撞出什么样的火花呢？这正是这场球最大的看点。而且，地球人都知道，揭幕战不好打，而东道主的揭幕战尤其不好打。除了主场比赛不好打，还在于东道主不参加预选赛，他们对所有对手都不很熟悉。

苏格兰队排出了他们已经试了好长时间的 5-4-1 阵型。三中卫蒂尔尼、波蒂厄斯和亨德利镇守后场，通常负责防守，不参与进攻。左翼的罗伯逊和右翼的拉尔斯顿则扮演着传统意义上的边后卫角色，进攻的时候插上，防守的时候回来。中场由麦克格雷格、麦克托米奈、克里斯蒂、麦金恩组成，麦克格雷格充任后腰，而麦克托米奈更多地承担突前组织进攻，克里斯蒂和麦金恩一左一右担任两个边前卫，而亚当斯充任单前锋，更多地作为支点为队友创造第二点射门的机会。应该说，以苏格兰球员相对有限的实力，这个阵容攻可以变阵为 3-4-3，守则回到 5-4-1，已经是苏格兰可能组合出的最佳选择了。从近几年来的比赛战术看，苏格兰仍然采取着目前已不多见的传统英式风格，就是那种被贝肯鲍尔讽刺为"只看见球在空中飞来飞去"的长传冲吊、两翼齐飞和防守反击式打法。对于技术相对粗糙的苏格兰而言，这未尝不是一种明智的选择。已经 61 岁的老帅克拉克似乎告诉我们，争取赢球不是明智的选择，也许平局甚至少输才是合理的选择。毕竟，德国队球员总身价

6.22 亿欧元，排名世界第 16 位（这也是历史最低点），而苏格兰球员总身价才 2.39 亿欧元，排名世界第 39 位，双方有着巨大差距。

德国队祭出了他们一贯擅长的 4-3-3 阵型，这是强队的必然选择。放眼世界，巴西、阿根廷、英国、西班牙和法国这样的强队大致都是这样的组合，只是在局部的组合上，由于队员超强的个人能力和配合意识，可以打出更丰富的进攻套路，也能以个人能力形成中前场的上抢式防守，令人经常看不出他们的具体阵型。德国队今天的四后卫分别是基米希（居右）、米特尔施塔特（居左）、吕迪格和塔（居中），中场是安德里奇（居右）、京多安（居中）、克罗斯（居左），前场则是由穆西亚拉（居右）、维尔茨（居左）和哈弗茨（中锋）组成前场三叉戟。能够看得出，还不到 37 岁的德国主帅纳格尔斯曼似乎并不畏惧前三次大赛首场都输球的"宿命"，摆出了一定要赢球的架势。

慕尼黑的安联体育场是拜仁慕尼黑俱乐部的主场，也是 2006 年德国世界杯的决赛场。2018 年 9 月 6 日，我曾经专程访问拜仁慕尼黑俱乐部，在当时的拜仁总裁鲁梅尼格的陪同下参观了这个超级球场，当晚还在这里观看了德国国家队和法国国家队的欧联杯揭幕战，对这个球场的豪华气派记忆犹新。没想到德国主办欧洲杯，居然把揭幕战选在这里——而不是首都柏林。也许，这样的选择有利于队中多名拜仁球员打出主场气势吧。

刚开场，双方几乎没有像以往揭幕战那样试探性的慢节奏。或者说，德国队有意识地从一开始就把节奏提上来，以一种高强度的对抗和快速传球打乱苏格兰的防守阵型。尽管双方有来有往，球多在中场附近来回易主，但由于德国人这种主动的追求，很快他们便掌握了比赛的主动权。我记得在 2022 年卡塔尔世界杯的时候，很多关心德国足球的人士都批评德国队过分注重技术而放弃过去那种压迫式打法，也就是，德国人也开始打出中规中矩的传控，看上去更像是欧洲拉丁派了。但是，由于缺少转移的速度和有力的直塞，这样以中前场控球为主要内容的打法往往"雷声大雨点小"。德国队以 75% 以上的控球率反而输给更强调穿插跑动、快速转移的日本队，就是明证。但是今天，此德国非彼德国也。主帅纳格尔斯曼作出了两点改变，一是把队中加速跑动能力更强的 3 名年轻前锋摆到了主力位置，在德国队平均年龄

德国队主力中场 17 号维尔茨

大于苏格兰队许多的前提下，德国队的 3 名前锋反而年轻得"像一个梦"——穆西亚拉和维尔茨都只有 21 岁，中锋哈弗茨也只有 25 岁。对于这 3 个年轻人，他们的任务就是不停地穿插、跑位、掩护和伺机抢点射门。另一个则是把 34 岁的皇马老将克罗斯——刚刚以主力队员身份打满全场获得欧冠——和 35 岁的巴塞罗那老将京多安放在前场，让他们在快速倒脚寻找机会的过程中，努力尝试向前锋线传出具有致命穿透力的直塞球。要知道，这是苏格兰重兵防守的地段，因为 5-4-1 阵型，中路人员是最为密集的。而德国队或者说是"艺高人胆大"，或者说是"明知山有虎，偏向虎山行"，在反复倒脚之间，传出了大量直塞球或者相对低平的过顶球，使得接应的前锋不仅可以突破射门，也可以形成支点，然后回传中路，形成弧顶一带的射门。通观全场，这一战术无比奏效，德国队前 4 个球（包括创造的点球机会），甚至包括一个先判了点球又改成任意球的，都是以这一战术打进去的。苏格兰可以想到德国人破密集阵型或者防守采取远射，或者下底传中，或者 45 度冲吊，或者突破制造定位球，但完全想不到他们竟然敢于反复地向密集防守的中路直塞。这样，德国人在上半场就以 3：0 比分和对手红牌罚下一人的局势提前锁定了胜局，下半场如果不是纳格尔斯曼试图激发运动员状态而在中前场频频换人，他们完全可以把这场球变成一场"屠杀"——如果 5：1 还不算"屠杀"的话。

而苏格兰人也可昂首离开赛场，他们在被罚下一人，又以 0：4 大比分落后的情况下，"不抛弃，不放弃"，居然打入一球，显示了他们不屈不挠的进取精神。

这是一场精彩的揭幕战。回顾近年来的世界杯、欧洲杯揭幕战，鲜有如此令人荡气回肠的比赛过程。站在苏格兰的角度，可以叫作"苏格兰不死"；站在德国的角度，就应该叫作"德意志归来"。

邂逅匈牙利

2024 年 6 月 15 日　北京时间 21:00

匈牙利 VS 瑞士

科隆莱茵能源球场

　　说来惭愧，看了半辈子球，我竟从来没有看过匈牙利队的比赛——现场当然没有，电视上也没看过。当然，如果这是个问题，那匈牙利队自己也要承担一半的责任。因为在中国球迷开始在电视里看球之前好长一段时间，匈牙利队差不多消失于世界足球的视野。以至于从 20 世纪 80 年代才有机会看球的中国球迷，完全不知道在 20 世纪 50 年代，匈牙利队曾经是一支堪比今日巴阿德法意的世界强队，不仅获得了当时成色十足的赫尔辛基奥运会足球冠军，还打入了 1954 年的世界杯决赛，仅仅是因为运气欠佳才成就了当时的西德队首获世界杯冠军的荣耀。德国人的胜利被称为"伯尔尼奇迹"，它的意思很明显，是德国人"奇迹般"地战胜了强大的匈牙利队，正常情况下，这个冠军应该是匈牙利的。

　　在匈牙利队的黄金时代，其足球的标志人物是普斯卡什。普斯卡什职业生涯期间，帮助匈牙利布达佩斯洪韦德足球俱乐部 6 次夺得甲级联赛冠军，个人 4 次当选匈牙利联赛最佳射手。1958 年普斯卡什加盟皇家马德里，夺得 3 次欧洲冠军杯冠军，1960 年欧冠决赛曾独进 4 球，连续 5 年夺得西甲联赛冠军，个人 4 次当选西甲联赛最佳射手，堪称世界顶级球星。2006年普斯卡什因病逝世，享年79岁，随后匈牙利政府为他举行了国葬。从2009年起，国际足联将年度最佳进球奖命名为"普斯卡什奖"。

更加鲜为人知的是，中国足球的起步与发展，其实与匈牙利关系密切。在新中国成立两年后，第一届中国国家足球队宣告成立。最初队员还不完全了解足球运动的基本规范，只是拼命地抢、踢，谈不上技术和战术，球队的总体水平并不高。1954年，体育总会先后派出两批年轻球员前往同属社会主义阵营的足球强国匈牙利留学，学习当时最先进的足球技术和理论知识，苏永舜、陈成达、张宏根、年维泗、曾雪麟、李元魁等一个个后来名字响彻足坛的优秀球员都是此时培养出来的。这批运动员在后来长达几十年的时间里，都是中国足球的中坚力量。

可惜的是，受1956年"匈牙利事件"的影响，匈牙利国内足球环境破坏严重，球员纷纷外流，一代天骄就此折戟。一直到21世纪20年代之后，匈牙利足球才开始恢复水平，连续三届欧洲杯都打入了决赛阶段。尤其是本届预选赛，他们在实力不俗的小组中双杀塞尔维亚、胜平立陶宛、保加利亚和黑山，以不败战绩获得了决赛阶段资格。更为难得的是，在2022—2023赛季的欧国联比赛中，他们被分入有英格兰、意大利、德国三大传统强队的小组中，居然双杀英格兰，胜平德国，震撼了欧洲足坛。此番出征欧洲杯，业内其实对他们有一些特殊的期许，他们会不会制造一个冷门呢？

与大起大落的匈牙利足球相比，瑞士足球似乎波澜不惊。前不久，我有机会随着一个外事工作团，前往瑞士进行访问。尽管时间不长，但感受还是非常强烈，瑞士这个国家乃至其人民，和他们沉静而美丽的自然风光一样，始终有一种宁静简约、不张不弛的特殊气质。而瑞士的足球也仿佛浸染了他们的民族性格，也强烈地表现出这种静简的风格。瑞士的地理位置，正好处于德国、法国、意大利三国之间，瑞士足球的风格，也好像是这3个国家足球风格的融汇。德国的整体性，法国的技术与速度，意大利的坚固后防，瑞士似乎都有一点，但又与之不同。因而，我们看瑞士队的成绩，从来不会缺席大赛，但很少达到巅峰。它不是一流，但哪个一流球队打它也不轻松；说它强大吧，又时时被弱旅打得找不着北。他们6次参加欧洲杯，

但最好成绩也就是一个八强。看他们的世界杯历程，也差不多就是这个特征。

匈牙利和瑞士相遇，双方的想法都是必须吃掉对手，至少不能输。按照实力排位，这个组有强大的德国队。尽管这几年德国队战绩起伏不定，但"瘦死的骆驼比马大"，非英法之类的超一流球队，谁敢产生僭越之心？而除两者之外的苏格兰尽管颇有神魔之处，但"察古而知今"，苏格兰还是最具鱼腩本质的球队。因而，匈牙利和瑞士主帅的笔记本里，必然都写着：小负德国，战胜苏格兰，赢或者平另一个。所以，双方一接战，都摆出进攻的姿态，努力要先下手为强。甚至双方摆出的阵型都惊人地相似，都是三后卫，都是前面摆一个能突能做支点的单中锋，都是力争控制中场，用前场反复倒脚、伺机打身后来撕开对方的防线。毕竟，在大数据统计的足球比赛中，先进球一方获胜的概率，是压倒性的。

在这样的情形之下，双方各打了半场好球。上半场，仅仅因为中场球员跑动方式的不同，双方的攻防态势出现了巨大的差距。瑞士队中场球员不仅接应意识更强，还频繁地通过穿插跑动来拉开空当，从而为直塞球或者过顶中距离传球制造机会，而匈牙利队似乎顾忌更多，中场球员不敢主动拿球，往往由后卫倒来倒去，被瑞士队压迫回传门将。正是由于中场意识的差别，导致了双方的主动与被动。比赛刚十多分钟，瑞士队的埃比舍尔就利用中路直插传球打出的身后球，由中锋杜亚攻破了匈牙利队的球门。上半场快结束前，瑞士队又是利用前场积极的穿插跑动，打乱了匈牙利队的防守阵型，由埃比舍尔远射破门。

下半场，匈牙利队加强了进攻。一个突出的标志，就是中场球员更积极地跑动，一旦丢球立刻压出去高位逼抢。上半场瑞士与匈牙利的控球比率是62%对38%，但全场居然是50%对50%，可见下半场匈牙利队的改观。正是这种更加积极的压上、逼抢、反抢，使局面反转过来，最终形成了索博斯洛伊助攻队友头球扳回一球。如果运气好一点他们或许能扳平比分。但是，恩博洛最后阶段幸运的进球为瑞士锁定了胜局，最终匈牙利1∶3不敌瑞士。对于匈牙利的出线前景而言，这个结果可能是致命的。

这场比赛的结果，实际上是由经验决定的。两支球队实力相差无几，制造的进攻机会、控球率甚至射门次数都差不多，之所以形成比分上的差距，很大程度上是心态的较量所致。相比于更加急躁和僵硬的匈牙利，瑞士人的技战术风格很成熟老到，他们踢得更松弛自然、游刃有余。也许，这种松弛，要到阿尔卑斯山脉沉默静谧的远景中去寻找。

进球要趁早

2024 年 6 月 16 日　北京时间 00:00

西班牙 vs 克罗地亚

柏林奥林匹克体育场

　　2006 年 3 月 1 日，刚满 20 岁的卢卡·莫德里奇在一场友谊赛中首次代表克罗地亚国家队出场，并且帮助球队以 3∶2 的比分击败了当时如日中天的阿根廷队。他的这次出场，创造了克罗地亚足球历史上最年轻的上场运动员等一系列纪录。

　　而第二年的 7 月 13 日，在西班牙巴塞罗那郊区一个叫作罗卡方达的小城市，一个名叫阿明·亚马尔的男孩呱呱坠地。他的父亲是摩洛哥人，母亲是赤道几内亚人。这个移民家庭后来解体了，男孩跟随父亲长大，成了巴塞罗那足球俱乐部的一名职业球员。2023 年 4 月 22 日，亚马尔首次进入一线队比赛名单。4 月 30 日，2022-23 赛季西甲第 32 轮，亚马尔替补上场，迎来巴萨首秀，以 15 岁 290 天的年龄成为巴萨历史西甲首秀最年轻的球员，21 世纪迎来了巴萨首秀最年轻的球员。8 月 21 日，2023-2024 赛季西甲联赛第 2 轮，亚马尔首发出战，以 16 岁 38 天的年龄成为巴萨史上最年轻的西甲首发球员、21 世纪西甲最年轻的首发球员。8 月 27 日，西甲第 3 轮，亚马尔职业生涯首次送出助攻，成为整个 21 世纪西甲比赛中送出助攻最年轻的球员。9 月 20 日，欧冠小组赛首轮，亚马尔替补登场，以 16 岁 68

天的年龄成为欧冠历史上出场第二年轻的球员。10月5日，欧冠小组赛第2轮，亚马尔获得首发机会，成为欧冠历史首发最年轻球员。10月9日，西甲第9轮，亚马尔推射空门收获巴萨生涯首球，创下西甲最年轻进球纪录。12月14日，欧冠小组赛第6轮，亚马尔致命直塞助攻费兰破门，成为欧冠历史上第一位送出助攻的16岁球员。2023-24赛季西班牙超级杯半决赛，亚马尔破门锁定胜局，帮助巴萨2：0击败奥萨苏纳，晋级决赛，16岁182天的亚马尔也成为西班牙超级杯历史上最年轻的出场球员，超越了法蒂的17岁70天。今年2月22日，欧冠八分之一决赛首回合，亚马尔以16岁223天成为欧冠历史上淘汰赛登场的最年轻球员。3月13日，欧冠八分之一决赛次回合，亚马尔首发踢满全场，帮助巴萨在主场3：1击败那不勒斯，以4：2总比分晋级下一轮；此役过后，亚马尔以16岁243天的年龄成为在欧冠淘汰赛阶段赢下比赛的最年轻的球员。4月11日，欧冠四分之一决赛首回合，亚马尔首发出战61分钟，成为欧冠历史出战四分之一决赛最年轻的球员。4月17日，欧冠四分之一决赛次回合，亚马尔助攻拉菲尼亚破门，成为在欧冠淘汰赛阶段送出助攻最年轻的球员（16岁278天）。在西班牙国家队，2023年9月9日，欧洲杯预选赛小组赛第5轮，亚马尔首秀破门，以16岁57天的年龄创造了西班牙国家队队史最年轻出场球员纪录及最年轻球员的进球纪录，成为全欧洲各国家队近一个世纪最年轻的进球国脚。9月13日，欧洲杯预选赛小组赛第6轮，亚马尔为西班牙队首发出场，成为西班牙历史上最年轻的首发球员。看来，所谓成功，不仅是"成名要有种"，而且是"成名要趁早"。

但真正的奇迹，是昨天克罗地亚对西班牙的首发阵容中，既有39岁的莫德里奇（本届欧洲杯年龄最大的球员之一），也有17岁的亚马尔。两队走上绿茵场向观众致意的时候，时光仿佛抹去了20多年的痕迹，把人世沧桑消弭于无形。记得改革开放初期，作家谌容曾写过一篇小说叫《减去十岁》，描写了蹉跎十年的一代人的怅惘与梦想。2022卡塔尔世界杯的阿根廷队和葡萄牙队，都可令人发出"减去十岁"的感慨。而昨天的比赛，当17岁的亚马尔向39岁的莫德里奇投出意味深长的一瞥时，似乎是这本文学作品的续篇——《减去二十岁》。

这是本届欧洲杯开赛以来第一场真正意义上的强强对话。西班牙，世界杯和欧洲杯双料冠军；而克罗地亚，继承了南斯拉夫足球的"光荣传统"，连续打入世界杯四强甚至冠亚军决赛。前者拥有西班牙现役著名球星莫拉塔、法比安、费尔南多·托雷斯、罗德里、佩德里乃至亚马尔等一干巨星，后者则几乎包括了以莫德里奇领衔的克罗地亚黄金一代。在人们普遍性的预测中，这将是一场势均力敌的比赛，火星撞地球，最大的可能是平局收场。

但是，足球的秘诀不是"成名要趁早"，而是"进球要趁早"。当西班牙人通过中前场一次精准直塞撕开克罗地亚人略显笨拙的后防线，由莫拉塔打入单刀球以后，比赛就变成了一边倒。上半场结束，西班牙就建立了3球领先的优势，如果不是克罗地亚后防线的拼死捍卫和西班牙前锋略微有些"见好就收"，比赛可能会变成一场"屠杀"。

预料中的势均力敌变成了预料外的残酷"屠杀"，很多人不解。毕竟，大家的记忆还停留在6年前3∶0战胜阿根廷，决赛惜败德国，两年前点球淘汰巴西的克罗地亚黄金一代身上。但是，黄金虽好，也要经得起岁月的风雨。尽管经验、意识克罗地亚不逊于西班牙，但整体实力，尤其是防止对方直塞、打身后乃至激烈拼抢中出球的能力，克罗地亚已经今非昔比。其实，满脸沧桑的莫德里奇和青春朝气的亚马尔同场竞技，从体育精神的角度，无比美好，从竞技实力的角度，却不免令人一声长叹。廉颇老矣，尚能"球"否？

到目前为止，欧洲杯已经完成了3场比赛，都有赛前认为势均力敌但结果却是一边倒的倾向。抛开我们习惯的强弱概念就球论球，很强烈的印象就是上帝更垂青那些攻守平衡的队伍。3支失利的队伍，普遍存在后防线盯人不紧、防守层次感差、后卫个人能力不足的问题，而教练员为了追求所谓攻守平衡，不肯在后防线上投入更多兵力——3个队居然都打三后卫！而获胜的德国、瑞士和西班牙，后防线的表现都更为出色。这恐怕是本届欧洲杯开赛以来给人带来的一点思考。

另外，3支获胜的队伍，打开胜利之门的进球，都来自犀利的中路直塞，德国队多一半的进球，瑞士队全部的进球和西班牙昨天的3个进球，皆是如此，没有冲吊，没有下底传中，没有个人突破，甚至没有任意球，绝大多数的进球都源自中前场一脚精准的直塞，然后单刀或者分边再传回来射门。也许，多数比赛还没踢，这仅仅

西班牙队主力前锋 7 号莫拉塔

是一个偶然，但偶然中每每蕴藏着必然，有识之士当着意之。或许，新的趋势已初见端倪。

当莫拉塔打入第一个进球时，电视转播的镜头切向了莫德里奇因失望而略显苍老和疲态的脸。这是一个意味深长的镜头，C 罗、梅西，也都会有这样的时刻。这不是前浪的失败，而是后浪的哲学。

把枪交给杰尔基

2024 年 6 月 16 日　北京时间 03:00

意大利 vs 阿尔巴尼亚

多特蒙德威斯特法伦球场

　　这场球的看点不是输赢，因为输赢是大概率可以猜到的——足球小国阿尔巴尼亚，不足以撼动老牌劲旅意大利之结果没有悬念，较之德国对苏格兰犹有过之。比赛的整个进程也印证了最初的判断，进攻 143 对 57，危险进攻 73 对 9，控球率 68％对 32％，射门 17 对 7，射正球门 5 对 1。这样的对比，如果意大利赢了，叫作实力；如果阿尔巴尼亚赢了，叫爆冷。

　　这场球的看点是意大利足球的今天和阿尔巴尼亚足球的模样。

　　对于像我这样一个年近六旬的人，喜欢意大利足球仿佛天命注定。因为自我们开始从电视上看足球，无论是世界杯还是世界顶级联赛，看的都是意大利。大多数这个年龄的人，第一次坐在电视机前看世界杯，就是 1990 年的"意大利之夏"，歌手沙哑而激情澎湃的歌声，时装模特优美的步履，乃至绿茵场上像雨后五颜六色的蘑菇一样的道具足球，都给人留下难忘的印象。而国外的联赛，当时能在电视上看到的也只有意甲。所以，我们一直对意大利足球情有独钟，对意大利球星如数家珍。前不久，我去意大利，遇到每一个城市名称都不陌生，原因正是看意甲之余荫。黄健翔在 2006 年世界杯上关于意大利队"左后卫伟大传统"的咆哮式解说，也正反映了他内心的挚爱。所以有人说，可以以一个球迷喜欢五大联赛的哪一个，来判断他的年龄，喜欢英超的都很年轻，喜欢西甲的已经 40 岁左右了，而喜欢意甲和德甲的，肯定是 50 岁以上了。如果一个人言足球必称意甲，连德甲也不提，那肯定退休了。

不过，如果你真的喜欢意大利足球，这几年就不会很开心。从联赛层面，过去我们熟悉的 AC 米兰、帕尔马、佛罗伦萨乃至尤文图斯、都灵等强队，现在都已威风不再，国际米兰和那不勒斯虽然还有些欧战的地位，但也难以跻身超一流行列。从国家队层面，意大利已经连续两届无缘世界杯，好不容易夺了个欧洲杯冠军，又在洲际杯决赛中被阿根廷打得满地找牙，狼狈不堪。此次欧洲杯预选赛，虽被列为一档球队，但第一战就被英格兰队击败，第三战又被北马其顿队逼平，后来又被英格兰队"双杀"，最终靠着两败北马其顿队以及战平乌克兰队后，才勉强以小组第二出线。一个 3 次获得过世界杯冠军、两次获得欧洲杯冠军的老牌劲旅，竟然"沦落"到如此地步，实在令人唏嘘感叹。不过，近来意大利经济在欧洲独树一帜，势头不错，足球也颇有回升之势。所以，我们都想看看，这个多少有些落寞的昔日贵族、卫冕冠军，在本届欧洲杯上能有什么样的表现。

而对于阿尔巴尼亚，可能更多的人是要投出好奇的目光。很多中国球迷别说没看过阿尔巴尼亚的足球，连在地图上找到这个国家的大体位置，不看标注恐怕都有困难。甚至有人会说：阿尔巴尼亚不是非洲国家吗？为什么参加欧洲杯？显然，这个只有不到 300 万人口，土地面积不足 3 万平方千米的巴尔干小国知名度不高，更遑论其足球了。我对阿尔巴尼亚的印象来自小时候的电影，那时我们能看的外国电影只有少数社会主义阵营国家的片子，朝鲜的《卖花姑娘》，南斯拉夫的《桥》《瓦尔特保卫萨拉热窝》乃至阿尔巴尼亚的《地下游击队》都是我们情有所钟的电影，许多情景中的台词，比如《地下游击队》中的"把枪交给杰尔基"，你对一个人说，如果他会意地笑了，那他差不多有 60 岁了。

也许我们不能指望这样弹丸之地的国家能有多么高水平的足球，但截至去年底，阿尔巴尼亚的世界足球排名是第 62 位，尽管是本届欧洲杯 24 个参赛国家最低的，但仍然高于排名第 79 位的中国队。

　　排名第 9 位的意大利遭遇排名第 62 位的阿尔巴尼亚，后者也许该设想的是避免一场"屠杀"。试想如果双方的军事实力有如此位次的差距，两军对垒会发生什么？大概率是"不战而屈人之兵"，对于弱者来说，投降是最好的选择。

　　但阿尔巴尼亚没有投降，开场仅仅 23 秒，意大利左后卫迪马尔科手抛界外球失误，被阿尔巴尼亚前锋巴伊拉米截获，顺势射门，创造了欧洲杯历史最快进球。阿尔巴尼亚居然领先了。

　　当然，意大利人并没有慌乱。毕竟，他们和阿尔巴尼亚不是一个球的差距，即使让一个，也仍然有信心拿下比赛。接下来的进程充满戏剧性：第 11 分钟，意大利队佩莱格里尼助攻巴斯托尼头球扳平；第 15 分钟，巴雷拉精彩抽射反超比分。诚如诗人所言"他们在春天里就耗尽了自己的整个四季"，意大利队在此后尽管创造了无数个得分机会，但始终没有再敲开阿尔巴尼亚的大门。当然，这也是阿尔巴尼亚全队奋不顾身拼死防守而达成的效果。在比赛的最后阶段，阿尔巴尼亚前锋还创造了一个几乎可以扳平比分的精彩瞬间，可惜的是，挑射稍有偏差，球飞到了界外。

　　就在整个下半场的后半段，意大利人显示了他们面对关键比赛的独特"优良传统"，正像他们在 1982 年世界杯表现出的那种保守主义风格，也像他们长期奉行的萨基式的 1∶0 主义，只要领先，就要以意大利式的"钢筋混凝土防守"保持胜利成果，而不是扩大战果。也许，这种略显保守的打法不足以对阵进攻更加犀利的强队，但"先为不可胜，以待敌之可胜"，不正是孙子兵法的精髓之所在吗？大赛之不同于小赛，就在于不仅每一场比赛都要全力争胜，还要时刻注意保持状态，一直维持一个月。所以，意大利可能不是骏马、黑熊，或者豺狼，他们更像是狐狸一样，时刻都在精明地算计，按照合理化原则行事。不过，从他们在正常比赛中表现出来的传控能力和流畅的串联，证明他们是一支相当高水平的队伍，与已经亮相的德国、西班牙相比，毫不逊色。

　　至于阿尔巴尼亚，尽管在这场比赛中表现出非凡的勇气和顽强的进取精神，但有限的实力必然限制他们的发展，小组赛后就"把枪交给杰尔基"，恐怕是最大的可能。

乱拳打死老师傅

2024 年 6 月 16 日　北京时间 21:00

波兰 VS 荷兰

汉堡大众公园体育场

　　从今天开始，D 组的比赛也正式打响。这个组 4 支球队，首轮分别由荷兰对阵波兰，法国对阵奥地利。稍微熟悉欧洲足球的球迷都知道，这是个两强两弱的格局。法国和荷兰是一个档次，奥地利和波兰是另一个档次。如果不出意外，法国和荷兰应该可以双双出线，而奥地利和波兰，恐怕现实的考虑就是争取成绩最好的第三名——欧洲杯的赛制，是 24 支球队分为 ABCDEF 6 个小组，各小组打单循环，前两名和成绩最好的 4 个第三名出线，然后 16 支球队进入淘汰赛，一直到决出冠亚军。对于波兰和奥地利这样实力有限的球队，比较合理的考虑就是战胜对方，然后想方设法逼平一支强队，这样，4 分在手，大概率会跻身成绩最好的第三名从而进入 16 强。运气好的话，还有可能成为小组第二名。当然，对于强队而言，最重要的不是战胜另一支强队，而是在对阵两支弱队的时候全取 3 分，至少不能输球。

　　这样的竞争格局，与世界杯 32 强征战，只有小组前两名出线的赛制相比，在小组里的竞争策略就不完全一样。粗略地说，世界杯是可赢则不平，可平则不输；欧洲杯则是能赢则赢，能平则平。赢了当然好，平局也能接受。甚至对于弱队打强队，

少输球也是胜利。

可能是由于这样的考虑，荷兰队与波兰队比赛开始后，双方似乎都有试探之意，不是在努力加快比赛节奏，而是努力地控制节奏。尤其是荷兰队，常常是反复在守门员和边后卫之间来回倒脚。大约他们提前做了预判，波兰队慑于荷兰队强大的实力，必然要稳固后防，集重兵于自家城门，荷兰队则必然面对破密集防守的问题。在后场多倒倒脚，就会吸引波兰人向前压，这样，如果打一脚后场直传前场的长传，依靠德佩、加克波出色的拿球能力，或许就能形成单刀。只要先进球，就不怕波兰人不打出来。这样，荷兰人的反击就能在一个较为广阔的前场空间中展开。但显然，波兰人对此也了然于心。不论荷兰人如何在后场倒脚，他们只是前锋过去骚扰骚扰，整体队形并不压上。这样，就形成了荷兰人在后场"摸鱼"，波兰人在本方"看戏"的滑稽局面。

今天的波兰队，还有一个重要的变化：他们的绝对主力，先后在拜仁和巴萨效力的超级前锋莱万因伤病未能首发。顶替他的，是身高 1.91 米的强力中锋布克萨。显然，惯于打下底传中战术的波兰队，需要一个禁区内高点以便把飞到禁区上空的球狠狠砸入对方的网窝。尽管概率不大，但对于一个实力处于下风的球队而言，这是必然的战术选择。因而，开场后的局势，是荷兰主攻但不坚决、波兰主守但不死守的格局。尽管荷兰占据了 72% 的控球率，也创造了几次不错的机会，但都被突破能力强但射术乏善可陈的德佩——浪费——看德佩在巴塞罗那的表现，就是这样"多谋而不善断"，让人着急。由于场面热闹而不精彩，看台上甚至响起了喝倒彩的嘘声——没人喜欢买了票看慢吞吞的倒脚。这样的局面，仿佛昨日意大利对阵阿尔巴尼亚的下半场。

但是，波兰人打破了僵局。上半场第 16 分钟，很少通过半场的他们居然获得了一个角球，脚法不错的杰林斯基把球发向禁区前点，只见人丛中身材高大的布克萨高高跃起，甩头一蹭，将球反向顶向远角。荷兰门将维尔布鲁根扑救不及，球飞入了网窝。1∶0，波兰队取得了领先！

荷兰人如梦初醒，立刻加快了进攻节奏。对付战术打法相对简单的波兰队，通过快速进攻把比赛节奏提起来是最好的办法。仅仅过了十多分钟，荷兰队左后卫阿克抢断对方大脚开出的解围高空球，极其娴熟地停球前传，迅速传给前插上的加克波。加克波带球蹚入禁区，左脚一扣，右脚大力射门，球打在封堵球员的身上形成折射，正好躲开了波兰相当出色的门将什琴斯尼的扑救。荷兰人扳平了比分！有趣的是，一直试图用精准而细腻的进攻套路打破僵局的荷兰人，居然是以这样一个"乱拳打死老师傅"的进球挽救了危局。

由于双方各进一球，场面一下子被带动了起来。荷兰人继续加强进攻，德佩和加克波都获得了不错的射门机会，但临门一脚欠佳，未能再次改写比分。而波兰人居然打了出来，这时我们才发现，原来一直以弱队自居的波兰也可以打出精妙的配合，特别是通过两三个人在边路上的短传配合，将球逐步运行到底线，然后传中抢点的办法，一时令荷兰人不知所措，一度形成了波兰主攻，荷兰被动防守的局面。幸好，中场休息的哨声让荷兰人长出一口气。看了2022卡塔尔世界杯波兰队比赛以后，我一直认为波兰队进攻基本是防守反击，没想到他们的阵地进攻也有声有色。

可惜，波兰人进攻的势头似乎被中场休息的节奏变化打乱了。下半场，又恢复了荷兰主攻波兰主守的局面。荷兰主帅科曼显然不能接受平局，他不仅要求队员迅速压上，强攻对手，而且频频调兵遣将，力争在90分钟内反超比分。到了80分钟，他甚至令旗挥动，将上半场的进球功臣加克波和表现尚可的中锋德佩双双换下，把卡塔尔世界杯四分之一决赛中对阿根廷0：2落后时连进两球扳平比分的韦格霍斯特换上，力争打破僵局。果然，韦格霍斯特上场不久就接到队友传球在禁区内抢点射门，攻破了什琴斯尼的十指关，帮助荷兰逆转了比分。此后，尽管波兰倾巢而出大举进攻，甚至创造出了进球机会，但荷兰人高接低挡，应对无误，最终以2：1的比分战胜了波兰队。

36年前，荷兰队赢得国家队历史上唯一一次大赛冠军，恰恰就是在德国举办的欧洲杯上。此番欧洲杯又在德国举行，荷兰又经历了如此开局，既拿到积分，又经受了心理考验，获得了一个强队适应大赛的最佳开局。或许，命运垂青，要让这个让人扼腕叹息了许多年、无数次的无冕之王登上巅峰？我是没意见。我想，除了英法德西意这些老牌"足球帝国"，别人也不会有什么意见。

荷兰好运！

续写的童话

2024 年 6 月 17 日　北京时间 00:00

斯洛文尼亚 vs 丹麦

斯图加特梅赛德斯
奔驰竞技场

　　按照大会提供的出场阵容，斯洛文尼亚采取的是 4-4-2 阵型。守门员奥布拉克是西甲豪门马德里竞技的主力守门员，也是全队身价最高的球员。后防线上 4 个人，分别是右后卫卡尼凯尼克、右中卫德鲁库西奇、左中卫伯杰伊和左后卫詹扎。中场 4 人，埃尔斯尼克和 A. 艾林担任双后腰，埃尔斯尼克拖后更多，负责防守，A. 艾林则突前一点，更多参与进攻，左右边前卫则是姆拉卡尔和斯塔扬诺维奇。前锋线由塞斯科和斯波拉尔组成双前锋，塞斯科可以起支点作用，而斯波拉尔更善于抢点。这些队员来自五大联赛的并不多，多数还是在国内或者附近的东欧国家 [a] 踢球。这样看，斯洛文尼亚只能算是欧洲的三流队伍，2023 年末的世界排名才 55 位，在参加本届欧洲杯的诸强之中，仅仅比阿尔巴尼亚好一点。他们已经多年没有打入欧洲杯决赛阶段了，此番能以小组第二的身份入围，除了预赛发挥不错，抽签分组较为有利也是重要原因。毕竟，谁不愿意和芬兰、哈萨克斯坦、北爱尔兰和圣马力诺

---

① 　本书中所有涉及东欧、西欧、南欧、北欧等概念，均是为了说明足球风格与地理位置的关系而使用的，可能与国际上政治地理概念不一致，请读者注意，恕不逐一说明。

这样的对手争夺出线权呢？小组唯一强一点的就是丹麦，斯洛文尼亚对阵该队的战绩是一平一负。最终也排在丹麦之后，位列小组第二而出线。现在，他们又和丹麦分到了同一小组，而且冤家路窄，居然首场比赛就要相遇。

从历史战绩看，丹麦实力要高于斯洛文尼亚一个档次，他们曾经10次打入欧洲杯决赛阶段的比赛，甚至获得过冠军。许多年龄大一点的球迷都知道这次冠军的来由。查百度，是这样介绍的：

丹麦的安徒生童话一直伴着我们长大，而丹麦的足球相比他们的童话来说可以说是毫不逊色。在1992年的瑞典欧洲杯上，丹麦代替被禁赛的南斯拉夫参赛。谁也没有想到，这个最后一支参赛队竟一路过关斩将，并在决赛中2：0击败了世界冠军德国队。丑小鸭变成了白天鹅，丹麦队的童话之旅无比绚丽。

不知道斯洛文尼亚队是不是在放烟幕弹，甚至连斯洛文尼亚队主帅凯克也承认丹麦的实力在本队之上。在赛前发布会上，这位62岁的老帅称赞对手丹麦实力强大，拥有埃里克森、霍伊伦等球星，丹麦是赢球热门。但凯克也说："即将对阵这支真正顶级的丹麦队，我们会做好准备。我总是带领球队朝着好的方面想，希望能得到一个积极的结果。丹麦确实是这场比赛的赢球热门，但我们要做的就是打败热门。"

总的看，丹麦队是欧洲的中上游球队，目前世界排名第21位，远在斯洛文尼亚队之上。两队交过三次手，丹麦取得两胜一平，也是占据上风，其实我心里感觉双方可能要踢出一场平局，而且是0：0平局。但理性分析，无论如何也应该是丹麦人获得胜利——这就需要拭目以待了。

比赛的进程稍有些出乎意料。双方一交手，就迅速进入状态，打得难解难分。原来以为斯洛文尼亚会采取守势，但从比赛中看，还是双方对攻的局面，只是丹麦人攻势更猛烈一些而已。丹麦人强调简练的整体性，通过两个边路尤其是右路进攻更多，而斯洛文尼亚也不断通过中场的逼抢夺回球权就地转入进攻，其中第15分钟左边锋塞斯科的一脚远射差点打破僵局，也让丹麦人吓出一身冷汗。但1分钟后，丹麦人就打到了斯洛文尼亚人的右路底线附近，将界外球抛进禁区，19号右边锋温

德轻巧地用脚后跟挑给插上的中场核心埃里克森，后者胸部停球后就势一捅，球飞进了斯洛文尼亚的大门。丹麦人领先了。

熟悉近些年国际足球的人们，一定立刻意识到了这个球的不同凡响之处。而其特殊的意义在于进球者埃里克森，拥有一次不亚于"丹麦童话"的特殊经历。我曾在拙作《我看世界杯：一部世界足球的当代史》中，记述了这一历程：

2021年6月13日，欧洲杯B组小组赛丹麦对芬兰的比赛进行到第42分钟，丹麦中场核心埃里克森在无对抗情况下突然倒地。刚开始，场上的球员们没有意识到严重性，但看到埃里克森趴在地上没有反应，随即感到事情不妙。无论是丹麦还是芬兰的球员，都招呼医护人员赶紧进场治疗，裁判也及时吹停了比赛。显然，埃里克森遇上了大麻烦，应该是心脑血管出问题了。场上队医立即入场检查，丹麦球员自发围成一圈，集体守护埃里克森。随着救援持续，全场4万多名球迷也陷入焦急情绪，两队球迷在看台上集体大声呼喊"埃里克森"为他祈祷。经过13分钟的救治，埃里克森有了自主呼吸，被担架抬出场外就医。这一突发情况让所有人揪心，也感动了无数人。

由于突发事件的影响，丹麦队最终以0：1的比分输给了鱼腩球队芬兰队。但这个失利和另一个喜讯相比就微不足道了。经过医生精心救治，埃里克森完全恢复了健康。而且，经过科学而慎重的医学评估，只要埃里克森佩戴特制的心脏除颤器，就可以重新登上足球赛场——这岂不是又一个"丹麦奇迹"？其实，我们在卡塔尔世界杯的赛前报道中，已经见到了这令人感动的一幕：11月22日下午，卡塔尔多哈教育城球场，离丹麦队与突尼斯队的比赛开场还有半小时，埃里克森进入绿茵场，准备热身。这个曾在比赛中心脏骤停5分钟的战士，佩戴着心脏除颤器，居然踏上了世界杯赛场！

接下来的比赛是一边倒的。丹麦队的实力远强于突尼斯队，基本上是"半场攻防演练"。但遗憾的是，尽管埃里克森和他的队友们使尽了浑身解数，仍然不能攻破突尼斯的大门，最终交了白卷。但埃里克森能够在大难以后重登赛场，又何尝不是一场真正意义上的胜利？这个胜利，包含了科学力量、人文精神和人类对足球运动的深沉之爱，呈现出比胜负本身更为磅礴的力量，令人动容。

其实，心脏骤停事件发生以后，埃里克森还经历了更多的考验。当时，他本来在国际米兰效力，刚刚获得意甲冠军。但心脏骤停之后，因意大利足球联盟明文规定不允许植入心脏除颤器的运动员在意甲踢球，埃里克森只能与国际米兰提前解约。后来，成为自由身的埃里克森加盟英超球队布伦特福德，继续追求自己的足球梦想。但人们对他能否恢复状态充满疑虑，故此布伦特福德提供了 0.5+1 的合同——赛季结束后，看情况续约一年。2022 年 4 月 2 日，在布伦特福德客场对阵切尔西的比赛里，埃里克森打进了心脏骤停事件后的首个进球，成就了新的英雄主义佳话。接着他又转投更加知名的曼联，成为俱乐部的主力。最终，又得到了丹麦国家队参加欧洲杯的召唤。今天，他又创造了新的奇迹——一个戴着心脏除颤器的"病人"在世界大赛中打入进球。全场的球迷，甚至斯洛文尼亚的球迷都在为他喝彩——这一刻，进球已经不只是埃里克森的荣耀，丹麦的荣耀，也是足球的荣耀，世界的荣耀。

丹麦人士气大振，继续开始一轮又一轮的进攻，力图扩大战果，杀死比赛。但也许是埃里克森进球导致过分激动，丹麦人的进攻组织质量反而下降了不少，传球失误明显增加，射门准头也大不如前。反而是斯洛文尼亚人振作了起来，他们不断地从后场发动长传进攻，丢球后便积极组织就地反抢，双方在中场附近展开了拉锯战。直到下半场，双方仍然维持着对攻的局面。丹麦人仍然坚持伺机走边路，在肋部传入中路伺机而动的套路，几次形成了有力威胁。而斯洛文尼亚人开始打 45 度长传冲吊，力争把球更多地输入对方禁区，抢一点或者两点射门的机会。比赛到了将近 70 分钟的时候，他们先是一脚禁区外射门打中对方大门立柱，又在一次角球进攻时，抢到对方顶出禁区的高空球，由左后卫 13 号扬扎外脚背凌空射门，打入了扳平的一球。有趣的是，这个球也如同荷兰队加克波打入波兰队扳平的一球，是经过折射后弹入球网的。这种球，守门员不提前作出反应则难以守住，而一旦身体弹出，而球中途变向，则对任何守门员来说都是噩梦。

从场上的整体竞争情况看，斯洛文尼亚并没有预想的那么弱。他们的世界积分低或许与参加比赛太少有关。事实上，历史上的南斯拉夫，一直是足球运动的一片沃土，南斯拉夫国家队当年的水平，连球王贝利都点头称赞。尽管今天物是人非，这个地区已经分解成几个国家，但克罗地亚、斯洛文尼亚和塞尔维亚，还是继承了南斯拉夫足球的"光荣传统"。小看他们，可能就要吞下失败的苦果。

最终的比分定格在了 1∶1，这算是冷门吗？至少，从统计的角度来看，这是本届欧洲杯开赛以来进球最少的一场球，也是唯一的一场平局。想来，双方都不情愿以这样的方式"载入史册"。

"强队"英格兰？

2024 年 6 月 17 日　北京时间 03:00

塞尔维亚 vs 英格兰

盖尔森基兴费尔廷斯竞技场

如果说欧洲杯开赛以来，我最期待哪一场球，那就是今天这一场。如果说开赛以来我对哪一场球最失望，也就是今天这一场球。

本来我对英格兰谈不上喜欢，放眼世界，球踢得过于中规中矩的，如德国、英国、瑞典、瑞士等，我都不怎么喜欢，更喜欢的，自然是热情奔放的巴西、阿根廷乃至欧洲的法国、西班牙和意大利。不过，近些年随着儿子的长大，我的喜好逐渐受到他的影响。不同于我更喜欢意甲和西甲，儿子的兴趣，首位是英超。他最喜欢的俱乐部是曼联，然后是曼城，再然后是热刺和利物浦，像我过去喜欢的巴萨、尤文之类，在他那里排不上队。本来父子虽然同属球迷也可"各美其美"，即使要"美美与共"，也该是儿子随了老子。但我随着儿子看了几场英超，发现他的喜欢是有道理的，英超无论技术水准、战术意识乃至比赛节奏，都是五大联赛之翘楚。尽管各有其私，但毕竟看球多年，能判高下，自然不能"父道尊严"，还是要"从谏如流"。"爱屋及乌"之下，我对英格兰队自然也高看一眼。所以说今日之赛事是最想看的，大致是这个缘由。儿子上学不能熬夜，半夜爬起来看这场球，非唯我的偏好，也是替他看的。

预测这场球的结果，恐怕猜英格兰大胜的多。毕竟，卡塔尔世界杯头一场英格兰打伊朗，直接就是 6∶2。伊朗世界排名第 21 位，塞尔维亚世界排名第 33 位，虽说不能绝对看排名，但由此可见塞尔维亚不比伊朗难打。何况，世界杯赛的时候，贝林厄姆还是个替补，现在已是如日中天，风头直逼姆巴佩和哈兰德。本来两人"武林至尊，宝刀屠龙，号令天下，莫敢不从，倚天不出，谁与争锋"，俨然已是当年的"梅罗"，但贝林厄姆一出，就不是"划江而治"，而是"三分天下"了。当然，新王登基，总要有祭刀的。这下，塞尔维亚像是黑松林里押着"生辰纲"的杨志，不免让贝林厄姆们抓来立威。一场"屠杀"，似乎在所难免。

说塞尔维亚是祭刀的，并非不顾事实。这支球队虽说继承了南斯拉夫的"优良传统"，但历年来作为不大，难说是一支劲旅。在欧洲杯预选赛中，球队并未感受到太大的阻力，便与匈牙利队携手晋级。决赛阶段分到的这个组，除了英格兰，还有刚刚比完的丹麦和斯洛文尼亚。客观分析，塞尔维亚之能力，当在丹麦和斯洛文尼亚之间。以此分析，塞尔维亚应该确保战斯洛文尼亚而胜之，然后想方设法在两支西北欧强队身上抢一分出来，这样庶几可以出线或者希望甚大。

但看了整场比赛，给人的印象竟与凭借世界排名和以往战绩进行的分析不尽相同。比赛的过程显示，英格兰没有那么强，塞尔维亚也没有那么弱。英格兰人最终以一个最经济合理的比分（1∶0）获得了胜利，但胜利并非唾手可得。如果塞尔维亚运气更好一些，结果也可能是平局。

比赛唯一的进球发生在上半场第 12 分钟，贝林厄姆带球向前，将球分边交给插上的沃克，沃克下底传中，凯恩拉边扯出空当，无人盯防的贝林厄姆头球顶入大门，给英格兰带来一个梦幻般开局。

老话说，"万事开头难，开头以后并不难"，但对于领先了的英国人，反而是"开头以后特别难"。整个上半场的后半段乃至下半场，他们进入了一种神奇无比的梦游阶段，所有尝试的进攻组合，不是慢半拍，就是不默契，总之，没有创造出几次真正有威胁的攻势。反观塞尔维亚，似乎突然被落后的现实惊醒，开始了一轮又一轮的进攻，创造了多于英格兰不少的机会，只是临门一脚欠佳，才未能扳平比分。

英格兰队主力中场 10 号贝林厄姆

看全场数据，进攻次数 94 对 103，英格兰占先，但危险进攻 45 对 36，反而是塞尔维亚占先。控球率 46％对 54％，双方差不太多。射门次数 6 对 5，还是塞尔维亚多一次。但双方加起来只有 11 次射门，也反映了这场比赛的乏味。

本来，英格兰队是本届欧洲杯夺冠大热门，整个球队不仅主力阵容异常豪华，甚至就连替补席上都坐满了大牌球星，所以英格兰队无论身处哪一个小组，确实也都不存在太大的出线压力。但如果到了淘汰赛，英格兰以这样的状态出战更为强大的对手，那恐怕就凶多吉少了。但愿索斯盖特是有所保留，采取的是"杀鸡以鸡刀，杀牛以牛刀"的战术策略。如果不是如此，则英格兰队危矣。

让我们拭目以待吧。

将冷门进行到底？

罗马尼亚 vs 乌克兰

慕尼黑安联球场

这场球让人看得有些伤感，为无奈落败的乌克兰。

整个冷战时期，乌克兰是苏联足球的重镇。那时的苏联队，虽不至于大杀四方，也是诸强不敢小觑的世界劲旅。第一届欧洲杯，获得冠军的正是他们。而苏联队的足球人才，主要来自两个俱乐部，前期是莫斯科中央陆军俱乐部，后期就是基辅迪纳摩俱乐部。尤其是 20 世纪 80 年代，苏联国家队在国际赛场屡获佳绩，靠的就是乌克兰的那帮球员。数一数，从 1975 年欧洲足球先生布洛欣开始，1986 年欧洲足球先生别拉诺夫，以及被誉为"苏维埃普拉蒂尼"的亚历山大·扎瓦洛夫，绰号"米格轰炸机"的普罗塔索夫，著名中场谢尔盖·利托夫琴科、米哈伊利琴科，一直到 2004 年欧洲足球先生舍甫琴科，都是乌克兰人。我 1996 年随山西体育代表团出访乌克兰，有幸在一个周末的晚上，在基辅观看了迪纳摩俱乐部的主场比赛，当时舍甫琴科就在场上，他一拿球，全场就欢呼，场面热烈，令人激动。当时，国家动荡，足球受到很大影响，高水平球员纷纷投身国外，乌克兰足球就不免衰落了。但进入新世纪，乌克兰足球恢复很快，2006 年曾打入世界杯决赛阶段，最终令人惊讶地进入了八强。从 2012 年开始，乌克兰队连续 4 届闯入欧洲杯，上届还进了八强。本届欧洲杯，乌克兰队在主教练雷布罗夫的带领下，依靠津琴科、穆德里克、特斯甘科夫、多维巴耶克、卢宁、扎巴尼等来自五大联赛和国内顿涅斯克矿工、基辅迪纳摩的球员，打造出来一个攻守相对平衡、进攻手段较为多样、防守层次分明的阵容。虽说预选赛因为和英格兰、意大利同组而处于"死亡之组"，但他们还是艰难地获得小组第三，又依靠附加赛击败波黑和冰岛，成功闯入决赛圈。在决赛阶段，他们与比利时、斯洛伐克和罗马尼亚分在同一小组。从球队实力看，本组当是比利时一枝独秀，其余 3 家各有千秋。倘若看世界排名，排到第 22 位的乌克兰应当不惧怕其他任何一个对手，至少，应该有信心战胜排名远逊于自己的罗马尼亚和斯洛伐克。

而站在他们对面的罗马尼亚队，只能说是欧洲目前的三流球队。虽说他们曾 6 次打入欧洲杯决赛阶段的比赛，但基本上是"猴儿戴胡子，有一出没一出"，似乎是隔一届进一次，仿佛他们的欧洲杯是以 8 年为周期的。对于年龄大一点的中国球迷来说，印象深刻的自然是 1994 年世界杯上的罗马尼亚队，那时他们队中有一位世界级的著名球星格奥尔基·哈吉，身穿 10 号球衣，在对阵哥伦比亚队的比赛中，号称"中场阴谋家"的哈吉看准时机打出一记 30 米开外的惊天吊射，彻底击溃了哥伦比亚人的意志，帮助球队第一次闯入了世界杯八强。那是我们至今都记忆犹新的经典时刻。当然，等哈吉这一代巴尔干雄鹰退隐江湖之后，罗马尼亚队的竞技实力就再也没能达到当年的水平。这一届杯赛的预赛，他们与瑞士、以色列、科索沃、白俄罗斯和安道尔分在一个小组，几乎是跌跌撞撞地闯入决赛阶段。今天，面对实力强于自己的乌克兰，他们能交上什么样的答卷呢？

比赛开始后，双方迅速进入状态，很快便形成了对攻局面，似乎都有先下手吃掉对手的强烈愿望。但是，或许是由于过于追求进攻的速度，双方进攻的效果都不好，更多的精力还是花在了中场的缠斗之中。

局面的改变来自一个小小的意外。到了 30 分钟左右，罗马尼亚突然改变战术，开始前场高位压迫——其实，这是目前世界上所有强队都会采取的战术——乌克兰后卫回传门将稍显迟缓，造成罗马尼亚前锋进逼抢断。危急关头，乌克兰守门员卢宁慌乱间大脚开球，竟将球传至对方前锋脚下，被对方直接在前场右路打反击，传至武汉三镇旧将斯坦丘脚下，只见斯坦丘轰出世界波直挂球门左上侧死角，卢宁扑救不及。罗马尼亚1∶0领先。

本来，足球场上的天空也多有不测风云，任何一场比赛，先进球后进球都是正常现象。但或许是乌克兰求胜过切，失球后全队变得越来越急躁，似乎想立刻就能扳平乃至反超比分。而先进球的罗马尼亚则士气大振，在放松的心情下极为流畅地打起了反击。第53分钟，他们就在一次无比犀利的反击中抓住机会，丹尼斯·曼边路内切被破坏，弹出的球由拉兹万·马林以一记同样精彩的远射贴地斩射门，卢宁视线被挡扑救不及，皮球从腋下钻入球门，罗马尼亚2∶0领先乌克兰！第57分钟，在乌克兰人还来不及反应的情况下，罗马尼亚战术角球开出，又是丹尼斯·曼杀入禁区后扫向门前，德古拉斯捅射空门得手，比分变为3∶0。最终，世界排名第43位的罗马尼亚以3∶0的大比分战胜了世界排名第22位的乌克兰队。

令人惊异的是，一个小时之后，在法兰克福体育场开战的比利时对斯洛伐克一战，使得乌罗之战的冷门变成了"小巫见大巫"。排名世界第45位的斯洛伐克居然以1∶0的比分战胜了排名世界第3位的比利时。要知道，本届欧洲杯开赛以来，所有已经进行的比赛，只要分出胜负，基本上是排名靠前的队伍战胜排名靠后的队伍，似乎没有太多例外。但是，今天晚上，居然在一个小组里，出现了两个惊人的冷门。我们似乎可以把这个小组称为"冷门之组"——或者，他们是想给已经热透半边天的德国欧洲杯降降温吧？也许值得我们拭目以待的，是接下来的比赛，是回到秩序，还是"将冷门进行到底"？

"约伯"卢卡库

2024 年 6 月 18 日　北京时间 00:00

比利时 vs 斯洛伐克

法兰克福竞技场

　　《圣经》有一章叫《约伯记》，讲的是约伯的故事。据说，在乌斯这个地方，有一个人叫约伯，他敬畏上帝、行事正直、乐善好施，没有任何不良言行举止，可以说是个完人，或者用《圣经》常用的说法——"义人"。约伯拥有一个人丁兴旺、物质充裕的大家庭。他生了 7 个儿子、3 个女儿，拥有成千上万的牛、羊、骆驼等牲畜，还有许多仆人。在约伯的带领下，一家人过着幸福和美的生活，经常一起宴饮、祷告、献祭。约伯不知道的是，一只邪恶的黑天鹅正在这平静繁华之地的上空盘旋。一天，上帝跟自己的儿子们聊天，撒旦也跑来了。上帝当众称赞约伯的正直虔诚。撒旦却认为这是因为上帝对约伯恩赐有加，要是收走他的财富，他肯定马上背弃上帝。于是上帝跟撒旦打赌，他授权撒旦可以随意处置约伯，只是不能伤害他的身体。约伯的噩梦开始了。敌人抢掠"屠杀"他的牲畜，从天而降的大火烧死了他的仆人，狂风暴雨摧毁了他的房屋，垮塌的房屋压死了他的子女。一夜之间，他失去了所有。面对突如其来的灾难，约伯没有一句怨言，他认为自己所有的都是上帝所赐，上帝要收走也合情合理。撒旦又去见上帝。上帝说，你看，我毁掉了约伯拥有的一切，

他还是没有背弃我。撒旦说，人最看重的是自己的身体，你让他受皮肉之苦，他肯定背弃你。于是，上帝又授予撒旦损伤约伯身体的权力，只要不死就可以。撒旦施法，使约伯从头到脚长毒疮，痛痒难忍的约伯坐在炉灰里，用瓦片刮身体。在皮肉之苦的折磨下，约伯仍然没有抱怨，他认为自己从上帝那里得福，也从上帝那里受祸，祸福相依，合情合理。约伯的3个朋友从外地赶来安慰他。他们看见约伯受的苦难，悲不自持，放声大哭。他们撕破自己的衣服，陪约伯一起坐着，七天七夜没有说话。约伯终于忍不住了，他开始说话，诅咒自己的生日，希望自己从未出生，就不用蒙受这些苦难了。约伯的朋友跟他争辩，他们认为上帝永远都是智慧而公正的，不会随便处罚一个无罪的人，如果上帝降灾给一个人，那么肯定是因为这个人做了什么不义的事，或者他的亲戚朋友做了不义的事，牵连到他。因此，受罚的人应该更加虔诚，才能得到上帝的宽恕。约伯不接受朋友的劝慰，他认为自己没有做错什么，没有罪。他身心俱残、生不如死，最关键的是，他的信仰动摇了。在他心中，上帝仍然是万能的，移山倒海，上天入地，但是他不明白：上帝为何会降祸给正直者，却赐福给邪恶者？约伯跟3个朋友辩论了好几轮，仍然各持己见，僵持不下。这时，一个叫以利户的人过来，对约伯发怒，因为约伯自以为是、怀疑上帝，又对约伯的3个朋友也发怒，因为他们没有能力说服约伯。于是这个以利户就自己来训诫约伯，长篇大论说了很多，中心思想就是上帝有大能和大义，怀疑上帝、自以为是的人，上帝当然不会顾念他。耶和华听不下去了，乘着旋风呼啸而下，亲自出马解答约伯的困惑。不过，他没有直接回答约伯心中的疑问，而是带着约伯巡游他的广袤王国。他们一起看天地山川、风雨雷电、飞禽走兽，还有万物的生老病死……约伯亲眼见到了上帝，见识了上帝所造世间万物的复杂与奇妙，意识到了自己的渺小和无能。耶和华认为，比起那3个朋友和以利户，约伯更懂自己，于是加倍赐福给约伯，约伯又变得富有，重新娶妻生子，最后儿孙满堂，寿终正寝。

你猜到了。说约伯的故事，其实我是想说点别的，具体地，就是想说说昨天看了斯洛伐克对比利时这场球之后，对比利时队，甚至就是对卢卡库的感受。是的，卢卡库，让我想起了约伯。

如果把《圣经》里的上帝转化成足球，那么，约伯有多爱上帝，卢卡库就有多爱足球。

卢卡库虽然确实是地地道道的比利时人，但身为黑人的他，祖籍是刚果（金）——被联合国盖章认证过的世界上最贫困的国家之一。那里似乎永远有着内战、边境冲突、叛乱、种族歧视和仇杀，人均GDP只有570多美元。卢卡库的父母就出生在这样的国家，他的父亲曾是刚果（金）的足球运动员，但由于国内太过动荡，23岁那年，他带着卢卡库的母亲来到比利时闯荡，母亲做清洁工，父亲又踢了一段时间的球，但由于水平一直很难提升，就只能早早退役了。退役就意味着失去经济来源，一家人的生活就更加贫困了，而卢卡库就是在这种环境下出生的。卢卡库曾回忆说："当年我们买不起肉，所以我小时候吃的东西大多只有面包和牛奶。我永远也忘不了我6岁那年发生的事：那天我回到家，看到妈妈一如既往地拿出了一盒牛奶。但这次她好像把什么东西也混了进去，还用力地摇了摇，然后就把它当作午饭给了我。当时，父母的钱甚至没法撑过这个星期，所以只能往牛奶里加水。"还有几次，家里连买面包的钱都没有了，卢卡库还记得母亲带着两个孩子找到面包店老板，求他"借"两块面包给孩子吃，等几天后拿到打零工的钱再还。最后，父亲的积蓄用完了，卢卡库一家彻底陷入充满绝望的黑暗。迫于生计，父亲卖掉了电视机，卢卡库因此再也看不到足球了。后来，他们家甚至连电费都交不起了，晚上只能摸黑洗澡，而这种情况持续了近一个月。至于热水澡，那是更不用指望的，因为家里用不起热水器。母亲会在炉子上用锅烧热水，让卢卡库站着，用杯子来淋浴。最后，由于反复拖欠房租，卢卡库一家被房东扫地出门——他回忆道："有一次，家具被扔到屋外，因为我们已经几个月没有付房租了，我们不得不离开……我因此曾经向上帝发过誓：我知道我需要做什么，我知道我接下来应该做什么。"

卢卡库确实知道自己要做什么，他小小年纪就展现出了足球天赋，6岁那年他就开始了足球训练，后来经过父亲帮助，他进入了比利时第四级别联赛的一家俱乐部的青年队，开始进行系统训练。当时的他连去学校的通勤车费都付不起，多亏校长资助了卢卡库一辆自行车。就是靠着这辆自行车，卢卡库一步步走出了贫困，走向了自己的职业之路。

6岁那年，卢卡库问父亲是什么时候开始踢职业球赛的，父亲说16岁。于是，卢卡库暗下决心：自己 16 岁时一定要成为职业球员，无论要经历多少挫折和磨难！确实，对于一个穷苦的黑人孩子来说，磨难是必然的。其中包括他的个子较高，其他球员的家长总是在怀疑他的年龄，甚至强行要看他的身份证。

现实的遭遇让卢卡库更加勤奋地训练。他没有丰厚的经济支援，更没有失败后的退路可走，他只有一个选择：踢出名堂来，带着父母走出贫困！所以，从马路到训练场，从学校到公园，他会把踢的每一场球都当作职业生涯的决赛。

有一次回到家中，他又看到母亲正在因为没钱而哭泣，于是，他作出了庄严的承诺："妈妈，一切都会改变的，你会看到的！等我去安德莱赫特踢球，我们就会过得很好了。你不需要再担心了！"

这个孩子终于在最短的时间里兑现了自己对家人的承诺——帮他们摆脱了贫困。2008-2009 赛季之初，卢卡库本来是在安德莱赫特俱乐部的 19 岁以下青年队效力的，但他毕竟年纪太小，只能长时间枯坐在替补席上。为了不蹉跎时间，他想出了一个主意——他和教练打了个赌："教练，如果我能在半年内打进 25 球，你就让我打主力，否则我就心甘情愿打替补！"结果，卢卡库半年内在 34 场比赛中攻入了 76 球。当年的 5 月 13 日，安德莱赫特就和卢卡库签下了第一份职业合同，那一天恰好也是卢卡库的生日。

签下合同后，卢卡库像发疯一样跑到街道上，买了最新版的游戏 FIFA 和有线电视盒，他终于能看上电视直播了！

而这一次，自己就是电视上球队的一部分——因为他所在的安德莱赫特队和另一支球队皇家标准列日在那个赛季的积分相等，按规则要再打两场附加赛，来决定冠军的归属。

第一场比赛，卢卡库是在家里看的电视。但到了第二场比赛之前，他就接到了教练的电话，让他赶紧回球队，因为一线队需要他现在就上场！于是在 2009 年 5 月 24 日，卢卡库在比赛第 65 分钟替补登场，迎来了自己职业生涯的首秀。而在下一个赛季，他出场 45 次，打入了 19 粒进球，当选比甲联赛的最佳射手。短短两个赛季，卢卡库就成了比利时媒体的宠儿。不过也正是在这个时候，他也第一次体验到舆论的压力：当他表现出色时，媒体就会夸他是"比利时前锋"，而当他发挥不好时，媒体就会称呼他为"刚果血统的比利时前锋"。后来，他又被租借到英超球队埃弗顿，在2013-14赛季，卢卡库出场33次，打进16个进球，还有5个助攻。到了2015-16赛季，他更是出场37次，打入18个进球并贡献7次助攻。卢卡库一共在埃弗顿待了4个赛季，共出场166次打进87球，贡献了29次助攻。这只小魔兽用无懈可击的数据回击了外界的质疑，再也不会有人用鄙夷的目光要求他拿出身份证了，所有比利时人都以他为荣！欧洲顶级足球豪门也向他敞开了大门。之后，卢卡库以8470万欧元的转会费加盟曼联、7400万欧元加盟国米、1.13亿欧元重返蓝军切尔西……无论在哪个时期，卢卡库都是高转会费的代表。在国家队，由于比利时无缘2010年南非世界杯和2012年欧洲杯，卢卡库直到2014年才参加了首次大赛——巴西世界杯，但表现一般。到了2018年俄罗斯世界杯，他在预选赛就攻入12球，帮助比利时10场比赛取得9胜1平的佳绩，轻松拿到决赛圈的对阵资格。决赛阶段首轮，卢卡库梅开二度，帮助比利时3∶0大胜巴拿马，第二轮再度双响，帮助比利时5∶2横扫突尼斯，小组提前出线。这届大赛，卢卡库打进4球助攻1次，比利时夺得了季军，创造了比利时队在世界杯上的历史。

但是，这并非卢卡库如约伯般苦难的结束。2022年卡塔尔世界杯，卢卡库伤愈复出，但状态一般。在对阵克罗地亚的关键一战中，德布劳内们努力地将球通过中场，传入禁区，喂饼给禁区内方位感依然出众的卢卡库，等他轻轻一踢而就，射门得分。但是，卢卡库的跑位意识有多好，他的射门脚感就有多糟。4个必进球，除了有一脚打中门柱，其余3脚都离奇地踢丢，那是踢出去比踢进去还难的超级大饼啊！这当然不是他的水平，而是久疏战阵带来的球感下降，他甚至连正赛都不能全部参加，遑论赛前热身。也许，他该康复得再快些；也许，比利时不该让他上场；也许——没有也许，比利时遗憾地与克罗地亚战成了平手，以净胜球的劣势被淘汰出局，成为卡塔尔世界杯迄今以来，国际积分最高的被淘汰者。

卢卡库承担了所有。幸好，他不是生活在毒贩横行的安第斯山脉，而是社会相对安宁的黎凡特低地。否则，他恐怕连酒吧都不敢涉足了。

遗憾的是，这并不是苦难的终点。在昨天对阵斯洛伐克的比赛中，卢卡库又一次扮演了约伯角色。第3分钟，多库突进发起反击，德布劳内射门被挡出，近在咫

尺的卢卡库补射正中守门员下怀。第5分钟，又是多库精妙斜塞，卢卡库单刀直入却未能射门，球被对方门将没收。接着，卢卡库打进一球却被判越位——这就更加印证了他"倒霉蛋"的标签。网上有评论说：加上两年前的世界杯，卢卡库有整整6个必进球，只要打进任何1个，就能扭转比利时的危局。但卢卡库居然1个不进，我们怀疑他是否故意如此？

这是比谩骂他足球技艺不精更加令人痛苦的流言。卢卡库又一次扮演了"替罪羊""倒霉蛋"的角色，这或许是他童年苦难的延续，或者如约伯一样，是万能的足球之神对他的考验？

我们每个人都可能是卢卡库。尽管你付出了全部的努力，但由于结果不尽如人意，我们就必须承担全部的，甚至超出自身义务的责任。你可以抱怨，甚至面对苍天大呼，但一切都无从改变甚至不会有上帝耐心地向你解释——从这个意义上说，约伯要幸运得多。但是，如约伯一样，我们都得明白，爱是痛苦的根源，你要爱，就必须要苦。这是相生相伴的二位一体，甚至就是一枚硬币的两面。你无从选择，也不可逃遁。

所以，我们该为卢卡库祈祷，甚至要祝福他有如此经历。毕竟，不是每个人都能品尝足球的种种幻影。无论成功还是失败，那都是足球的一部分，也是生活的一部分，包括体验伟大，也感受渺小，包括体验生命，也感受死亡。

天下武功，唯快不破

奥地利 vs 法国

杜塞尔多夫竞技场

　　法国人总算出场了。这个被几乎所有媒体、球迷公认为最大的夺冠热门球队对阵奥地利的比赛，吸引了多少球迷半夜爬起来看球，看评论区飞速闪过的弹幕就能知道。对于欧洲球队，如果说德国、意大利是曾经的王，那么今日之法国，如同当年威震欧洲的"太阳王"路易十四，就是新王，就是"八九点钟的太阳"。

　　法国人排出了一个意料之外但也算情理之中的阵容，4-3-3 自然不变，但锋线没有用过去左中右的姆巴佩 - 大吉鲁 - 登贝莱（穆阿尼）"两快一高"的组合，而是采用了小图拉姆 - 姆巴佩 - 登贝莱"三快"组合。中场仍然是拉比奥特、坎特、格列兹曼这样的三叉戟。世界杯赛的时候，坎特还不出名，现在首发似乎已经非他莫属。后场萨利巴、于帕梅卡诺充任双后腰，埃尔南德斯和孔德一左一右，正是近年来法国后防阵容的基本盘，门将迈尼昂也是洛里退出国家队后的主力门将。法国队此前的欧预赛上，小组和荷兰、希腊、爱尔兰、直布罗陀分到一起，球队 7 胜 1 平很轻松就晋级欧洲杯正赛，并且 8 场比赛狂轰 29 球，仅丢 3 球，攻防表现相当好。但是进入今年的友谊赛阶段后，球队的表现不太理想，先是 0：2 输给了德国，最

近又 0∶0 被加拿大逼平。看得出，法国队大概率没把友谊赛当回事，根本就没有认真踢，全队都没有特别重视比赛。从阵容的角度分析法国队，似乎三条线并不是很均衡，姆巴佩领衔的前场攻击小分队相当豪华，后防线也有各大豪门的主力压阵，但是中场就显得有些平庸。按照德尚用熟不用生的选人习惯，谁都有点意思，谁都不尽如人意。不过这是按照王的要求，放低些标准，这也够豪华了。

而奥地利队，按照官方的说法，是排出了一个 4-2-3-1 的阵型——这实际上就是我们过去习惯于说的 4-5-1 阵型的一个变化，只要把中场的 5 人按照前三后二站位分成前后两排，4-5-1 就成了 4-2-3-1。这是一个攻守相对平衡但更侧重于防守的阵型，毕竟，尽管奥地利不能说是弱队，但法国是本届欧洲杯公认的天字一号夺冠热门，不摆出个防守的姿态，恐怕球迷都会骂你狂妄。奥地利世界排名第 22 位，在欧洲杯所有参赛队伍中处于中游偏上的位置，队内没有大牌球星，但就场上阵容看，绝大多数球员都在德甲踢球，其他的也多在五大联赛中，论实力、经验和阅读比赛的意识，比起法国队也不遑多让。近年来奥地利的实力有所上升，在之前的欧预赛上和比利时、瑞典、阿塞拜疆、爱沙尼亚同在一个小组，最终 8 场小组赛取得 6 胜 1 平 1 负，以小组第二的身份顺利晋级欧洲杯正赛，整体发挥还是可圈可点的。今年的 4 场友谊赛，奥地利也打得很不错，先后击败斯洛伐克、土耳其和塞尔维亚，最后战平瑞士，这些对手都是欧洲杯的参赛球队，4 场比赛打进 11 球仅丢 3 球，由此可见，奥地利的竞技状态是比较经得起考验的，这几场友谊赛的含金量并不低。现在球队的防守很注重整体性，较高的战术素养，使得奥地利在面对各种各样的进攻手段时，总能用合理的防守方式化解。

法国矛利，奥国盾坚，"以子之矛，攻彼之盾"。这注定是一场好看的比赛。

比赛一开始，恐怕所有的球迷都看得出，双方都极力追求整体的快速——与相对慢吞吞的英格兰，不紧不慢的德国和始快终慢的意大利形成鲜明对照。我不知道有没有一种衡量球场上比赛中速度的统计数据，如果有，我们今天看到的法国对奥地利的比赛一定是开赛以来双方攻防速度最快的比赛——没有之一。这种快，表现为奥地利人有意识地高位逼抢，逼着法国人在后场反复倒脚；这种快，表现为无论是法国人还是奥地利人，在沿着边路向前推进时，持球者几乎都是以百米冲刺的速

法国队主力前锋 10 号姆巴佩

度；这种快，也表现为两队球员在传递过程中，始终坚持快速出球、快速转移、快速上抢；这种快，还表现为遇到死球也要快速发出，尽快投入战斗。当然，这种快，还表现为球权的频繁之交换，使得整个比赛之激烈与火爆超越了足球，更像是一场美式橄榄球的比赛。

由于这样的快速特点，双方都创造出几次不错的得分机会。如果不是球运差一点，法国队应该不止一次敲开奥地利的大门，而奥地利也很遗憾地错失了一个势在必进——就是踢进去比踢出去容易——的机会。这就使得比赛踢到了将近 40 分钟居然没有进球更像是一个意外，本来应该是 1：1 或者 2：1 的。

不过，进球还是以一种情理之中但又意料之外的方式来了。还是姆巴佩，他在对方右路禁区边缘得球，带球摆脱后卫的拦截，杀到小禁区的底线附近回传中路队友，但奥地利后卫忙中出错，居然在破坏球的时候，把球顶入了自家的大门。想当初中国国家队德籍主教练施拉普纳有一句名言：如果不知道球往哪里踢，那就往对方门里踢。看清楚了，他说的不是自家球门。

法国人就以这样的方式取得了领先。但接下来的比赛，似乎完全没有受进球的影响。法国人依然是水银泻地般快速的进攻和以一脚出球为特征的小范围渗透，而奥地利依然是坚决而整体的高位逼抢和倾巢出动的快速反击。不仅上半场的最后阶段如此，整个下半场，包括最后补时的 8 分钟，也一直保持了这种高强度和快节奏——他们甚至不懂得照顾观众的心理，观众本来是更喜欢"文武之道，一张一弛"的。法国人又创造了几次不错的机会，姆巴佩甚至有一次将球打在门柱上。而最后阶段，奥地利人也展开了疯狂的进攻，差点敲开法国人的大门。我从来不曾想到这个出过海顿、莫扎特、舒伯特、约翰·施特劳斯、贝多芬，出过维特根斯坦、弗洛伊德、波普尔；出过门格尔、熊彼特的国家也有这样攻击力极强的时候。尽管他们最终未能敲开法国人的大门，但单是为这场技术含量不低、斗志含量更高的比赛，我们也值得向双方，似乎更应该向失利的奥地利人脱帽致敬。

这是开赛以来最为精彩的一场比赛，同样没有之一。开个玩笑，如果"二战"前的法国和奥地利能有今天的血性，那就没有"二战"了。所以，我们值得期待这个小组后面的比赛，法国还要对阵荷兰和波兰，而奥地利也一样。看来，这个组才是真正的死亡之组，比"意大利、西班牙、克罗地亚和阿尔巴尼亚"那个所谓的死亡之组的"死亡度"更高。

没有失败者的比赛

2024 年 6 月 19 日　北京时间 00:00

土耳其 vs 格鲁吉亚

多特蒙德威斯特法伦球场

　　我们都知道世界足坛评价优秀球员有很多标准，其中一项是某个前锋攻破过多少不同球队的大门，自然是多者为佳——据说保持世界第一的是球王梅西，这也大致说明了攻破球门的数量这个标准很靠谱。与此同理，评价优秀的球迷就该是看过更多不同球队的比赛。有人可能会争辩，许多球迷非常忠诚，他们通常只看自己支持的球队的比赛。你不能说这样的球迷不忠诚，但——这是我的话了——足球不是演唱会，不能一支球队和自己踢球，即使你再喜欢一支球队，也得看他们和别人踢。一般而言越是优秀的球队，越会遇到不同的对手，他们的球迷也就越有机会欣赏不同球队的比赛。所以，这个原理是成立的。我自己也想做个优秀的球迷，所以，遇到有机会看那些从来没有看过的球队比赛，我是一定不会放过的。

　　昨天土耳其和格鲁吉亚比赛，就有了欣赏新的球队的机会。大家都明白，土耳其足球虽然近些年有些衰落，但他们曾经进入世界杯前四名。我不但在电视上，还在现场看过他们的比赛——老一点的球迷一定记得，2002 年世界杯，中国队唯一参加过的一届，就是和土耳其分到了一组，我就在现场观看了这场比赛。那是土耳其

足球的全盛时期，哈坎·苏克虽然已经过了30岁，状态下滑，但还是打满全场，率领球队以3∶0战胜中国队。我当时对中国队非常失望，但现在看来，那其实是20世纪以来最好的中国队。那一届，土耳其小组赛1∶2负巴西，1∶1平哥斯达黎加，就是靠3∶0胜中国的净胜球优势挤掉哥斯达黎加排小组第二位，进入淘汰赛阶段。随后，他们先后以1∶0的比分淘汰东道主日本和非洲冠军塞内加尔闯入四强，仅仅以一球小负巴西而未能进入决赛。三四名决赛中，他们又以3∶2的比分战胜另一个东道主韩国，最后获得了历史最佳战绩——世界杯季军。当然，这也成了土耳其足球的天花板。以后，他们虽然数次进入世界大赛的决赛圈，但再也没有闯入世界杯决赛阶段。所以，我们大概可以把当下的土耳其足球定位在欧洲二流和三流之间，与德法意西英荷葡这些一流强队比有较大差距，而与克罗地亚、瑞士、丹麦、俄罗斯、奥地利等二流球队相差不大。这次他们在欧预赛上力压克罗地亚、威尔士、亚美尼亚和拉脱维亚，以小组第一的身份入围正赛，也是他们实力的客观反映。

我说的新队伍是格鲁吉亚队。对于欧洲足坛乃至世界足球的大城市，格鲁吉亚像是来自偏远山区，虽然也曾有艰苦的努力和远大的理想，但从来没进过城——世界杯的城没进过，欧洲杯的城也是第一次。此番欧洲杯入围的24支球队，只有格鲁吉亚如此。我在前面的文章里说阿尔巴尼亚是本届欧洲杯世界排名最低的国家，实际上弄错了。由于我的懒惰，看积分表阿尔巴尼亚都快跟中国队一个档次了，想着不可能再有参加欧洲杯的球队了。但想不到，格鲁吉亚的世界排名，仅仅比中国靠前两位，可谓中国的难兄难弟。小时候的语文课本，有《第比利斯的地下印刷所》一文，写斯大林领导下的对敌斗争，我们那时就知道，第比利斯在格鲁吉亚，而格鲁吉亚是苏联的一个加盟共和国，是斯大林的故乡。因为属于苏联，之前自然没机会发展高水平的国际足球，因而，苏联解体后这些独立了的加盟共和国鲜有足球发达者。乌克兰算是个例外，那也是因为他们正好符合苏联的布局，和黑海舰队一样形成了特殊的遗产。所以，毫无悬念，格鲁吉亚是本届欧洲杯实力最差的球队。他们同组的除了土耳其，还有葡萄牙和捷克。人们说葡萄牙在欧洲签运一向不错，从他们抽到格鲁吉亚来看，这个说法是对的。

土耳其是"瘦死的骆驼比马大"，格鲁吉亚是"村里的猪要拱城里的白菜"，在冷冰冰的足球世界，双方对阵，结果自无悬念。本来，奉行足球功利主义的球迷甚至不会看这场球，毕竟，要看的是猛虎战蛟龙，而不是菜鸡互啄。所以，看评论区略显寥落的弹幕就知道，昨晚即使是最热情的球迷也是选择先睡觉，3 点钟起来看 C 罗。

但看了比赛才知道，睡觉的球迷错过了一场精彩比赛。精彩程度，堪比揭幕战，堪比法奥之战，堪比罗马尼亚对乌克兰，比 3 个小时后开赛的葡捷之战要精彩得多。

土耳其踢出了血性和气概。他们在热身赛中曾 1 ∶ 6 惨败给奥地利，主教练蒙特拉和全队都承受了极大的压力。临开赛，队伍的运气也不好，好几员大将都因伤缺阵。我以为他们会保守一点，甚至作出了平局的预测。但蒙特拉在排兵布阵上来了一个颇为不凡的逆向思维，他在进攻上部署了强大火力，把能派上场的都派上去了。这种"最好的防守就是进攻"的思路虽有几分无奈，但却可能是一个出奇制胜的独特法门。要知道，两名正印前锋都"年轻得像一个梦"，耶尔德兹和居莱尔都只有 19 岁，除了西班牙的亚马尔，我们还不知道哪支队伍的两个前锋都不到 20 岁。也许，蒙特拉是受了德国首场上了双星组合的启发，但无论如何，在球队阵容不整、热身赛惨败的不利局面下，蒙特拉敢于如此冒险，我们该敬他一杯。

事实上，两位年轻人——他们带没带大学一年级的作业本我不知道，但一定带了射门靴——还是发挥了相当出色甚至可以说是惊艳的水平。在迄今为止已经完成的 11 场比赛唯一的一场雨战中，他们和队友一起，踢出了那种我们想要看到的足球。第 11 分钟，22 号艾汗就以一脚精彩的远射拉开了进攻的序幕，而第 25 分钟，右后卫米尔迪尔则以一脚不停球的凌空抽射打开了对手的大门。这是一个足以入选五佳球的精彩射门。

而他们的对手格鲁吉亚，也没有因为自身实力的弱小而采取那种门前摆大巴的防守阵型，而是以 5-3-2 阵型之变阵，也就是双前锋内切两边翼卫沿边路进攻，"客串"边锋下底的战术，同样给土耳其造成了不小的威胁。甚至第 32 分钟，他们就依靠这一战术，由右边锋 22 号米考塔泽敲开了对方大门。双方又回到了同一起跑线。此后，格鲁吉亚甚至还有敲开对方大门的绝佳机会，只是临门一脚差之毫厘。

但是，毕竟还是土耳其技高一筹。就在双方下半场激烈对攻但各有遗憾之时，19岁的中锋居莱尔成为打破均势的英雄。他在前场接到皮球，充分利用格鲁吉亚在前场留下的广阔射门空间，以一记30米开外的左脚超远世界波攻入对方球门的死角。这是一个比刚才米尔迪尔那一脚射程更远、力量更大、角度更刁的射门，在我看来，居莱尔以19岁的年纪，初登大赛舞台，就能轰出这样完美的世界波，实在是难能可贵。这同样是更有资格入选十佳球乃至本届杯赛五佳球的精彩入球。一场比赛能有一个这样的进球就能让我们念念不忘许久。而今天居然出现了两次！

尽管如此被动，但格鲁吉亚人并没有放弃。直到比赛来到最后一分钟他们还在全力进攻，甚至有一次打中球门的横梁。显然，他们是那种真正热爱足球的人，如同日本围棋大师大竹英雄，不能为了胜利而下出劣形，浪漫主义的格鲁吉亚人也是如此。他们对这次难得机会的最大尊重，就是踢进攻的足球，美的足球，通向胜利的足球，而不是那种丑陋的、简单的和功利的足球。他们并非没有机会胜利，但通过这场看上去失败了的比赛，他们获得了他们想要的东西。他们把城市早已遗失的田野上的白月光带到了我们面前。

最终，格鲁吉亚全线压上，甚至守门员都投入对方禁区内的进攻。但是，最终比赛被土耳其的反击打空门杀死——格鲁吉亚门将马马尔达什维利冲到对方禁区内参与争顶，想要利用最后的机会扳平比分，最终被对手反击打了空门。比赛就这样以土耳其3：1战胜格鲁吉亚结束。

但是如果你看了全场就会知道，真正精彩的比赛，是双方都获得了胜利的比赛。

关键是，你从足球里，想得到什么？

C罗：荣耀与危机

2024 年 6 月 19 日 03:00

葡萄牙 vs 捷克

莱比锡红牛竞技场

　　今天的比赛，是本届欧洲杯小组赛的最后一场。前面 11 场比赛已经有 22 支球队亮相。等到今天葡萄牙和捷克的比赛踢完，全部 24 支球队就都完成了首秀。显然，本届欧洲杯最大的腕，仍然是 6 次参加欧洲杯，可以说集各种纪录为一身的 C 罗——当然，有人会认为是姆巴佩或者贝林厄姆乃至凯恩，仁者见仁智者见智好了。赛程安排 C 罗最后一个出场也许是一种巧合，但我们都希望他在最重要的时刻才亮相。

　　葡萄牙许多年以来一直是欧洲强队。在 C 罗没有出道以前，他们的国家队就已经属欧洲一流乃至世界一流，等 C 罗出道更是如日中天，这支队伍也深深打上了 C 罗的烙印，以至于人们提到他们的逻辑不是"葡萄牙的 C 罗"而是"C 罗的葡萄牙"。当然，我们说欧洲一流球队有 8 支，也就是德法意西英荷葡比，但细加区分，主席台上还得分出两排，前排是德法意西英，标准是：拿过世界杯冠军；有第一流的联赛。当然，也有人觉得要分三排，那第一排就只有德意法，标准是拿过多次世界杯，而西英各自只拿过一次。这样分下去，在逻辑上就是最后一国一排，失去了分类的意义。所以我们还是让他们都坐一排。其他国家只能坐到台下，有的靠前一点，有的靠后一点。像今天与葡萄牙对垒的捷克，坐在台下自不待言，恐怕也到不了台下的前排。在这次欧洲杯的24支参赛队伍中，葡萄牙的世界排名是第5位，而捷克呢，正好排在倒数第5位。两队的纸面实力之差，由此可见一斑。

葡萄牙排出了一个3-5-2的阵型。守门员科斯塔，三后卫是佩佩居中，迪亚斯、达洛特一左一右。中场5人，由左到右分别是门德斯、坎塞洛、维蒂尼亚、费尔南德斯和席尔瓦。前场则是C罗和莱奥。单看这些球员效力的俱乐部，你就知道葡萄牙的实力，除了守门员科斯塔和中卫佩佩来自国内的波尔图（也是葡萄牙顶级俱乐部），C罗来自沙特联赛，其他8位全部来自曼城、曼联、AC米兰、巴萨、巴黎圣日尔曼等豪门，而且基本上都是队内的主力。这样的阵容，与任何欧洲杯参赛球队相比都毫不逊色。

相形之下，捷克队只有两三名球员效力于英超或其他五大联赛的非豪门球队，其他球员基本都在捷克的国内联赛效力。球队最大的腕儿就是正印前锋希克，效力于德甲的勒沃库森。如果稍微多了解些情况，我们就能知道，捷克近些年的足球大不如前，尤其是他们获得1996年欧洲杯亚军时的那一批球员——像斯米切尔、博格、贝伊布尔，尤其是波博斯基、内德维德，乃至后来的扬·科勒等——这些捷克人民的英雄渐次退出国家队以后，似乎再没有出现像这一批群星闪耀的球员，以重振捷克足球的雄风。他们已经多年没有进入世界杯决赛阶段的比赛，欧洲杯虽然基本上能够进入，但新世纪以来基本都是小组三轮游。此次他们征战欧洲杯，小组中除了葡萄牙，还有土耳其和格鲁吉亚。从实力分析，他们逊于葡萄牙，与土耳其旗鼓相当，强于格鲁吉亚。想要小组出线，就必须在格鲁吉亚身上拿分，不输给土耳其甚至战胜他们。今天他们第一轮遇到葡萄牙，策略自然就是努力保平而争胜，即使输，也要少输球。

但是，开赛后的场面与预先的估计并不完全一致。葡萄牙人占据了场上的主动权，频频通过中路的渗透乃至长传打身后来撕开捷克人的防线。而捷克队也不甘示弱，不断通过中场抢断来打对方的反击。葡萄牙队的进攻套路，很大程度还是围绕着C罗展开，C罗在葡萄牙队的进攻体系中，既可以作为一个具有无限开火权和抢点权的得分手段，同时也是本队过顶长传乃至中前场直塞的一个支点，尽管C罗速度有所下降，抢点及射门的力量和感觉，以及过人能力已经大不如前，但他出色的门前嗅觉和强烈的进攻欲望，和几乎可以说独步天下的头球技术，都能帮助葡萄牙实现战术意图从而赢得比赛。C罗的这些变化了的特点，是葡萄牙攻势足球的重要内容，但也是教练员安排战术的两难选择。使用C罗，由于他那些已经丧失了的东西，必然拖慢全队的速度，尤其是反击的质量，也会对其他同样优秀的前锋造成限制。但不用C罗，球迷铺天盖地的反对声先不考虑，同时也抛弃了以C罗的经验、阅读比赛的能力乃至头球技术帮助球队获胜的可能性。葡萄牙上半场能够制造数次威胁，其中有非常重要的C罗因素，但迟迟打不开对方的球门，反而让对手先进一球，也与不能忽视的C罗因素有关。

不过，毕竟葡萄牙人技高一筹，他们很快就扳平了比分。但是，葡萄牙人显然不甘心一场平局的战绩。下半场的多数场面，都是葡萄牙进攻。尽管双方都错过了一些甚至是必进球的得分良机，但最终还是由葡萄牙人在补时阶段打破了平衡。第92分钟，替补上场的弗朗西斯科·孔塞桑门前捡漏破门，将比分改写为2∶1，终于，葡萄牙队获得了一场艰难的胜利。

双方的差距是显而易见的。从数据层面上，控球率74%比26%，射门19比5，射正次数8比1。从场面上来看，葡萄牙人也确实牢牢掌控着主动权。但也许该多进几个球，也许不该先丢球再逆转，也许可以早一点扳回来，不需要等到补时阶段……这一切的也许，是人们相信应该有一个更好的葡萄牙，也许是一个更加充分地挖掘了C罗价值的葡萄牙，抑或一个C罗首发不出场，当作替补的奇兵来使用的速度更快的葡萄牙。但作出这样的决断是很困难的。毕竟，从来没有一个球员像C罗这样，整个欧洲都没有，不用C罗不仅仅是采用另一套战术，而是毁坏美好——人们都在期待着他创造新的纪录呢。

决断也许在下一场作出，我们可以等等看。

欧洲杯小组赛第一轮印象

到今天为止，欧洲杯小组赛第一轮已经全部结束，24 支球队悉数亮相。我们可以先回顾一下第一轮比赛。

从大的方面讲，本届欧洲杯第一轮与其他大赛的第一轮也没有太大的区别，每场比赛也各有进程，很难一言以蔽之。但或许我们可以看一看，整体上有哪些哪怕是面上的不同，或者新的现象。

按照印象来说，似乎第一个是进球多。迄今为止，最多一场进 6 个球，最少当然也有 1 个，12 场比赛，共进球 34 个，场均 2.83 个，没有互交白卷的 0∶0。与往届的欧洲杯相比，这也是进球最多的前 12 场。这似乎可以说明进攻是一种潮流。

第二个印象，则是强弱不那么分明。12 场比赛，有 3 场是世界排名靠后的球队击败或者逼平了排名靠前很多的球队，其他还有三四场，是场面均势，强队也仅仅赢了一个球。这似乎反映从《博斯曼法则》实施以来，由于人才无限制自由流动——和经济上的全球化相吻合——欧洲足球出现了一种均势的情形。与之相适应，技术打法也有同质化的倾向，像过去那样具有鲜明技术风格和独特打法的球队越来越少了。过去讲"南美无弱旅"，其实在我看来，这个说法更多是一种带有情绪性的表达，觉得南美该有弱旅，结果发现某些印象中的弱旅并不弱，所以有这样的感叹。其实，说"欧洲无弱旅"可能更准确。

第三个印象，则是远射得分很多，前 34 个进球中，技惊四座的远射有十几脚，这似乎是以往从来没有出现过的。这大约是各队打破对手中后场多层次密集防守的一个积极尝试，在 25 米到 30 米的范围内由进攻球员与对方守门员直接对话，省了多少事？——当然得打得进。我记得有人统计梅西的进球，一般人都认为梅西是那种一定要过掉守门员才进球的风格型球员，后来一统计，梅西的远射得分也是最多的。这就很耐人寻味了。

第四个印象，凡是新老交替完成得好的，或者说球队是"老中青三结合"的，成绩都不错，而凡是保持了卡塔尔世界杯那套阵容基本没啥变化的，成绩都不太好。前者的典型是德国和土耳其，后者的典型是比利时和克罗地亚。

第五个印象，出现了一种靠前锋做支点，反复以直塞球在密集防守的中路投入进攻的新打法，原先对方密防中路，就会考虑打边路下底或者远射、发定位球，而现在也出现了在中路"以密集进攻对密集防守"的新打法。具体而言，就是前锋和前卫线组成一个密集站位、前后两个层次的小团队，由一名中前卫队员负责传出直塞球，打对方中路防守的动态空当，如果打穿了，前面的进攻队员就是单刀或者面对一名防守队员的突破机会（想想梅西在世界杯对荷兰队比赛时那脚惊天传球），如果打不穿，则由接球队员传回再次尝试，或者横向与身旁的队友打小范围二过一或者二过二配合；或者传向边路，再尝试传统的下底或者肋部传中，这时中锋（接球队员）的作用就是前场进攻的支点。过去以阵地进攻面对密集防守时，往往左右倒来倒去，却很难打入对方腹地，导致所谓传控足球"有传有控，就是形不成射门"的困境。现在多了中路犀利的直传，甚至反复直塞，就容易把对方的防守阵型撕开。当然，这种打法对队员的要求很高，拖后的队员要时机感强，出球准确，接球队员基本不能控球，要么一脚传回或者横传，要么领球向前，快速射门。这是本届欧洲杯赛出现的一个很重要的打法变化，比较明显的就是德国队和西班牙队，他们在自觉地走出前几年被称为"伪传控"的战术打法，从第一轮比赛实践看，成效是不小的。

这些特点，能否构成一种趋势或者发展规律，尚需拭目以待。让我们接着看球吧。

诸神的黄昏

2024 年 6 月 19 日　北京时间 21:00

克罗地亚 vs 阿尔巴尼亚

汉堡大众公园体育场

　　小组赛第二轮开始了。第一场比赛，便是所谓"死亡之组"中的克罗地亚对阿尔巴尼亚。从纸面实力看，这又是一个强弱分明的对阵。但第一轮的比赛过程和结果也在反复提醒我们，每每我们看到一个"强弱分明"的对阵时，结果都不是预想的那样。罗马尼亚战胜乌克兰，英法小胜对手，斯洛伐克战胜比利时，都出现了与预料不相符合的情况，只是程度不同而已。鉴于这样的背景，这场世界排名第 10 位的克罗地亚和世界排名第 62 位的阿尔巴尼亚之间的比赛，似乎就有了一些不同的东西。

　　两队第一轮都输掉了比赛。这就决定了这一场不能再输，甚至不能平，否则，即使第三场胜（这是很难的事，因为第三场他们的对手分别是意大利和法国），也不一定出线。对于实力占优的克罗地亚队而言，这场比赛必须拿下。

　　应该说，无论是自身的实力和大赛的经验，克罗地亚都具有较大的优势。克罗地亚继续排出他们一贯攻守平衡、以攻为主的 4-3-3 阵型，与第一场首发相比，后卫线换了两个人，前锋线上中锋位置由佩特科维奇替换了布迪米尔首发，本来一直以来佩特科维奇就是克罗地亚的正印中锋，也许首场对西班牙时他有伤在身，所以换上布迪米尔。如果不考虑多数球员渐渐老去的年龄因素，这个阵容也确实是世界级的。

让所有人缺乏心理准备的是，阿尔巴尼亚人在本场的第一次射门就敲开了利瓦科维奇十指关。右前卫9号阿萨尼在右路传出一记弧线低平、落点极佳的斜线传中球，被刚刚顶上中前卫位置上的14号拉齐抢到落点，一记头球反弹球骗过利瓦科维奇的扑救弹入网窝。从全队对后排插上的拉齐盯人不紧，乃至利瓦科维奇略显仓促的扑救，都反映出克罗地亚人对被阿尔巴尼亚人先攻破球门缺少必要的心理准备。此后的整个上半场，由于阿尔巴尼亚受到进球的鼓舞，全队士气高涨，连续创造了几次得分良机，克罗地亚仅仅是靠对方临门一脚欠佳和利瓦科维奇的奋力救险，才确保比分没有进一步扩大。但世界杯亚军被名不见经传的阿尔巴尼亚打得如此狼狈，却是所有人都始料未及的。电视直播偶尔会把镜头给向莫德里奇，只见他眉头紧锁，神色严峻，显然也陷入焦虑之中。

下半场情况稍有改变。克罗地亚打得更加积极，阵型前压，同时通过快速出球把比赛的节奏提了上来，令阿尔巴尼亚中后场深感不适，失误增加。第74分钟，替补登场的布迪米尔助攻克拉马里奇破门，把比分改写为1：1，追平了阿尔巴尼亚。紧接着，第77分钟，又是布迪米尔倒三角传球，苏西奇射门，被阿尔巴尼亚后卫吉姆西蒂封堵挡到队友贾苏拉腿上弹进自家球门，克罗地亚靠着对方的乌龙球以2：1反超了比分。焦虑了大半场的莫德里奇终于露出了久违的笑容。但是，命运之神仿佛只是和老迈的克罗地亚人开了个玩笑，就在所有人以为他们也和第一轮反超比分的意大利人一样，可以以同样的2：1拿下比赛之时，阿尔巴尼亚却在比赛补时阶段丢出了王炸，几乎是在补时的最后一分钟，在左路底线附近打出精彩配合，21号阿斯拉尼在肋部传中，克罗地亚破坏不远，被刚刚踢进乌龙球的贾苏拉候个正着，一记低平球射入球门死角。阿尔巴尼亚居然实现了绝平！克罗地亚队员全都躺倒在草坪上，一声长叹。

赛后，欧足联官方把打入扳平一球的克拉马里奇评为全场最佳。今天也正好是这位传奇前锋的33岁生日。对于克拉马里奇来说，这样的一份生日礼物，他宁可希望是一次胜利，而不是这个鸡肋般的最佳。但是，最后时刻遭遇绝平，看似偶然，其实合理。最近十年来，这支克罗地亚足球历史上最光辉的黄金一代球员已经经历了无数高光时刻，但是和所有伟大的英雄一样，他们能够战胜世间的各路强队，但难以战胜时间这个最残酷、最无情也最公平的对手。赛后的统计表明，队长莫德里奇在本场传球总数122次、成功108次，但丢失球权多达20次，同样是全场最高——这或许正是阿尔巴尼亚人能够一次次卷土重来、侵入腹地的原因。连他们的传奇教练达利奇赛后接受采访时也说道："上半场全队表现迟钝且缓慢，没有成功突破对手。这是一场非常艰难的比赛，全队上下半场的表现截然不同。"

　　莫德里奇也接受记者的采访，表示要全力拼意大利队，力争一个好的结果。就战术而言，这是唯一的路径。让我们为他们送上祝福吧。毕竟，无数美好，还历历在目。

以密集进攻对密集防守

2024 年 6 月 20 日　北京时间 00:00

德国 vs 匈牙利

斯图加特梅赛德斯
奔驰竞技场

在本届欧洲杯的揭幕战中，德国人和苏格兰人联袂创造了一些新的东西。在前面的小结性质的文章里我把它概括成"以密集进攻破密集防守"。具体是这样说的：

……出现了一种靠前锋做支点，反复以直塞球在密集防守的中路投入进攻的新打法，原先对方密防中路，就会考虑打边路下底或者远射、发定位球，而现在也出现了在中路"以密集进攻对密集防守"的新打法。具体而言，就是前锋和前卫线组成一个密集站位、前后两个层次的小团队，由一名中前卫队员负责传出直塞球，打对方中路防守的动态空当，如果打穿了，前面的进攻队员就是单刀或者面对一名防守球员的突破机会（想想梅西在世界杯对荷兰队比赛时那脚惊天传球），如果打不穿，则由接球队员传回再次尝试，或者横向与身旁的队友打小范围二过一或者二过二配合；或者传向边路，再尝试传统的下底或者肋部传中，这时中锋（接球队员）的作用就是前场进攻的支点。过去以阵地进攻面对密集防守时，往往左右倒来倒去，却很难打入对方腹地，导致所谓传控足球"有传有控，就是形不成射门"的困境，

德国队主力守门员诺伊尔

现在多了中路犀利的直传，甚至反复直塞，就容易把对方的防守阵型撕开。当然，这种打法对球员的要求很高，拖后的队员要时机感强，出球准确，接球队员基本不能控球，要么一脚传回或者横传，要么领球向前，快速射门。这是本次欧洲杯比赛出现的一个很重要的打法变化，比较明显的就是德国队和西班牙队。他们在自觉地走出前几年被称为"伪传控"的战术打法，从第一轮比赛实践看，成效是不小的。

严格来讲，我写出这样一段话，其实很大程度上还是"哥德巴赫猜想"，用科学术语，叫作"假说"。"假说"之为真，不能只靠逻辑推理，还要靠实践中的反复验证。具体到上述的观点，我的假说主要来自德国和西班牙两支队的首场比赛，从中看到了一些与以往不一样的东西。但显然，要想证明假说的合理之处，至少要再看看德国队和西班牙队的第二场比赛乃至第三场比赛。幸好这两支队的第二场比赛，连续两天接踵而至，而且，两队对手，都较第一场为强。德国要对匈牙利，匈牙利虽然首场输给了瑞士，但场面并不落后，体现出来的技术特点更加细腻，德国人遇上他们也要小心才是。而西班牙的第二个对手是意大利，这就无须置喙了，先按下不表。

德国人打匈牙利人的问题就是如何破密集防守的问题。匈牙利摆出了一个3-4-2-1的阵型，其实就是我们过去一度搞得很热闹的3-6-1，集重兵于中场，进可以攻，退可以守。这是说面对势均力敌的对手，遇到德国这样的超一流队伍，从头至尾的压迫式打法，只要对手开球就开始高位逼抢，一旦抢下来，三传两倒，就会在对方禁区周围距球门30米的弧状地带形成一道严密的包围圈，站在匈牙利人的角度，就是套在胸部的一条绳索，渐渐向上，再套到脖子上也就给勒死了。但绳索越紧，匈牙利的抵抗就越强，常常是绳索勒到一定程度就再也勒不动，过于使劲，还可能被对方挣脱打反击。因而，要想制敌于死地，德国人还要另有一手，那就是从中路掣一把利刃出来，当胸刺过去。倘时机巧妙，每每形成单刀，一举毙敌。有时即使被防住，对方亦不免顾此失彼，别处有了缝隙，德国人也能打乱对方的阵型，破掉对方的密集防守。我说"以密集进攻破密集防守"，正是此意。

昨天德国人胜匈牙利人，两个进球，都是如此而来。德国执利刃以刺敌者，一

曰克罗斯，二曰京多安。当然最后射门进球，还另有一人。但德国人战术之要旨，全在于此。

德国人胜了这一场，已经成为参赛的 24 支球队中第一个出线的球队。他们还有对瑞士的一场，但从出线而言已经无关宏旨了。比较世界杯小组赛德国队，今天的德国队展示出了一些新的东西。相信他们还会走得很远，其中奥秘，我们可以慢慢瞧。

最友好的比赛

苏格兰和瑞士最终打成 1∶1，是很多人没有想到的。我周围几个看球的朋友，也买买彩票，基本都是押了瑞士胜。我也是希望瑞士胜的，毕竟刚从人家的国土回来，看了湖光山色，沐了风土人情，总得有个表示。但看了两队的头一场，总觉得苏格兰头一场没打出来，也可能第二场会有发挥。所以建议朋友买平，但没人听。其实球场瞬息万变，谁也不能预料其事。我与其说是猜对了，不如说是蒙对了。

瑞士和苏格兰打法很接近，都使用欧洲力量型球队的传统套路，讲究拼抢中场，力图打到对方身后。到了前场，以往一般是下底传中，控制传中落点，打对方防守的软肋。现在多了套路，主要是在大禁区前沿，多了一些套边或者横传的方式，力图打到小禁区底线再三角回传。这样，即使对手碰到球也可能形成乌龙。这样的打法，放眼当今足坛，不免有些落后。苏格兰和瑞士不能跻身一流，或者说稳定在欧洲二流球队，也许这是根源之所在。

这场球之所以值得说一说，不是双方技战术水平的表现有多少出奇，而是双方进球的方式颇为有趣——都是靠对方后卫送来的大礼，才打开了对方的球门。

先说苏格兰队的进球。上半场第 13 分钟，瑞士队获得角球，发入禁区被对方顶出来，苏格兰乘势打起了快速反击。中场球员 3 号威德默持球迅速通过中场，推进到对方禁区后分边，8 号弗罗伊勒倒三角回传，跟进的 4 号麦克托米奈大力射门，本来角度不算太刁，瑞士队门将早有防备，但不料本方队员在门前一挡，意外将球挡进了自家的球门。苏格兰队靠着对方的这个乌龙球取得了领先。

但有趣的是，仅仅过了十几分钟，苏格兰人持球进攻，瑞士人前场紧逼，苏格兰后卫回传后场，却阴差阳错地将球传到对方前锋 23 号沙奇里脚下，沙奇里接此"助攻"，心领神会拔脚射出一记十分刁钻的世界波，皮球直挂球门死角，苏格兰守门员扑救不及，比分变成了 1∶1。

放眼世界足坛，双方如此"友好"的比赛，恕我寡闻，实在不是多见。瑞士人仿佛颇有"费厄泼赖"精神，上半场占了苏格兰人的便宜，于心不忍，下半场要想方设法补回去。你来一个乌龙，我就直接给你来个助攻，友谊第一，比赛第二，不就是如此吗？《镜花缘》里君子国的精神，在遥远的德意志得到了完美诠释，不亦乐乎？

后面的时间里，尽管双方你来我往，互有攻守，但瑞士可以接受平局，苏格兰又无力进攻，双方最终握手言和，各取一分。双方共同努力，踢了一场"最友好的比赛"。

兄弟阋于墙

2024 年 6 月 20 日　北京时间 21:00

斯洛文尼亚 vs 塞尔维亚

慕尼黑安联球场

　　这场斯拉夫兄弟之战吸引不了太多的关注，毕竟在群雄并起的欧陆，有太多令人欲罢不能的球队和球员，相比之下，无论是斯洛文尼亚还是塞尔维亚，都处于名气和实力皆是平平的状况。首轮比赛，斯洛文尼亚以弱队之身，打了一个不弱的半场，居然从瑞士身上抢了一分。而塞尔维亚在对阵强大的英格兰时，居然也只输了一个球。比起两队在球迷心中的实力地位，他们各自的首战都踢出了最佳结果，也踢出了超出人们印象的水平。至少，我是相当看好塞尔维亚的。与英格兰队的比赛中，他们能够跟上英格兰的节奏，很不容易。因而，当朋友问我哪支球队更有可能胜利的时候，我毫不犹豫选择了塞尔维亚。

　　其实，我对这两支球队，还有另外的好感，那就是对南斯拉夫地区足球的美好记忆。我开始看世界杯的时候，南斯拉夫还没有解体，他们作为一个国家参加世界杯，技术细腻，配合娴熟，踢了很多场好球。球王贝利还预测过他们有可能问鼎世界杯，虽说不免"乌鸦嘴"，但也说明了在球王心目中，他们的技术一定不错。事实上，那时有欧洲拉丁派之说，南斯拉夫就是欧洲拉丁派的一个重要代表。后来看球多了

才明白，其实足球风格与地域有关，南欧地区温暖而浪漫，足球也踢得更加艺术而奔放。你看，西班牙、葡萄牙、法国、意大利乃至巴尔干半岛，相对而言，都是南欧国家，所以他们的足球，多半是拉丁派的，以技术细腻见长。而中欧北欧的德国、英国、丹麦、瑞典、挪威、比利时、瑞士等国家，气候相对较冷，球也踢得更加偏重力量型、整体性，也相对简单。南斯拉夫的足球，总的来看是偏南欧的一派，在世界足坛独树一帜，不可小觑。现在南斯拉夫一分为六，足球相对更强的是克罗地亚、斯洛文尼亚和塞尔维亚三国，其风格都是南斯拉夫一脉，仍走技术流的路子。他们的足球有更多的技术含量，本就是优良传统使然。我们还知道，斯洛文尼亚和塞尔维亚这两个国家，虽然原是地方和中央的关系，而且前南分裂，第一个揭竿而起的正是斯洛文尼亚，但分裂以后，斯塞两国关系还不错。现在两队分到一个小组，兄弟阋于墙，就多少有点残忍。不过，搁置输赢，以球会友，想开了也没什么。

回顾近些年两队的战绩和实力，塞尔维亚给人留下的印象更深，因为他们打入了卡塔尔世界杯，且在比赛中，有近乎惊艳的发挥。首战巴西，他们尽管努力，但既然坚持巴西一脉的风格，那就不免李鬼碰上了李逵，以0∶2败下阵来，还成就了理查利松一个技惊四座的倒钩射门，最后入选最佳进球之首。第二场对喀麦隆，又是一个学巴西的对手，塞尔维亚打得风生水起，但虎头蛇尾，先是3∶1领先，最后被连扳两球，3∶3平，把一手好牌打成了糨糊，从此给球迷留下了能攻不善守的印象。第三场对瑞士，打出一场荡气回肠的攻防大战，可惜最终以2∶3败下阵来。进5球丢8球，但场面好看，这就是塞尔维亚。当时正是疫情期间，时间充裕，我把他们的3场比赛都看了，对大打攻势足球的塞尔维亚充满了同情。此番欧洲杯上再见，"岐王宅里寻常见，崔九堂前几度闻。正是江南好风景，落花时节又逢君"，大约就是此种情态。现在虽非"落花时节"，但看到塞尔维亚英雄末路、尽显疲态的状况，多少有些"流水落花春去也"的感觉。自南联盟解体后，塞尔维亚从未在大赛中打入过淘汰赛。本届大赛首轮他们顽强小负英格兰，但实力不及两年前，也是有目共睹。天才球员塔迪奇已经35岁，上轮替补上场盘活了进攻，这一场直接首发，确实发挥了应有的作用。上半场塞尔维亚控制了局面，基本把斯洛文尼亚摁在半场，只是缺少些临门一脚的功夫和运气，始终没能攻破对方的球门。塞尔维亚主帅斯托伊克维奇当年曾是南斯拉夫的大师级中场，号称"巴尔干马拉多纳"，球风华丽，脚法出众，后来加盟马赛，可惜受政治局势的影响未能尽展风采，年纪大一些，也和巴萨的西班牙国脚伊涅斯塔一样，加盟了日本J联赛（不过比伊涅斯塔早得多）。后来专任教练，以疯狂进攻著称，号称"疯子教练"。他曾在中国的广州富力队执教，一贯的进攻、一贯地搞不好队内关系，没有取得理想战绩，自己也离开了中国。现在风水轮流，居然登上了塞尔维亚主教练的宝座，据说与队内几位大牌关系都有些紧张，本场塞尔维亚没有打出自己的特点，或许与此有关。这样的战绩，估计这位仁兄离下课也就几厘米了。

而斯洛文尼亚，我对他们更是早有记忆。2002年世界杯，我随中国足协的考察团到韩国看球，在济州岛上住的酒店，就是斯洛文尼亚的官方酒店——那时24支球队，每支球队都有专门的酒店。可惜那时注意力全在中国队身上，与斯洛文尼亚队员天天擦肩而过，却从没有求个合影或者签名，现在不免遗憾。斯洛文尼亚离慕尼黑不算很远，上一场在更远的斯图加特比赛，斯洛文尼亚的球迷就爆了棚——毕竟，国家队打入这种大赛的机会不多。也许就是球迷的支持，才让实力处于下风的斯洛文尼亚首轮从丹麦中抢下一分。本场比赛，单看看台上球迷的阵容，就比上一场更豪华。现任欧足联主席切费林也是斯洛文尼亚人，他们或许从这里也能得到些照顾——不过只是猜测。上一轮赛后，发生了塞尔维亚球迷场外与阿尔巴尼亚球迷因种族歧视言论而械斗的情况，塞队球迷入场受到了一些限制，这也对斯洛文尼亚有利。两队交锋，单看实力还是塞尔维亚稍占上风，但如果综合考虑盘内外各种因素，那就难说了。

比赛的进程，上半场塞尔维亚完全控制了局势，但得势不得分。下半场，塞尔维亚继续奋力进攻，反而被斯洛文尼亚打了个反击。看这个球，似乎很简单，三传两倒，一蹴而就，但想想塞尔维亚，狂攻半场，居然难有收获。"或重于泰山，或轻于鸿毛"，真是一言难尽。这样的比分若维持到终场，斯洛文尼亚大概率会出线，而塞尔维亚基本就回家了。不过塞尔维亚人并不甘屈服，虽然进攻屡屡受挫，但他们抓住了最后一次角球的机会，由下半场替补上场的8号约维奇头球命中扳平了比分。能有此绝平，也是对塞尔维亚不屈精神的一个回报。这样，他们就凭自己的力

量，把自己从悬崖边上拉了回来。当年中国队主教练霍顿说：我们还活着。这句话，也适用于今天的塞尔维亚人。

尽管平局对双方应该是个双输的局面，但至少，两队此刻还都"活着"。对于斯洛文尼亚，下一场对手是强大的英格兰，而塞尔维亚则要对阵同样不弱的丹麦，双方恐怕都有些凶多吉少。

快速是硬道理

2024 年 6 月 21 日　北京时间 00:00

丹麦 VS 英格兰

法兰克福竞技场

在记述第一轮英格兰对阵塞尔维亚的那场比赛时，我用了一个疑问句做标题，叫作"'强队'英格兰？"。虽说强队加了引号，仍有人批评我低估了英格兰。看了这场英格兰与丹麦队的比赛，你就知道我所言非虚。如果让我现在写，恐怕要去掉引号才是。

英格兰是赛前公认的夺冠第一热门，其风头甚至超过了姆巴佩领衔的法国队和占有天时地利人和的东道主德国队。网上球迷预测欧洲杯冠军的归属，英法两队高居榜首，不相上下。球迷有此信念，在我看来，还是英超的晕轮效应在起作用。全世界最好的联赛，难道不能推出一个欧洲冠军乃至世界冠军？事实上，球迷们的信念，颇有几分道理。意甲最好的时候，意大利国家队也是锐不可当；德国队大杀四方之时，德甲也是风生水起；后来西甲成了五大联赛的老大，西班牙就拿了欧洲杯（2008 年）、世界杯（2010 年）、欧洲杯（2012 年）"三料"冠军。现在，英超是公认的最佳联赛，难道英格兰就不能夺得一次欧洲杯乃至世界杯吗？

但看以往的比赛，很奇怪的是，许多次大赛中的英格兰，三条线群英荟萃，光芒万丈，但整合到一个队伍里，却总是缩手缩脚，打不出应有风采。本届欧洲杯，他们头一场打塞尔维亚，上半场还基本正常，下半场就有点走样，甚至一度让世界排名远逊于自己的对手打得狼狈不堪，令人难以置信——以至于我预测胜负的时候，高估了塞尔维亚。毕竟，对抗性项目，制衡与反制衡，水平高低总还是要看碰上了谁。到了这场英格兰对丹麦，情况就看得清楚些，队员的威名自然并非浪得，但整个队伍没怎么进入状态，也是清清楚楚的事实。

在我看来，一个强队有没有实力，既要看队员的能力，也要看整体配合的战术素养，但如果要看有没有状态，那就要看能不能把速度提起来，或者说，有没有速度感。现代足球是一个在快速跑动和激烈对抗中使用动作的集体项目，能不能快起来，在快速状态下有没有配合，能不能对抗，才是判断是不是强队的标准。一支拥有若干优秀球员组成的队伍，单看每一位队员，传接球、带球跑、抢点似乎都没问题，但一旦速度提起来，立刻配合失灵，失误大增，那就是状态不佳。而前两场我们看到的英格兰队，大致就是这种情况。

但英格兰毕竟是有底蕴的队伍，球员阅读比赛的能力自然是没有问题的。所以，当速度提不起来的时候，他们也会通过回传、倒脚和大范围转移，耐心地寻找对方的漏洞，以求"先为不可胜，以待敌之可胜"。这正是昨天这场对丹麦队的比赛我们所看到的情形。上半场基本还是英国人控制局面，但速度很慢。中场队员对于向前出球信心不是很足——当然也与丹麦队令人始料未及的高位逼抢有关——而频频回传。他们唯一的进球，就是靠右边卫沃克的一个高速插上抢断形成的快速反击，由于门前丹麦队后卫猝不及防而解围不远，凯恩只是负责吃饼而已。

进球之后，英格兰的节奏立刻又慢了下来，仿佛现代都市里的某些年轻人，稍有些财务自由，立刻就选择躺平的生活。结果，尽管场上拥有一个至少比丹麦队身价贵了一倍的豪华阵容，但仍然被统治力和控制力远远不及自己的丹麦队掌控了局面。丹麦人通过两个边路的二过一配合或者前场有力的反抢，形成了多次犀利的反击，对英格兰的球门形成了多次威胁。最终在第 34 分钟，丹麦组织反击，霍尔曼德接到埃里克森传球，禁区外右脚突施冷箭，皮球直入死角，击中门柱内侧弹入网窝，丹麦扳平了比分——这又是一个最佳进球的有力竞争者。

英格兰队主力前锋 9 号凯恩

　　英格兰人如梦初醒，不断展开进攻，甚至在下半场依靠一记远射打中了丹麦队的门柱。丹麦队也创造了几次不错的得分机会。但遗憾的是，双方都未能再次攻破对方的球门，最终以 1 ∶ 1 的比分握手言和。

　　两轮战罢，英格兰一胜一平，丹麦队两平。这样，这个小组没有一支队伍提前出线，也没有一支队伍被淘汰。就连一平一负的塞尔维亚，也完全可能在下一场战胜丹麦队而出线——他们甚至还可能是小组第一。英格兰糟糕的状态给了大家机会。对球迷来说，这也是好消息——毕竟，没人愿意看无关出线宏旨的鸡肋比赛。

老牌劲旅的新传控

2024 年 6 月 21 日　北京时间 03:00

西班牙 vs 意大利

盖尔森基兴费尔廷斯竞技场

如果说强强对话是比赛精彩度的重要因素，那么，开赛以来最值得期待的比赛就是今天举行的西班牙对意大利的比赛。当然，西班牙和克罗地亚的比赛也可以视为强强对话，但毕竟，克罗地亚尚没有在任何重要的国际大赛中拿过冠军，而西班牙曾经是大赛三连冠（欧洲杯、世界杯、欧洲杯），反观意大利不仅是卫冕冠军，还是 4 届世界杯冠军得主。和历史上我们经常能回忆起的那些经典战役一样，不是所有的强强对话都是经典，但经典必须有强强对话这个前提，如 1986 年的巴西对法国，1990 年的巴西对阿根廷，1994 年的巴西对荷兰，一直到上届世界杯决赛的阿根廷对法国。所谓强，至少得拿过世界杯或者欧洲杯、美洲杯吧？所以，本届欧洲杯真正的强强对话，就是今天的西班牙对意大利。

但是，诚如我们在第一轮比赛中看到的那样，意大利似乎没那么强——也可能是状态不在线。第一轮对阿尔巴尼亚，他们先丢了球，幸好很快就扳平并反超了比分。在丢球到反超的这十几分钟时间里，他们确实打出了高水准的足球。但仿佛过去有烟瘾的人，他们很快就丧失了那种被暂时的失利激发出来的活力，变得昏昏沉沉起来，整个状态像是梦游。我当时以为，这就是那种老牌劲旅常常采取的战术——这是一种尤其与意大利密切相关的传统，那就是用最小的代价去获得最大的胜利，比如萨基的1：0主义，像威尼斯商人，而不是罗马战士。但现在看来，意大利人或许也在拼搏，他们更可能是实力不足。

在这场所谓的强强对话中，西班牙人展示了强大的进攻能力。看双方的数据对比，进攻133对75，危险进攻79对20，控球率57％对43％，射正球门8对1，总射门数19对4。如果掩去队伍名称只看数据，谁能想象这是两个世界一流足球强国之间的较量？我们看比赛，也完全是这样的印象。西班牙像是一个无比凶悍的猎人，正以一种游戏的心态去戏弄一只已经落入陷阱的野兽。如果不是多纳鲁马高接低挡的高水平扑救，意大利丢球绝不止于一个。当然他们稍微有点颜面的地方是，西班牙人最终也没能攻破意大利的城池，那个丢球是一个乌龙球，意大利人自己打进了自己的球门。到现在为止我仍然很难辨别，到底是意大利人还没有调整好自己的状态，还是他们的实力就是如此。1982年世界杯小组赛，他们就是这样昏昏沉沉，差点遭淘汰，但到了淘汰赛阶段，他们好像突然换了一个球队似的，金童罗西一举成名，在半决赛中战胜了如日中天的巴西队，最后居然站上了冠军领奖台。2006年，他们也曾重复1982年的故事，小组赛跌跌撞撞，一进入淘汰赛就是另外一种状态。难道意大利的这张旧船票，又要登上1982年和2006年的客船？

当然，这也要问问西班牙同意不同意。毕竟，从已经亮相的全部球队的表现看，只有西班牙和德国保持了比赛质量和竞技能力的高水准，特别是针对前几年已经饱受诟病的所谓传控打法，两支队伍作出了自己新的尝试，不仅在于尽可能地保持对球权的控制，更重要的是在前场中路形成有利的直塞与前插，从而强行撕开对方防线，造成其局部的混乱，从而快速形成射门。当然，也包括有力的远射和远射后的补射，等等。总之，他们（西班牙和德国）展现出了一种较之英格兰、意大利、克罗地亚等强队更加丰富的进攻体系，从而展现出一些新的足球变革力量。

当然，欧洲杯才刚刚开始，我们所感受到的新意，还需要更多的证明。明晚，将有荷兰和法国的强强对话，这也是我们观察的好机会。

乌克兰的危机与救赎

2024 年 6 月 21 日　北京时间 21:00

斯洛伐克 vs 乌克兰

杜塞尔多夫竞技场

首轮比赛中，斯洛伐克爆了一个不大不小的冷门，以自身世界排名第 45 位的实力，居然战胜了世界排名第 3 位的比利时。第二轮，他们遇上了首轮表现不佳，被罗马尼亚 3 球挑落马下的乌克兰。如果能够战而胜之，那他们将是继德国和西班牙之后，第三支出线的球队。看上去，这不是一个过于理想的目标。一支敢于战胜比利时的球队，难道不可以设想战胜乌克兰吗？

当然，乌克兰人不会接受这样的安排。他们在一场类似于噩梦般的比赛中，仿佛被女巫施了魔法一样，稀里糊涂地连丢 3 球。但痛定思痛，他们自然也明白，一场球的失利并非地狱，在阿森纳踢球的左后卫津琴科说："像对阵罗马尼亚的那种比赛经常发生，最好我们不要多说什么，但我确信每个人都从中学到了东西，无论是作为个人还是作为集体。但我不想谈论那场比赛，我想展望与斯洛伐克的比赛，我们必须为此做好准备。"

不过，命运对乌克兰队的考验，似乎来得特别严酷。只有一场胜利才能有机会摆脱被动局面的乌克兰人又先丢球了。这一战，他们换上了黄色的战袍，这正是首战他们的对手罗马尼亚人战袍的颜色，也许他们希望这个不经意的改变能给自己带来些好运。但是，正是誓言要"必须为此做好准备"的津琴科的一次冒顶，给了候个正着的斯洛伐克前锋 26 号伊万·斯克兰兹头球射门的机会。斯克兰兹机敏地抢到了津琴科未能争到的那个落点，将球顶入了乌克兰人的大门。斯洛伐克人已经将自己的一只脚踏入了第二阶段的大门，而如果不能逆转，乌克兰人基本上就可以回家了。而事实是，在最近连续 10 场先失 1 球的比赛中，乌克兰人都最终输掉了比赛。这仿佛是一场宿命，诚如卢梭所说：人生而自由，却无往不在枷锁之中。

然而，乌克兰人并没有放弃。丢球以后，他们展开了一波又一波的进攻，连续形成攻门，一记远射打中对方门柱，另一次单刀球被守门员扑出。斯洛伐克的门前风声鹤唳，险象不断。幸亏中场休息时间及时到来，他们才获得了喘息之机。

下半场易地再战，乌克兰人仍然给予对手以强大的压迫，终于在第 53 分钟由左后卫 17 号津琴科将功补过，从左路肋部传球到中路点球点附近，埋伏在中路的右前卫沙帕伦科候个正着，一脚贴地斩将球射入对方球门。乌克兰人扳平了比分。士气大振的乌克兰人继续强攻对手，而斯洛伐克人多少陷入了慌乱。到了第 79 分钟，乌克兰右前卫 10 号沙帕连科在右路中线右侧传出过顶斜长传，皮球正好落在心领神会的 9 号亚列姆丘克身前。亚列姆丘克以一个世界级的停球技术控制了皮球，形成近在咫尺的单刀机会，只见他用脚尖一捅，球越过对方守门员轻轻滚入球门。乌克兰反超了比分！

这是一个可以参加最佳进球评选的精彩入球，它充分体现了乌克兰队位列世界第 22 位并非浪得虚名。这也是一个改变了乌克兰在本届欧洲杯上出线前景的入球，从这一瞬间开始，他们出线的希望又明朗了起来。当然，他们下一场的对手是虎老雄风在的比利时，实事求是地说，这是一个比斯洛伐克难对付得多的强大对手。但是，对于乌克兰人而言，没有什么对手会让他们害怕。

再见，莱万

2024 年 6 月 22 日　北京时间 00:00

波兰 VS 奥地利

柏林奥林匹克体育场

这是一场谁也输不起的比赛。

在第一轮比赛中，波兰和奥地利都是失利者。波兰输给了荷兰，奥地利输给了法国。虽然各自都幸运地（当然也是顽强地）只输了一个球，但在这种两强两弱的小组中，弱队最好的策略就是"张果老倒骑毛驴"——前面的不管，要看住后面的。换句话说，对波兰而言，输给荷兰不可怕，可怕的是输给奥地利。对奥地利而言，道理也是一样的。因而，今天双方展开的这场较量，是真正的决战。

波兰排出了一个 3-5-2 的阵型。门将什琴斯尼是卡塔尔世界杯的最佳门将候选人。三后卫达维多维茨、贝德纳雷克和基维奥尔都是必然之选，而五中场分别是皮奥特洛夫斯基、泽林斯基、弗兰科夫斯基、扎莱夫斯基和斯利兹，前锋是布克萨和皮亚特克。这个阵型的特点就是攻守相对平衡，防守的时候两名中前卫回撤转化成 5-3-2，进攻的时候一名突前前卫顶上去成 3-4-1-2。在队内没有大牌球星，实力相对平均的情况下，这是个不错的选择。遗憾的是，队内的超级巨星莱万多夫斯基虽然进入了大名单，还是未能首发出场。

　　而奥地利则采用了相对更倾向于防守的 4-5-1 的阵型。门将彭茨，后卫线特劳纳、波施、林哈特和姆维尼，中场莱默尔、赛沃尔德、鲍姆加特纳、萨比策和格里格奇，前锋线上顶着身高 1.92 米的 7 号中锋阿瑙托维奇。这位奥地利的头号球星，不仅仅作为得分手，也作为进攻的支点威胁对方的球门。

　　比赛一开始，双方都摆出积极的姿态，努力想要打出有效的进攻，力争先打破僵局。因而选择进攻手段，也多是努力打到对方的肋部，再传中形成头球射门，甚至在前场两侧选择弧线较为平直的传中球吊向球门，利用高大中锋的支点作用创造射门机会。双方的战术意图非常接近，实力略强于对手的奥地利队创造了更多的机会。上半场刚刚 9 分钟，奥地利就利用一次左路下底传中的机会将球吊向球门前点，由埋伏在禁区的边卫特劳纳头球顶向近角破门，什琴斯尼显然对这个顶向近角的球准备略有不足，虽然作出了扑救，但也只能望球兴叹，奥地利取得了领先。此后奥地利队继续对波兰队发动一波又一波的进攻浪潮，如果不是什琴斯尼的奋力扑救，波兰队恐怕不是只以一球落后。上半场 30 分钟，波兰队右路 45 度传中，被对方后卫顶出，又在左路肋部形成传中。本方队员射门被挡，23 号球员皮亚特克跟进补射，一蹴而就扳平了比分。此后双方攻守平衡，你来我往，直到上半场结束，再没有出现得分良机。

　　下半场，实力占优的奥地利队加强攻势，波兰队陷入被动。到第 60 分钟，波兰教练员终于派上了他们的超一流巨星莱万多夫斯基，引来看台上波兰球迷的阵阵欢呼。但是，由于奥地利攻势凌厉，波兰前锋线很难舒服拿球。莱万诺夫斯基只能一次次回到中场附近拿球，甚至不得不参与防守。遗憾的是，奥地利一浪高过一浪的进攻还是收到了成效。第 67 分钟，普拉斯助攻鲍姆加特纳中路大力射门，又一次洞穿了什琴斯尼的十指关，奥地利再次取得领先。此时波兰队的进攻已经尽显疲态，第 79 分钟，门将什琴斯尼扑救单刀，不得已将对方进攻队员扑倒，萨比策造点成功，阿瑙托维奇一蹴而就，比分来到了 3：1。波兰队大势已去，最终输了这场关键之战，也失去了晋级第二阶段的机会。

　　有人可能奇怪，如果波兰下一场战胜法国，奥地利输给荷兰，双方同积 3 分，为什么就确定波兰被淘汰了呢？这是因为，这次欧洲杯的赛制规定，如果出现同分，要先看双方的胜负关系。这一场波兰输给奥地利，即使下场他们战胜了强大的法国，奥地利输球，但比较胜负关系，奥地利仍必然排在波兰之前。所以说，这个组的前三名现在虽然还不确定，但第四名经此一战就已经定了下来。这个结果，也注定了本场比赛应该是莱万参加的最后一次大赛，一代巨星就此告别。

足球世界残酷如斯，不免令人一声长叹。

零封？彼此彼此

荷兰 vs 法国

莱比锡红牛竞技场

　　这是本届欧洲杯开赛以来，真正意义上的第二场强强对话的比赛。我们都知道，第一场是意大利对西班牙，结果，西班牙全场占尽优势，最终靠对方的一个乌龙球以 1 ∶ 0 小胜，整个比赛过程令人失望。而今天的第二场，会给我们带来一些不一样的感受吗？

　　最让中国球迷愤懑的是，他们最希望看到的比赛，总是被安排在凌晨 3 点这样一个时间。德国对波兰的揭幕战如此，英格兰首秀对塞尔维亚，法国首秀对奥地利，以及意大利对西班牙这样的强强对话，乃至今天的法荷对话，都是凌晨 3 点开始。实际上，这正是因为这些球赛具有较高的观赏性，所以才被安排到德国的黄金时间晚上 8 点开始。而德国当地时间的晚上 8 点，恰好就是北京时间的凌晨 3 点。中国球迷如果有不平衡，其实可以考虑呼吁国家申办世界杯，我们的晚上 8 点，是欧洲的中午 1 点，虽然不能让他们晚上不睡觉，至少可以让他们中午不休息。如果还觉得不爽，我们可以把比赛安排到上午 9 点，让他们凌晨 2 点爬起来看球。但现在，比赛在人家的地盘上进行，只能听人家的。

虽说半夜醒来不爽，但今天是周末，前面的一场奥地利对波兰，也还有些看头，毕竟，莱万能否出场也是个颇吸引人的话题。所以索性不睡，连看3场，中间的间隙正好可以写球评。但这样做的困难在于，到了法国和荷兰的比赛开场的时候，人已经困倦到了极点，几乎睁不开眼睛了。

比赛开始了，看首发名单，姆巴佩没有出场——但进入了比赛名单。上一场比赛尾声阶段，姆巴佩冲顶时撞在对手肩膀上，血流不止，据说是撞断了鼻梁骨，能否打后面的比赛尚不知道。现在，至少看到他戴着黑色面具在热身，但是，和媒体的预测一样，他没有出现在首发阵容中。

这是今年以来法国队和荷兰队的第三次交手了。前两次，就是欧洲杯预选赛，两队冤家路窄，预赛就分到了一个小组。两回合交锋，法国队主场4：0、客场2：1双杀荷兰队。而且，两队最近6次交手，法国队5胜1负，应该说优势还是非常明显。

但开场以后，荷兰队显然没有受到近期比赛成绩不佳的影响，开场2分钟，他们就利用速度突破了法国队的防线。面对弗林蓬的射门，迈尼昂做出了关键的扑救，皮球稍稍偏出。其后，两队没有任何保留，都坚决地打起了进攻。这样两支技术、速度和冲击力俱佳的队伍一旦敢于打出来，那场面还是相当好看。整个上半场双方都创造了一些得分机会，荷兰队的进攻相当有特点，连续利用正面渗透试图瓦解法国队的防守，多亏坎特几次在关键位置救险法国队才没有丢球。第11分钟，格列兹曼的远射惊出维尔布鲁根一身冷汗，紧接着第13分钟，拉比奥特在面对空门的情况下令人费解没有选择射门，而是选择将球传给格列兹曼，结果被荷兰门将瓦解了这个得分良机。接着，坎特送出妙传，格列兹曼的兜射打偏。双方的前15分钟都表现出了强烈的求胜欲望，攻势如潮，绵绵不绝。只是由于双方的后卫线拼死守卫，加上临门一脚欠佳，才没有失球。

但是，经过开场15分钟的对攻战后，两支球队都有意放慢了节奏。上半场后半段，双方都未能创造出太多进攻机会，比赛显得十分平淡。半场结束，两队互交白卷。

下半场几乎复制了上半场的进程。前15分钟，法国队打出行云流水的配合，又是坎特送出妙传，格列兹曼停球有些大，之后的射门又被维尔布鲁根扑出。而荷兰队也不遑多让，第68分钟完成下半场的第一次射门，德佩的近距离爆射被迈尼

法国队主教练德尚

昂扑出，西蒙斯补射将球打入。但遗憾的是，裁判员认为处于越位位置的邓弗里斯对门将形成了干扰，因为他恰恰站在门将和球飞行线路的中间，影响门将做出动作。尽管荷兰的球迷情绪激动，但客观地说，裁判员对这个球的判罚是合理的。而除了这次进攻，整个下半场，法国队全面压制了荷兰队。荷兰队下半场仅仅一次射门，但法国队糟糕的门前感觉浪费了大把机会，最终，在这场稍显沉闷的巅峰对决中，法国队与荷兰队互交白卷。不过从出线的角度，他们都获得了自己想要的东西。因为在这种小组第三名也有三分之二机会出线的赛制里，4分是一个大概率出线的积分。

现在，D组前两轮全部结束，法国队和荷兰队都是1胜1平拿到4分，奥地利队3分排名第三。波兰队两战全败，排名最后，成了第一支被淘汰的球队。而法国队和荷兰队的最终小组排名，还要看第三轮比赛的结果。

不过，缺了姆巴佩的法国队虽然仍是巨星云集，但攻击力特别是最后将优势转化为进球的能力，确实丧失不少。如果姆巴佩最终不能复出，法国队作为夺冠热门的地位将会显著下降。这个，不仅法国人知道，恐怕"地球人都知道"。

无人喝彩

2024 年 6 月 22 日　北京时间 21:00

格鲁吉亚 vs 捷克

汉堡大众公园体育场

　　有些球队注定是寂寞的。在群星璀璨的欧洲杯舞台上，不上场的姆巴佩都能激起一场面具的风潮，而辛辛苦苦踢了 90 分钟的格鲁吉亚和捷克，却进行了一场寂寞之舞。不仅无人喝彩，甚至无人到场。

　　两支球队都输掉了头一场比赛。格鲁吉亚输给了土耳其，从场面上看，他们输得没有什么遗憾，基本原因就是技不如人，只能做天才居莱尔的背景板。而捷克输给了葡萄牙，尽管看上去这也是个合理的结果，但看了比赛就知道，由于葡萄牙人自身的一些问题，捷克人本来有机会逼平对手的，那样，他们的出线前景就会乐观得多。无论如何，两支首轮败军相遇，无人喝彩是正常的。足球和这世界上绝大多数的事物一样不能免俗，那就是功利主义，成者为王，败者为寇。

　　但是，对他们双方而言，这并不是一场可有可无的比赛，而是一场必须争取胜利的比赛。这是一个足球的"囚徒困境"，谁胜利，谁就会取得最佳结果，相对而言，平局对双方都不好。

　　如果认真看比赛，过程其实是非常精彩的。刚开场不久，捷克的赫洛泽克在左路禁区推射，被马马尔达什维利扑出，第二点克雷吉奇门前倒钩又被挡出，随后切尔尼抽射被马马达什维利神勇扑出。一连串的进攻令人眼花缭乱——法国对荷兰的比赛都不曾出现这样的场面。第 22 分钟，捷克右路掷界外球到禁区后点，又是赫洛泽克抢射被玛玛尔达什维利神扑，随后反弹到赫洛泽克身上撞射破门，捷克人开始欢庆。但随即 VAR 提示，球是先打在赫洛泽克手上的，进球无效。第 27 分钟，格鲁吉亚在对方中路打出精妙配合，17 号切尔尼策动，与中路的希克连续 3 个撞墙式配合，居然一路形成了单刀，但遗憾的是切尔尼射门脚软未能打破僵局。第 35 分钟，格鲁吉亚 9 号达维塔什维利右路下底横传门前，捷克后卫曹法尔解围差点自摆乌龙。到了第 45 分钟，格鲁吉亚右路定位球开到禁区门前，混战中 22 号米卡乌塔泽推射被捷克门将斯塔涅克神扑，随后 VAR 提示，捷克后卫赫拉纳克手球，裁判员判罚点球，米卡乌塔泽主罚点球命中。场上局势稍显被动的格鲁吉亚居然取得了领先。

下半场，捷克队展开了更加迅猛的攻势，频频采用长传冲吊抢第二点的方式威胁格鲁吉亚球门。第 59 分钟，捷克队获得角球机会，吊入禁区后格鲁吉亚后卫解围将球顶到远侧门柱弹回，被敏锐的捷克前锋希克打空门得手，捷克 1∶1 平格鲁吉亚。但不到 10 分钟后，优秀的前锋希克就在无身体对抗的情况下旧伤复发，无法坚持比赛被换下场。此后的比赛格鲁吉亚逐步占据主动，创造了几次得分机会但都没有抓住。最终，双方握手言和。

下一轮，捷克队要对阵强于自己的土耳其队，而格鲁吉亚要对阵强大的葡萄牙。从前两场表现出来的实力看，格鲁吉亚凶多吉少，而捷克队尚有战胜土耳其，争取小组第三甚至第二的机会。不过，足球是圆的，命运至今还都掌握在自己的手中。对球迷而言，好看的比赛，就是对阵双方都还有机会的比赛。

C 罗的新角色

2024 年 6 月 23 日　北京时间 00:00

土耳其 vs 葡萄牙

多特蒙德威斯特法伦球场

今天看到的是 F 组的一场重头戏，由种子队葡萄牙对阵本组实力相对较强的土耳其。从数据上看，双方势均力敌。控球率 57％ 对 43％，葡萄牙占据上风。其他技术指标基本平分秋色，进攻 95 对 80，危险进攻 43 对 47，射正球门 3 对 3，射门次数 10 对 11——土耳其还多 1 次。土耳其人甚至有 9 个角球，而葡萄牙只有 1 个。看得出，尽管葡萄牙人更多控制皮球，但有效进攻反而是土耳其人略微占先。但是，最终的结果却是葡萄牙以 3：0 的比分大胜土耳其。如果不看比赛光看数据，是想不通出了什么问题的。

当然，葡萄牙人的总体实力在土耳其之上。赛前，英国的一家电竞服务商利用超级计算机对两队比赛的结果进行了模拟，在 1 万次模拟结果中，葡萄牙胜率高达 62％，土耳其获胜的概率为 17.8％，两队战平的概率为 20.2％。这是基于双方实力分析而得出的结论。尽管它预测比赛的结果并没有实际意义，但对我们了解双方在过去的诸多比赛中表现出来的实力，是一个基本的依据。

不过，我们也能看到，土耳其人想要赢得这场比赛的信心很足，反而成了他们

葡萄牙队主力前锋 7 号 C 罗

最终大败的重要原因。如果土耳其人从一开始就摆出严防死守、平局即胜的架势，葡萄牙人就很难打出那样犀利无比的反击。从比赛的进程看，开场以后，土耳其攻势很盛，他们也非常希望能够先取得进球，从而打出自己非常擅长的防守反击。但是，尽管他们创造了不错的机会，但却因临门一脚欠佳而未能率先进球。反而是葡萄牙人在第 21 分钟的左路进攻中通过莱奥的直塞，门德斯套边后低平球传中，C 罗虽然跑过了，在门前没能踢到皮球，但 B 席跟进推射得手，葡萄牙人取得了领先。这个进球改变了局势和双方的战术。对土耳其而言，这个进球迫使他们必须全线进攻，以期扳回比分，但这样做的结果就容易在身后留下大片空当，给同样善于快速防守反击的葡萄牙带来机会。而雪上加霜的是，第 28 分钟，C 罗和 B 席中路突破，配合不够默契导致 B 席将球传给了对方后卫。而就在土耳其后卫漫不经心地回传后，球传向了守门员无法控制的区域，居然直接滚进了自家大门！葡萄牙"天上掉馅饼"，取得了两球领先。这样，攻守双方的平衡就完全打破，土耳其陷入全线被动。他们只能投入兵力疯狂进攻，尽管声势如潮，但难以通过 41 岁中后卫佩佩领衔的后防线，反而频频掉入葡萄牙人的反击陷阱之中。土耳其那些攻到前场的勉强射门，最后变成了好看却没什么用的数据。

比起上一场打捷克，葡萄牙今天的进攻更加流畅。一方面，这和他们克服了头一场比赛的拘谨有关；另一方面，也与 C 罗主动作出的调整相关。如果在以往葡萄牙的比赛中，C 罗的角色定位通常是享有无限开火权的球门终结者的话，今天，他更多地发挥了进攻前端的支点作用。我们看到，当本方队员将球传入禁区，C 罗的第一反应不是抢点射门，而是策动进攻——无论是他用头球点给队友助攻，还是在禁区内背身拿球寻求第二点，都看得出 C 罗——或许也包括主教练的安排——的自觉追求。下半场，鲁本·内维斯中场长传，C 罗反越位成功，在形成单刀的情况下妙传给位置更好的 B 费，后者轻松推射入网，这就是典型的例证。在 C 罗本场的角色定位中，他的作用是前场的策动与串联，因而，传球才是第一选择。很多人以往觉得 C 罗很独，明明传球更好也总是自己抢先射门——这可能是队内几位大腕儿不习惯他的原因，但这实际上与角色定位有关。角色定位每每决定了球员在零点几秒之间的选择。本场比赛 3：0 领先以后，C 罗还有数次专门以摆渡和做球来处理球的例证，也说明了这种变化了的角色定位。许多人总会从球风球德的角度来认识问题，恐怕不是会错了意，就是看串了行。

对于葡萄牙队而言，这场比赛不仅收获了一场重要的胜利，也是协调 C 罗在中前场角色定位的有益尝试。通过这样的调整，C 罗能够发挥的作用更大，与其他重磅前锋的配合也会更默契。这对实力不凡、人才济济的葡萄牙队来说，是通向冠军之路的重要加持。

而土耳其其实也完全应该接受这一结果。在现代足球场上，进攻不是万能的，但没有进攻是万万不能的。宁可进攻无果而败，也不能苟且偷生地活着。这是土耳其人骨子里的性格。下一场，他们将对阵实力弱于他们的捷克，胜当然出线，即使平，出线的概率也很大。所以，安纳托利亚的雄风，还能刮得更远。

有趣的是，本场比赛先后出现了 4 个球迷冲进场内与 C 罗合影的场面，球场上一度混乱，一名保安在追逐进场球迷的过程中不小心铲倒了未能获得出场机会的贡萨洛·拉莫斯。有人对此深恶痛绝，认为应该加大保安力度，坚决防止类似事件发生。在我看来，这样的花边新闻，也是足球的一部分。不支持就算了，坚决反对之类，有点小题大做了。我看 C 罗虽然摇头叹息，但并不反感这样的事。多年前，我的一位老师曾给我们讲恋爱经，说遇到心仪的女孩子就要大胆开口表达爱慕，不管彼此有多么悬殊。因为——她不会因为你说了爱就嫁给你，但她绝对不反感。我想，球迷追逐明星，道理是一样的。

事非经过不知难

比利时 vs 罗马尼亚

科隆莱茵能源球场

　　如果不是首场比赛在全场占尽优势的情况下意外地输给名不见经传的斯洛伐克，比利时的第二场比赛绝对不会引起人们如此特殊的关注。因为从国际足联的国家队排名看，罗马尼亚第 43 位，斯洛伐克第 45 位，都与比利时相去甚远。正常情况下，比利时应该可以比较轻松地战胜斯洛伐克，但意外地失利。显然，本场比赛中罗马尼亚人展现出来的冲天热情，恐怕有多一半都是被斯洛伐克人的胜利激发出来的。小尼姑的光头，王胡摸得，难道阿 Q 摸不得？

　　不过，与上一场打乌克兰获得对方门将"远程助攻"的幸运不同，这一场打比利时，罗马尼亚却是遭遇了开门黑。比赛刚刚进行了 1 分钟多一点，卢卡库中路得球传向左侧边路，22 号多库得球低平球回传中路，卢卡库难以转身，就回做给中场插上的 8 号蒂莱曼斯，蒂莱曼斯拔脚远射，球穿过人群窜入罗马尼亚球门左下角。比利时取得了梦幻开局。

　　这个球极大地稳定了比利时的军心。要知道，他们在两年前的世界杯上，就小胜加拿大，0：2 负摩洛哥，0：0 平克罗地亚。最后获得小组第三而被淘汰，成了仅有的2个小组赛就被淘汰的种子队（另一个是德国）。这一次，他们甚至连第一场比赛都未能获得胜利。如果与罗马尼亚的比赛再爆冷，那就意味着他们再一次在小组赛中被淘汰，那可真是"无颜见江东父老"了。现在，打罗马尼亚先进了球，无论如何可以稳定住军心，乃至扭转局势。尤其是对两届大赛连续6脚必进球不进的卢卡库而言，尽管只是几个助攻也足以扭转心理上的颓势，改变"倒霉蛋"的心理定式，可谓"善莫大焉"。

但是，卢卡库的"倒霉蛋"生涯似乎还是没有结束。小组赛前两战，卢卡库8次射门位列射门榜第二（仅次于9次射门的C罗），5次射正位列射正榜第一，然而他却4次错失良机。本场比赛中，卢卡库接德布劳内妙传单刀破门，但因为"毫米级越位"，进球被判无效。已经庆祝了3次的卢卡库，至今还未登上射手榜，倒是在"被吹进球榜"上稳居头把交椅。

不过，尽管卢卡库未能扩大战果，罗马尼亚人也没能在进攻中有所斩获。整个下半场，双方都更多地在中场附近展开激烈争夺。直到终场前，比利时守门员大脚开到前场，球反弹后罗马尼亚后卫冒顶，被机敏插上的德布劳内一个捅射，球再次滚入罗马尼亚的网窝。2：0！从全场的竞争态势看，这应该是一个锁定胜局的进球。

比利时人获得了一场似乎是轻而易举的胜利。但是，"事非经过不知难"，只有像卢卡库这样经历了大起大落历程的人才知道，这一场胜利有多么不容易。卢卡库8次射门，5次射正，3次射入球门但都被吹，至今没有进入射手榜，他的球运，何时才能迎来转机呢？

欧洲杯小组赛第二轮印象

到 6 月 23 日为止，欧洲杯小组赛第二轮已经全部比完，24 支球队重新组合，捉对厮杀，打出了许多精彩场面，也留下了很多遗憾。我们可以用 5 个关键词来做个总结。

锋无力。第二轮 12 场比赛进了 27 个球，比第一轮少了 7 个。平均每场 2.25 个，低于历届杯赛的平均水平。传统强队进球少，法国和荷兰互交白卷，西班牙和意大利打成 1∶0。

激烈但不精彩。尽管有几脚远射很有技术含量，但经过令人眼花缭乱的配合打入的进球几乎没有，绝大多数的进球不是远射，就是边路传中、中场包抄。足球似乎回到了力量型打法占统治地位的时代。

绝平绝杀。12 场比赛中，克罗地亚对阿尔巴尼亚和斯洛文尼亚对塞尔维亚两场，后者都是最后补时阶段读秒绝平；匈牙利对苏格兰也是最后读秒绝杀。而乌克兰对斯洛伐克的制胜球，是在比赛进行到 80 分钟才打入的，可谓准绝杀。三分之一的比赛居然绝平或者绝杀，前所未有。

强弱不分明。12 场比赛中，有 5 场出现了世界排名远高于对手的球队不能取胜的情况。即使是世界排名较高的球队取胜的比赛，场面看上去也比较均衡，并未呈现一边倒的局面。传统意义上的强队极少打出具有统治力的比赛进程。

遗憾。克罗地亚被阿尔巴尼亚绝平，黄金一代可能因此谢幕欧洲杯，不免遗憾。土耳其原想与葡萄牙大战三百回合，不意被后卫的一个低级失误断送，十分遗憾。英格兰坐拥全球最豪华的锋线，居然不能多进丹麦一个球，有点遗憾。荷兰和法国本是进攻足球的代言人，却以 0：0 惨淡收场，实在遗憾。意大利本是天潢贵胄，结果让西班牙打得满地找牙，不是遗憾，是耻辱。

致敬匈牙利

2024 年 6 月 24 日　北京时间 03:00

苏格兰 VS 匈牙利

斯图加特梅赛德斯
奔驰竞技场

　　和两天前格鲁吉亚对阵捷克的比赛一样，苏格兰对阵匈牙利的比赛，也是一样无人喝彩。

　　本届欧洲杯小组赛前两轮的比赛都已经结束，这是小组赛第三轮的首场比赛。通过前两轮的较量，德国两战两胜，位列第一，只要不输给瑞士，就可以确定获得最终的小组头名。瑞士两战一胜一平位列第二，苏格兰一平一负位列第三，而匈牙利两战皆负，排在最后。第三轮，德国和瑞士强强对话，苏格兰和匈牙利捉对厮杀。苏格兰如果能胜，则积 4 分，小组名次大概率第三，匈牙利被淘汰。匈牙利若胜，名次也是坐三望二，苏格兰被淘汰，但匈牙利自己由于只有 3 分大概率也是被淘汰。如果平局，则匈牙利被淘汰，苏格兰积 2 分也是大概率被淘汰。

　　由此分析，双方这场球都是谁输谁淘汰，平了双方大概率都淘汰。因而，双方的策略都是，平了没用，必须争胜。

　　从比赛的进程看，双方确实表现了积极的态度，投入了尽可能多的兵力展开进攻。当然，由于双方技战术风格的不同，苏格兰采取的是由后场渐次推进到前场展开边路传中的阵地进攻，而匈牙利则更多采用后场起球直接找本方前场的长传式进攻。双方都高度注重前场的逼抢，抢断成功后快速通过中场打对方的反击。但由于双方这种相对简单的战术意图，造成了尽管看上去攻势如潮，但"雷声大雨点小"的局面。看双方的数据（苏格兰在前），进攻 121 对 92，危险进攻 41 对 37，控球率 58% 对 42%，似乎苏格兰都好于匈牙利，但这正是其坚持阵地进攻，打得比较刻板造成的。而看射门，双方的对比是 5 对 14，其中苏格兰零次射正球门，而匈牙利有 9 次。看来恰恰是快速的防反和密集的长传，造成匈牙利队对对方球门的威胁大于对手苏格兰。最后阶段匈牙利读秒打入的那粒进球，恰恰是一个快速防守反击的杰作。

苏格兰的失败是令人遗憾的，但一点儿也不让人意外。匈牙利队坚定不移地"不抛弃，不放弃"，值得我们尊重。其实，出线只是目标之一，足球的最高境界，是踢最好的足球。

功利向左，足球向右

2024 年 6 月 24 日 03：00

瑞士 VS 德国

法兰克福竞技场

　　我们在平常总能遇到一种人，他们从功利主义的角度看待足球。遇到足球事务需要作出决定的时候，通常要按照市场的原则，以最小的代价争取最大的收益。很多人给足球比赛出主意，秉持的不是如何有利于踢出好的足球，而是如何让足球比赛变得简单，易于操作。

　　在瑞士对德国的这场第三轮比赛开始以前，功利主义的论调又开始甚嚣尘上。因为德国已经稳获出线权，所以，是不是要调动全部主力，竭尽全力去争取胜利，似乎有了不同的看法。是啊，既然已经稳获出线权，为什么不让主力休息一下，好应付更加残酷的淘汰赛？万一受伤，岂不得不偿失？

　　这一论调的合理推论，甚至影响到了对结果的判断。有的人认为德国让瑞士踢进去的那个球，是故意让的。这个人（当然他并非个例）还认为匈牙利打进苏格兰的那个球也有猫腻，理由是当匈牙利前锋底线传中的时候，苏格兰的后卫防守不积极。这样的言论不会有太大的市场，但那些相对不这么偏激的功利主义论调，却具有一定的普遍性。

　　德国队在对瑞士队的比赛中有没有功利主义倾向，只要我们认认真真把全场比赛看下来，恐怕就会有明确的意见。因为脚下的球可能作假，脸上的焦急却不会。当然，还包括场上比赛的数据，也能说明德国人做了怎样的努力，从中也可以看出，他们多么不想输掉这场比赛。

　　数据是这样的（德国在前），进攻 116 对 65，危险进攻 71 对 30，控球率 66％对 34％，射门 18 对 4，角球 9 对 1，黄牌 1 对 3，只有射正球门这项指标是 3 对 3。这大概可以描述德国人一直想赢得这场比赛，但过于急切的心情影响了他们射门时的心态。

　　这场球的平局也说明了，即使像德国这样以硬朗对抗见长的队伍，也害怕瑞士这种粗犷硬朗极具侵略性的足球打法。与前几场不同，由于先丢球，德国队在这一场中的绝大多数时间里，回到了他们曾经奉行的两翼齐飞、中路开花的老套路。尽管这样可能会迅速地收获进球，但其相对而言的低成功率，却是显而易见的事实，尤其是在比分落后、心里急躁的情况下。

　　当然，德国人还是在最后一分钟收获了进球。这不是一个确定无疑的结果，而仅仅是不断努力的人常常会得到的一种积极的力量。匈牙利人也是靠这样的力量赢得了最后的胜利。一个小组的最后两场厮杀，居然都以绝杀或者绝平的方式，在比赛的最后一分钟呈现奇迹，这本身也是个奇迹。这种奇迹正是我们爱足球的理由，去他的功利主义，去他的阴谋论，足球如其所是，仍然无比美好。

　　而本届欧洲杯的第一个小组赛已经宣告结束。德国队 7 分获得小组第一，瑞士队 5 分获得小组第二，这两支队伍已经确定进入第二阶段。匈牙利队靠着最后的进球挤掉苏格兰获得小组第三，但 3 分的积分很难保证他们进入淘汰赛。差不多还要等 4 天，他们才能知道最终自己能否出线。这是令人煎熬的一段时间，如同死囚遇上大赦，但皇榜尚未公布。但无论如何，德国人在自己的国土上打出了崭新的一战。这是全体球迷的喜讯。毕竟，即使你只喜欢拉丁风格，德国队也是不可或缺的背景板。

梅花开到九分便好

2024 年 6 月 25 日　北京时间 03:00

阿尔巴尼亚 vs 西班牙

杜塞尔多夫竞技场

　　清代叶燮咏梅花，有"亚枝低拂碧窗纱，镂月烘霞日日加。祝汝一分留作伴，可怜处士已无家"之绝句，表达了"梅花开到九分便好"的意蕴。在叶燮看来，梅花开到九分，正是其绝妙之境。再增一分，似乎十全十美，却再无回旋余地，只剩下极盛而衰了。而叶燮之诗，更有一层意蕴，叹处士无家可归，纵梅花开到九分，风情万种，却也无缘消受了。诗有唯美的追求，又透出几分凄凉，颇耐人寻味。

　　这首诗，是看了西班牙对阿尔巴尼亚比赛之后的突发奇想。西班牙身处死亡之组，居然能大杀四方，3 场小组赛，三战三捷，获得最高的 9 分，似乎已达完美之境。而最后一场与西班牙对决的阿尔巴尼亚，却三战两败一平，正是"一分留作伴"，小组赛罢，也正落入了"可怜处士已无家"的境地，只能打道回府了。

　　不过，叶燮的梅花开到九分，是留有余地的意思。而西班牙获得的积分 9 分，却是一支队伍所能达到的极限。比之于叶燮之诗味，却是"十分"之意。

　　迄今为止，欧洲杯赛 6 个小组，无论已经赛完的还是没有赛完的，能够在 3 场小组赛后获得"十分完美"的 9 分的，只可能是伊比利亚半岛的"双雄"。其他小组，德国平了瑞士，丢了 2 分，其余小组虽未比赛，但前两轮赛罢，没有获得 6 分的队伍，自然也不可能最后得"9 分"。可见足球场上"亚枝低拂碧窗纱，镂月烘霞日日加"的盛况，实是来之不易。做到了的西班牙，也有两个不怎么进球的 1∶0，看失球颇为完美，看进球，也只是德国第一场的表现而已。不过，回顾大赛的历史，常常有一种令人感觉吊诡的规律。如同古语"小时了了，大未必佳"一样，小组赛所向披靡、大杀四方、尽显风采的那些强队进入淘汰赛却每每掉链子，令人扼腕叹息。如此看，西班牙三战虽捷，但赢得并不轻松，反而是"梅花开到九分便好"，为后面的淘汰赛留了余地。这样看，西班牙或有几分冠军相了。

反观阿尔巴尼亚，作为第三支确定无疑被淘汰的队伍，他们交出的答卷并非如结果那样不堪。作为一个不幸落入"死亡之组"的弱旅，他们的命运从一开始就充满了危机，但他们仍然表现出了相当顽强而坚定的气势，对欧洲两大豪门西班牙和意大利，都是一球小负。对克罗地亚，甚至在最后关头绝平了比分。3 场比赛，3 个最强对手，阿尔巴尼亚交出了进 3 球失 4 球的成绩，完全可以令他们昂着头离开。在阿尔巴尼亚"二战"电影《地下游击队》中，"把枪交给杰尔基"的游击队长阿克隆，最终拿回了自己的武器，在敌人的眼皮下从容不迫地处死了叛徒，完成了救助"政治犯"越狱的任务。这似乎也可以表征阿尔巴尼亚足球的未来。

而西班牙，现在已经必然地走上了争夺冠军的道路。从八分之一到冠亚军决赛，如果一直"活着"，那就还有 4 场比赛要踢。革命尚未成功，亚马尔们还需继续努力。

一声叹息

2024 年 6 月 25 日　北京时间 03:00

克罗地亚 vs 意大利

莱比锡红牛竞技场

　　如同我们拍摄长篇电视连续剧，每一届大赛，总会有一场比赛（有时可能不止一场），是整个剧目中用来传递爱恨情仇的情感戏。在这些情感戏中，总有一个江湖剑客，陷入仇家的重重追杀，虽则殊死搏杀，但无奈身心俱疲，英雄末路，最终倒在尘埃之中，留下一声悲壮的回响。

　　在本届欧洲杯上，克罗地亚就扮演了这样的角色。首战，他们尽管使尽浑身解数，但仍然被更为强大的西班牙连刺三剑，败下阵来。次战他们面对小组中最弱的阿尔巴尼亚，在先失一球的情况下，连扳两球反超，但居然在最后关头被眼看失去希望的阿尔巴尼亚绝平，失去了获得宝贵 3 分的最佳机会。而第三战，他们遇上了同样疲惫不堪的意大利，面对只有取胜才有生机的艰难局势，他们先入一球，一直领先到补时的最后一分钟，居然又被意大利绝平，基本上失去了打入淘汰赛的机会。

　　从技术角度看，克罗地亚的失利，是竞技体育新陈代谢规律的必然结果。在足球世界，常态是"江山代有才人出，各领风骚七八年"，而克罗地亚以莫德里奇为代表的这一批黄金一代球员，从 2014 年巴西世界杯崭露头角以来，已经整整在世界足坛叱咤风云 10 年之久。10 年来，克罗地亚三战世界杯，虽在 2014 年未能小组出线，但 2018 年和 2022 年两届分别获得了亚军和第三名的优异战绩，两战欧洲杯也都杀入了淘汰赛阶段，虽非风光无限，亦属一时之选。现在 10 年过去，鲜衣怒马、英姿勃发的翩翩少年，如今都已是足球场上年过三十的老将，"带头大哥"莫德里奇已经 39 岁，尽管一流的意识犹在，但跑动能力、速度和对抗性，都非当年可比。本届欧洲杯，尽管克罗地亚人雄心勃勃，力图一逞，但从场上看，既跟不上西班牙人多变的节奏，又经不起阿尔巴尼亚人莽撞的冲击，最后一个结果，虽非意料之中，也绝不可以视为冷门。

赛后接受采访，莫德里奇控诉长达 8 分钟的补时，我们不明就里，不敢妄加断言。但在其他场次补时多在 3 到 4 分钟的情况下，一场 8 分钟的补时略显突兀，欧洲足联其实该有个解释。不过，对于莫德里奇而言，这仅仅应该是一次意外。重要的启发，在于队伍的新陈代谢无比重要，既不能断崖式地将老将悉数打发，但也不能守着老阵容，"从清晨到日暮"。莫德里奇还想继续征战美加墨世界杯，诚如是，队伍在未来两年的换血更新，将是十分关键的任务。

许多媒体都在穷尽一切可能，分析克罗地亚能否两分出线。从我们已知的信息分析，这是一个比小行星撞击地球概率还更低的可能性。因而，分析的结果并不重要，有那么多人孜孜不倦地来分析，才是问题的关键。因为它说明，人们对不能继续观看克罗地亚的比赛是有多么遗憾。这样一支草根球队，代表了很多草根的梦想。许多人看克罗地亚的比赛，从中看到的，其实是自己。

而意大利尽管幸运地留在了淘汰赛的门槛之内，但是，这并不说明他们比克罗地亚踢着更好的足球，相反，进攻乏力，组织混乱，球员进取心和侵略性不强，他们似乎比莫德里奇的队伍更加矛盾重重。"言而无文，行之不远"，上届冠军不作出改变，恐怕也会和克罗地亚一样，挥手告别德意志的硝烟战场。

奢侈的"锋无力"

2024 年 6 月 26 日　北京时间 00:00

法国 vs 波兰

多特蒙德威斯特法伦球场

　　法国队的欧洲杯小组赛之旅创造了一项对于他们自己颇为尴尬的纪录，那就是他们尽管拥有全世界最为豪华的一条前锋线，却无法在 3 场小组赛中打入一个真正意义上的运动战进球。与波兰队的比赛结束后，法国队名下的进球数是 3 个，其中有 2 个来自对手奉送的乌龙球，另外还有一个是点球。据说，法国队是本届欧洲杯最具夺冠实力的球队，如果他们最后真的登顶封王，我觉得这位"法兰西国王"应该下令抹去所有的小组赛记录，就像历史上许多暴君都干过的那样。毕竟，一条球员身价值至少 3 亿欧元的前锋线不进球，这可不是什么好消息。

　　并非法国人不想胜利，因为，出线的目标虽然实现，但争取小组第一的目标却需要一场胜利。前面所有比赛的经验教训都告诉他们，领先一个球是靠不住的，可能被反超，就像克罗地亚人对阿尔巴尼亚人所做的那样；也可能被绝平，就像同一场比赛中阿尔巴尼亚人和随后的比赛中意大利人对克罗地亚人所做的那样。他们会含泪告诉法国人，如果再坚持一下就好了，如果裁判早吹结束 1 分钟就好了。但其实真正的教训是，如果自己再多进 1 个球就好了。德国人进了苏格兰人 4 个球的时候，不惧怕他们扳回一球；奥地利对波兰进了 3 个球的时候，也不怕他们扳回一球。法国人不会不明白这个道理，如果有办法多进波兰人几个球，他们不会佛系的。

欧洲杯开赛以来，这种"锋无力"的状况不止于法国。人才济济的英格兰、盛产天才前锋的荷兰，同样如此。从第二轮开始，这种仿佛瘟疫一样的疾病也传染了西班牙、德国等素以攻击力见长的欧洲劲旅。甚至，连大西洋彼岸的美洲杯也不幸被感染，阿根廷打智利仅仅一球小胜，而拥有 4.7 亿欧元豪华锋线的巴西，打一个手下败将哥斯达黎加，居然集体交了白卷。估计哈姆雷特活转过来，都会皱着眉头嘟囔：进球，还是不进球？这是一个问题。

也许应该追溯的是，刚刚结束联赛和冠军杯的比赛，过于密集的赛事影响了那些大牌球星的状态。也许应该研究，世界足球的发展趋势，已经变得又趋于新一轮保守主义，过分注重防守而不思进攻。或者，由于职业足球俱乐部制的高度发达，这种以国家队为基本对阵单位的赛事，已经变得如同鸡肋。再或者，守门员作为一个足球技术行当之一，突然出现了快速的进步，使得进球常常阻隔于最后关头。但无论如何，这不能说是一个正常的局面，不进球的足球是死亡的足球，没有人会真正喜欢这样的足球。

在这场比赛中，法国人也创造了不少机会。重新披挂上阵，戴着宇宙战士那样面具的姆巴佩看上去更像是一个可以主宰别人命运的人。显然，德尚已经赋予姆巴佩以无限开火权，在禁区左侧肋部，姆巴佩多次尝试用右脚兜射的方式攻破波兰的球门。但是，过于容易预判的线路是骗不了高水平的守门员的，姆巴佩也只能一次次地仰天长叹。

这场比赛唯一的亮点，不是登贝莱创造点球由姆巴佩罚入，也不是姆巴佩戴着面具出战，而当他罚入点球之后居然摘掉面具庆祝。真正的亮点，是 35 岁的莱万在自己告别欧洲杯舞台的最后时刻，打入一粒点球，从而给自己略显黯淡的告别战，添上一点异样的光彩。这是足球为数不多的温情时刻——尽管莱万差一点儿罚丢这个点球。

这个冷门不太冷

2024 年 6 月 26 日　北京时间 00:00

荷兰 VS 奥地利

柏林奥林匹克体育场

奥地利以 3 ∶ 2 的比分战胜荷兰，算不算冷门？

如果以过去的战绩看，在我们能够查到的两队交锋记录中，无一例外，都是荷兰取得了胜利。荷兰 2023 年末的世界排名是第 6 位，奥地利是第 24 位。这些都说明了荷兰实力远在奥地利之上，从这个意义上说，奥地利胜荷兰，应该算是一个冷门。

当然，我们也要排除荷兰是否有不想赢的可能性。这一轮之前，荷兰胜波兰，平法国，积 4 分。尽管在 24 支球队有 16 支可以进入淘汰赛阶段的赛制下，4 分大概率可以确保出线，但研判本组的形势，如果荷兰不赢这一场，大概率就是小组第三（他们不能假定波兰胜或者平法国），而小组第三不能确保出线，即使出线了，也要对另一个小组的第一名，大概率是英格兰或者西班牙。而如果他们战胜了奥地利（假如再多进几个球），就极有可能是小组第一，那他们要对的就大概是 F 组第二，那就是土耳其、捷克或者格鲁吉亚。荷兰人算得过来这个账。

荷兰人确实表现了争胜的架势。他们摆出了 4-3-3 的全主力阵容，就是要在奥地利身上全取 3 分。但奥地利显然没有被荷兰世界强队的威名所吓倒——欧洲的球队互相不会过于害怕，是因为无论队员和球队彼此都过于熟悉——他们也投入了强大的攻势。这就出现了在最近几天欧洲杯的比赛中为数不多的对攻场面，双方的攻势如潮涨潮落，甚是好看。尽管荷兰队由于更成功地控制中场，攻势更加凌厉和扎实，但先进球的却是奥地利队。第 6 分钟，奥地利中路插上分边，8 号普拉斯肋部传中，协助回防的荷兰前锋马伦封堵传中球，却完成了一记相当漂亮的铲射，可惜射入了自家球门。马伦的这个乌龙球也创造了本届杯赛的一个纪录——最快乌龙球。

从荷兰队员的表情看，他们尽管有些失望，但并未失去信心。毕竟，由德佩、加克波和马伦组成的这条锋线，面对一个从未赢过自己的对手，还是有信心打穿奥地利的后防的。上半场，荷兰人仍是牢牢控制中场，向前推进分边，然后从肋部展开进攻，几次都差点攻破奥地利的城池。而奥地利人也在耐心寻找反击的机会。但是，一直到上半场哨响，谁也未能再有所建树。

下半场开始，荷兰队继续发动进攻。刚过了仅仅 2 分钟，他们就利用一次反击的机会，由西蒙斯带球沿中路疾进，分边给左路插上的加克波，加克波停球顺势躲过防守，右脚打出一记斜射，攻破了奥地利的球门，比分变成了 1∶1。但是奥地利人并未由此气馁，他们仍然坚持防守反击的战术，第 59 分钟，10 号格里利奇底线横传，18 号斯赫米德鱼跃冲顶破门，奥地利再次领先。

随后，荷兰人继续发动进攻，很快就在第 75 分钟收到了回报。维霍斯特头球摆渡，德佩停球后凌空扫射破门，荷兰队又一次顽强地扳平了比分。全场一片欢呼。但是，荷兰人没有高兴太久，第 80 分钟，萨比策反越位突入禁区之后小角度劲射破门，奥地利人第三次取得了领先。此后，尽管荷兰队发动了一轮又一轮的攻势，但 3∶2 的比分一直保持到了终场哨声响起。

战胜荷兰之后，奥地利在积分榜上反超法国、荷兰，以小组头名晋级淘汰赛。凭借这场胜利，奥地利创造一系列纪录。首先，奥地利首次连续两届欧洲杯晋级淘汰赛；其次，奥地利打破了 34 年无法战胜荷兰的魔咒，自 1990 年 5 月以来，奥地利对阵荷兰遭遇七连败；最后，自 1982 年以来，奥地利首次在国际大赛取得两连胜。

这是一场无比精彩的球赛。这个孕育了莫扎特、舒伯特、车尔尼、海顿、约翰·施特劳斯、卡拉扬等杰出音乐家的伟大民族，也用足球谱写了他们的胜利交响曲。

别让球赛总是"闷平"

2024 年 6 月 26 日　北京时间 03:00

丹麦 VS 塞尔维亚

慕尼黑安联球场

一场足球比赛踢成平局，对球迷而言，就好比登泰山观日出，辛辛苦苦爬山一夜，到了山顶却发现是阴天。这个比方的贴切之处还在于，选择观看这场比赛的中国球迷需要一夜不睡，或者半夜醒来，才能欣赏这场凌晨 3 点转播的比赛。幸好丹麦队员和塞尔维亚队员都不懂汉语，否则他们一定耳根发烫，浑身不自在。

当然，双方不是踢了一场默契球，和大多数比赛双方的心理一样，他们都想赢下来。前两轮战罢，丹麦队收获两场平局，积 2 分；塞尔维亚队则是一平一负，只收获区区 1 分。丹麦队如果想要获得出线权，再来一场平局是不够的，必须要获胜才有把握。假如本场双方打平，而本小组另一场斯洛文尼亚爆冷赢了英格兰，那出线的就是英格兰和斯洛文尼亚，而丹麦能否出线，还要看别人的脸色。因而，有人用佛系形容双方的比赛态度，其实是看了结果以后倒推出来的不合理想象。双方都想吃掉对方，道理如亚当·斯密在《国富论》里的论述，决定他们行为的不是爱足球的心，而是想出线的利益。

比赛的过程令人失望，尽管双方共同贡献了 15 脚射门（平均 6 分多钟一脚），

丹麦队主力中场 10 号埃里克森

也出现了几次门前让人惊呼的险情，但最终的结果是 0∶0。这本届欧洲杯开赛以来的第二场 0∶0。考虑到第一场 0∶0 的比赛双方是锋线身价数倍于丹麦和塞尔维亚的法国和荷兰，我们似乎也没有理由抱怨这一场的双方。他们尽力了。

丹麦人可能会更加遗憾一些。从数据和场面上看，他们都是更占优势的一方。进攻 108 对 89，危险进攻 53 对 33，角球 8 对 2，控球率 53％对 47％，射门数 10 对 5，其中射正 3 对 1。他们甚至有在禁区内被对方犯规而未获裁判员理睬的情形，如果有一个点球，也许他们可以打进不止一个。但足球比赛不承认也许，不管过程是如何一边倒，结果仍然是一边一分。

塞尔维亚人也感到失望。因为平局这个结果，对丹麦人而言，损失的是利益，但对塞尔维亚人来说，损失的是命。再拿 1 分对于他们毫无意义，因为即使盼望英格兰战胜斯洛文尼亚而"帮助"塞尔维亚获得小组第三，但谁敢期待一个只获得 2 分的小组第三出线？

就这样，这场比赛尽管双方队员倾尽了力量，但最终的结果是"三输"。双方不满意，球迷也不满意。从世界上诞生了足球这种游戏以来，进球就是硬道理。不进球的足球就是坏的足球，不论其他方面做得多漂亮也没用。如果从一开始足球就是这个样子，那世界上早就不存在足球这回事了——人们都去看广场舞了。

平庸之恶

2024 年 6 月 26 日　北京时间 03:00

英格兰 vs 斯洛文尼亚

科隆莱茵能源球场

　　丹麦和塞尔维亚比赛的同时，就在距汉堡不足 500 公里的科隆体育场，欧洲杯 C 组另外两支队伍英格兰和斯洛文尼亚之间的比赛也打响了。令球迷们无比惊讶的是，居然按照同样的剧本演绎了剧情，"浓眉大眼"的英格兰也叛变了，他们毫无底线地与公认的弱旅斯洛文尼亚打成了 0∶0。

　　这是一场令人昏昏欲睡的比赛。尽管英格兰队依靠中前场的积极串联和主动反抢，在一开场就创造了几次不错的得分机会，甚至在一次精彩的肋部反切后传中的进攻组合之中，由 7 号萨卡打入一球，但遗憾的是，传球的 11 号福登启动之时处于越位的位置，进球无效。此后，双方好像都进入了一个冬眠期，场上来来往往，但都颇有中国古代的君子之风，点到为止，绝不逞强。这样的局面一直持续到终场，双方谁也未能敲开对方的大门。

　　从全场比赛的数据看，英格兰表现出了高于对手的实力。与对手相比，他们的进攻 143 对 59，危险进攻 69 对 17，控球率 74％对 26％，射门 13 对 4，射正球门 4 对 1，都反映出英格兰确有明显在对手之上的实力。但回顾最近二三十年英格兰参加世界杯或者欧洲杯的情形，我们似乎都能感受到，英格兰队的足球，具有一种类似英格兰绅士一样的"费厄泼赖"精神，彬彬有礼，中规中矩，总是缺少霸气和冲击力，这或许也是人们特别喜欢略有些"匪气"的加斯科因的原因吧？当下的这支英格兰队，坐拥全球无二的豪华阵容，但在索斯盖特的率领下，似乎已经被一种平庸的文化所侵蚀，总是缺少那么一点点精气神。回顾世界杯上的英法大战，也是这种情况，本来并不逊色于法国的英格兰缩手缩脚，最终小负对手，令人遗憾。而他们今天的对手斯洛文尼亚，虽然不甘失败，力图拼出来，但限于自身实力，又忌惮英格兰反击的速度，不敢大举进攻。最终 0：0 的平局也是一个合理的结果。只是苦了那些半夜不睡爬起来看凯恩、看贝林厄姆、看萨卡、看马奎尔的超级球迷们。他们心中的英格兰，应该不是这个样子。

当然，0：0 的比分，不影响英格兰人成为小组第一。但是，3 场小组赛中英格兰只在前两轮对阵塞尔维亚和丹麦时分别由贝林厄姆和凯恩各入一球，而且在对阵丹麦的比赛中他们还丢掉 1 球，虽然最终他们以 1 胜 2 平积 5 分的战绩排名小组第一，但进球数只有 2 个，净胜球则只有 1 个，在历届欧洲杯所有以小组第一晋级淘汰赛的球队中，英格兰的进球数是最少的。对于人才济济、志在夺冠的英格兰而言，这可不是一个光荣的纪录。而英格兰所在的 C 组，6 场比赛也仅仅进了 7 个球，比起 A 组的 17 个，B 组的 14 个，D 组的 15 个，E 组的 11 个和 F 组的 17 个，也是倒数第一——这同样也不是什么光荣的纪录。套用汉娜·阿伦特的术语，这是一种足球领域的"平庸之恶"。

"平"风"球"色

2024 年 6 月 27 日　北京时间 00:00

乌克兰 vs 比利时

斯图加特梅赛德斯
奔驰竞技场

从北京时间 6 月 26 日凌晨 3 点到 6 月 27 日凌晨 2 点左右，欧洲杯足球赛小组赛第三轮踢了 4 场比赛，居然全部踢成了平局，其中有三场踢成了 0 : 0 平，一场 1 : 1 平。4 场比赛全部踢平，而且只进两个球，拿现在的网络用语评价，叫作"活久见"。

平局固然不易。更为重要的，是 4 场平局之中，至少有 3 场，是发生在两个强弱分明的对手之间，丹麦与塞尔维亚也许差距不那么明显，而英格兰对斯洛文尼亚，比利时对乌克兰，都是双方实力差距巨大的对阵，但都打成了 0 : 0。就连比利时自己的球迷对于球队在本届欧洲杯上的表现都非常不满，赛后当比利时球员准备前往球迷所在的看台谢场时，比利时球迷居然发出声量巨大的嘘声。一支出线的球队居然被球迷嘲讽，这甚至比踢成 0 : 0 还令人困惑。

整场比赛，比利时创造了多次破门得分的良机，但都因糟糕的临门一脚而功亏一篑。如果从把握局势创造机会的角度看，比利时面对咄咄逼人的乌克兰仍然表现出了超过对手的实力，他们总是能够通过德布劳内穿透性的传球，以及强力中锋卢卡库的支点作用和突破能力，频频制造门前杀机。但是，或许是卢卡库因为连续丧

比利时队主力前锋 10 号卢卡库

失必进球机会而产生了一定程度的心理障碍，他在面对"一箭穿心"的机会时，多数情况下都射门偏软，或者被后卫破坏，或者正中门将下怀。没有卢卡库这个支点，比利时的进攻就要大打折扣，但有了卢卡库在场上，比利时又要时时容忍他总是踩不对节奏的射门。当然，过分倚重围绕着卢卡库的进攻套路，恐怕也是比利时的软肋。

由于 E 组最后两场比赛都踢成了平局，这个组的积分就又一次出现了"活久见"（或许，我们还应该在此基础上发明一个新词，叫作"活久不见"，来形容类似 E 组最后积分这样让人惊呼奇迹的现象）。这个组，经过三轮 6 场比赛，居然 4 支队都是一胜一平一负积 4 分！经过根据规则的复杂判断，甚至结合了预赛的成绩（具体的过程就不在这里叙述了，太伤脑），最终排定的座次是：罗马尼亚第一，比利时第二，斯洛伐克第三，乌克兰第四。最终只有乌克兰这个小组第四名遭到淘汰，而其他三队都获得了淘汰赛资格。乌克兰又一次被命运戏弄，不免令人一声长叹。

命运的力量

2024 年 6 月 27 日　北京时间 00:00

斯洛伐克 VS 罗马尼亚

法兰克福竞技场

　　两支传统意义上的东欧拉丁派打法的球队，以更多力量型的打法，合作完成了一场平局。斯洛伐克人可能略有沮丧，他们本来更配得上一场胜利，但最终出线的喜讯代替了小小的不快。而罗马尼亚人应该多少有些窃喜，尽管他们也创造了不少得分的机会，但实际打入的那个点球，其判罚却多多少少有些勉强——可能判一个禁区边缘的直接任意球更合理。当然，在足球场上，裁判员就是上帝，而现在，VAR 裁判员更是上帝。不过，正像耶和华降祸于以色列人，却让无辜的人受难一样，由于这个判罚导致的平局，最终却让另一场比赛中同积 4 分的乌克兰人排到小组第四的位置而惨遭淘汰。如果这场球最终是斯洛伐克胜利，最终淘汰的就是罗马尼亚，而乌克兰将挤入成绩最好的 4 支第三名球队中，继续欧洲杯的征程。

　　这场比赛和比利时对乌克兰的另一场比赛都打成平局，却成就了历年来世界足球大赛小组赛从未出现过的一个奇特结果。这个小组的 4 支球队全部都取得了 1 胜 1 平 1 负积 4 分的战绩。在我看来，这个有趣的现象，甚至比比赛本身的过程更值得聊聊——既然四队同分，小组赛的排名是如何排出来的？

按照欧洲杯小组赛的排名规则，每个小组中两队如果同分，将需要对比相互交手战绩，胜利者列前，但如果出现三队同分和四队同分且交叉胜利的情况，相互交手的结果就没办法排名。这种情况下，那就要通过比较净胜球、进球数来决定名次。按照这一规定，净胜球为 1 的罗马尼亚获得小组头名，同样有 1 个净胜球但进球数较少的比利时排名第二，0 个净胜球的斯洛伐克排名第三，这 3 支球队都得以晋级淘汰赛。可怜的乌克兰净胜球为 −2 个，只能排在小组第四位而直接被淘汰，成为本组形势的牺牲品。美国作家欧文·斯通曾经说过："人生的命运是多么难以捉摸啊。它可以被纯粹几小时内发生的事毁灭，也可以因几小时内发生的事而得到拯救。"这仿佛就是在说本届欧洲杯 E 组的比赛结果。

生存或毁灭

2024 年 6 月 27 日　北京时间 03:00

捷克 vs 土耳其

汉堡大众公园体育场

　　在捷克和斯洛伐克还并称捷克斯洛伐克的时候，这个国家的足球水平是世界一流的。当时，他们的世界大赛成绩毫不逊色于当时如日中天的匈牙利和俄罗斯。在1993 年之前，他们参加过 8 次世界杯，包括 1934 年、1938 年、1954 年、1958 年、1962 年、 1970 年、1982 年和 1990 年，这样的成绩，比起许多老牌劲旅也毫不逊色。他们还分别于 1934 年和 1962 年两次获得世界杯亚军。在没有拿过世界杯的国家里，只有荷兰曾经获得过这样的成绩，荷兰队因而被称为"无冕之王"。所以，从 20 世纪 60 年代开始，我们其实也该称捷克斯洛伐克队为另一个"无冕之王"。

　　这种状况一直维持到 20 世纪末。1993 年捷克斯洛伐克解体后，原来国家的足球力量更多地被捷克所继承，因而捷克在世纪之交仍然有一个实力的延续期。1996年，他们获得了欧锦赛亚军，这也是新建立的捷克队的世界最好成绩。只可惜后来他们球运不佳，一直到 2006 年才再次打入世界杯决赛阶段的比赛，并且多少有点幸运地打入了十六强，以后则再无建树。不过，他们的欧洲杯之旅还算顺利。上届欧洲杯，他们甚至打入了八强。只是，总体上看，冷战结束以后，原来社会主义阵

土耳其队主力中场 8 号居莱尔

营的许多国家的足球水平整体上都有下降的趋势。虽然时不时会有一两支队伍"回光返照"那么一回,但在老球迷心中,这些国家足球的衰落,已经是有目共睹的事实。今天的年轻人不知道波博斯基、内德维德、扬·科勒何许人也,也就毫不奇怪了。

今天的这场比赛,正是两个东欧国家之间的较量。当然,说土耳其是东欧国家可能会有不同看法。因为土耳其其实是一个横跨欧亚大陆的国家,其到底属于亚洲还是欧洲,取决于自身与国际社会的不同视角。但是,土耳其虽然一直未能加入欧盟,但他们已经成功地加入了北约,这也是国际社会包括他们自己自视为欧洲国家的重要标志。何况,他们现在在参加欧洲杯,又地处欧洲大陆之东,自然是东欧国家无疑。"一战"前,欧亚大陆的两大政治体奥匈帝国和奥斯曼帝国,在东欧到西亚一带明争暗斗,今天曾经属于奥匈帝国的捷克和曾经属于奥斯曼帝国的土耳其在球场上对峙,也让人嗅到一种没落的贵族气息。

从今天对阵两队的实力看,双方半斤八两,各有千秋。但如果要说到双方的场上表现,当是土耳其更胜一筹。 在这场比赛之前,捷克其实有一个重大的损失,那就是他们的头号球星希克因伤无法出战。而看了上半场比赛就知道,这个损失为什么是重大的,不仅仅是因为希克的能力在顶替他上场的巴拉克之上,还在于巴拉克由于过度兴奋连续严重犯规被红牌罚下而导致的难以弥补的损失。由于这个变故,本来双方势均力敌的竞争态势被打破,捷克队陷入完全的被动。看场上的赛况,捷克像是一头遍体鳞伤但精神犹在的狮子,被土耳其的群狼围困而撕咬,比赛过程异常惨烈——裁判员居然出示了两张红牌,18张黄牌。最终,土耳其依靠下半场的两粒进球获得了胜利。捷克人虽然曾经把比分扳成1∶1平,但随着他们表现优异的守门员斯塔尼克因伤下场,加上少一人造成的体能下降,捷克人似乎已经完全失去了欲望,对他们来说,平局意味着淘汰,只有胜利才能出线,但他们已经没有能力再去进一个球了。

从欧洲足坛的"无冕之王",到今日倾尽全力仍不能小组出线,捷克的失落令人扼腕长叹。令人难以置信的是,在2008年欧洲杯小组赛最后一轮中,同样是土耳其与捷克,也上演取胜或者回家的生死之战。扬·科勒和普拉希尔的两个进球几乎将捷克送入淘汰赛,但那届欧洲杯上表现极为顽强的土耳其在两球落后的绝境下

绝地反击，阿尔达·图兰破门吹响反攻号角，随后捷克门神切赫出现罕见脱手失误，被尼哈特抓住机会扳平比分，最后，尼哈特弧线球破门帮助土耳其完成不可思议的大翻盘，力压捷克杀入淘汰赛。而今天，所不同的，只是双方各少进了一个球。"太阳底下，并无新事"。但为什么每次受伤的，都是苦难深重的波希米亚人？

胜利者是不受指责的

2024 年 6 月 27 日　北京时间 03:00

格鲁吉亚 vs 葡萄牙

盖尔森基兴费尔廷斯竞技场

大概有六七位朋友买了这场球的彩票，只有一位朋友押格鲁吉亚赢。等结果出来，很多人都相当佩服地向他取经。他告诉大家：昨晚喝多了，本来要填葡萄牙，结果填错了。

在 F 组的 4 支球队中，如果我们以封建王国的等级打个比方，葡萄牙就是皇族，捷克就是贵族，土耳其更像是平民，而格鲁吉亚就只能是奴隶。从按照以往战绩确定的足坛地位来看，葡萄牙是来争冠军的，捷克似乎应当有资格出线，而土耳其则要看看别人的脸色，只有格鲁吉亚，他们的使命就是当好别人的背景板，看看能不能进一球或者平一场，在别人的盛宴之中讨一点残羹冷炙。

前两场的比赛也预示了这样的结果。面对小组中实力相对较弱的两个对手，格鲁吉亚人交出的答卷是一平一负。如同当年中国队首进世界杯定下"进 1 球，得 1 分，赢 1 场"的目标一样，首次参加欧洲杯的格鲁吉亚进一球自然不在话下，对土耳其和捷克，他们都取得了进球。但能平一场似乎已经是他们的最好目标了。幸好，这个目标已经在没落的捷克身上实现了。剩下的剧情，似乎格鲁吉亚人的角色就是当好葡萄牙人的背景板，最后目送对手绝尘而去奔赴冠军，然后，自己略带一些苦涩踏上回家的路。

但是，很多人可能都忘掉了。在与土耳其和捷克的两场比赛中，格鲁吉亚都展示出了一种与他们世界排名不相一致的东西，那就是强烈的进攻意识和出色的整体防御能力。他们与两个对手联袂奉献了两场精彩的比赛，里边有令人眼花缭乱的进攻和令人惊讶的速度，也有整体队形保持良好、弹性十足的防守。公平地说，格鲁吉亚在前两场比赛中表现出来的技战术水平，反而高于葡萄牙的前两场比赛。就参加本届欧洲杯而言，格鲁吉亚调整出了最佳的状态，相比之下，葡萄牙、英格兰、意大利、克罗地亚、法国等传统强队反而状态欠佳。

葡萄牙毕竟是葡萄牙，尽管前场的C罗旺盛的求胜欲望配不上相对减缓的出球速度，让葡萄牙队的节奏有些缓慢，但他们仍然创造了远远多于对手的得分机会。从数据看，葡萄牙对格鲁吉亚，进攻164对47，危险进攻111对14，控球率72%对28%，射门21对7，角球11对1，都能看出葡萄牙在格鲁吉亚禁区前乱拳围殴，格鲁吉亚人只有招架之功，没有还手之力的竞赛场景。但是，同样看数据，射正球门只有4对3。能够看得出，葡萄牙人尽管有多达21脚的射门，但只有4脚打到了球门范围之内，其他的，能够想象的多是禁区外机会不大的远射甚至浪射。而相反，格鲁吉亚虽然只有7脚射门，但有近一半打到了球门框之内，且两次得分。这也能看出格鲁吉亚进攻的速度和防守的韧劲。这恐怕也是首次参加大赛的格鲁吉亚以世界排名最低球队（第74位）身份晋级十六强的奥秘所在。

格鲁吉亚能够战胜强敌葡萄牙，门将马马尔达什维利当记首功。比起已经赢得过欧洲杯最佳球员的唐纳鲁马，马马尔达什维利的名气似乎还显著不足，但他在3场小组赛，特别是对葡萄牙这一场的表现，可以说是本届欧洲杯开赛以来守门员表现的天花板。球队之所以没有丢球，除了以C罗为首的葡萄牙队队员过于急躁导致射术失准外，很大程度上是依靠马马尔达什维利的出色状态，本场他的5次扑救只是常规表演——上一场对阵捷克，马马尔达什维利半场就贡献8次扑救。如果只评选单场的表现，马马尔达什维利可以竞争第一。

当然，23岁的前锋梅斯，22号锋线米考塔泽的出色发挥，是格鲁吉亚能够最

2024 年欧洲杯小组赛葡萄牙球迷观看比赛

终一鸣惊人的重要砝码。在以姆巴佩、凯恩、贝林厄姆、加克波、穆西亚拉、舒尔茨、希克、德佩、亚马尔等大牌云集的锋线星海中，米考塔泽似乎黯淡无光。但很难想象，三轮战罢，这位寂寂无名的法乙前锋居然以 3 个进球领跑射手榜。重要的是，他所代表的格鲁吉亚锋线实现了场场有进球，这是格鲁吉亚第一次参加欧洲杯正赛就进入淘汰赛阶段的重要原因。

下一轮格鲁吉亚将再次与西班牙碰面，预选赛时他们就被分到同一个小组，但实力差距过于悬殊。西班牙的技术完全克制格鲁吉亚，两回合格鲁吉亚丢了足足 10 球。虽然格鲁吉亚赢了葡萄牙，但很难想象他们能够过了状态更为出色，技术更为全面的西班牙这一关。但无论如何，此时此刻的格鲁吉亚，已经走到了他们的前人从来没有到过的地方。不是有一个著名的格鲁吉亚人斯大林说过吗——胜利者是不受指责的，这是公理。

亚平宁的衰落

2024 年 6 月 30 日　北京时间 00:00

瑞士 vs 意大利

柏林奥林匹克体育场

　　从今天开始，欧洲杯第二阶段也就是淘汰赛正式开始。第一对捉对厮杀的，是 A 组第二名瑞士与 B 组第二名意大利。昨晚和一个朋友分析这场比赛的结果，我预计是平局，而且极有可能是 0∶0 平。因为从前几场的情况看，意大利这个队缺乏足够的攻击力，即使打阿尔巴尼亚这样的弱队，他们整场表现出来的进攻能力也非常有限。在其他场的比赛中，对西班牙，几乎全场都在防守，表现出了和西班牙队实力上的巨大差距。而打克罗地亚，他们其实是靠了有争议的补时时长才侥幸打平，从而挤掉克罗地亚获得出线资格的。所以，指望意大利队去攻破瑞士队坚强的防守，是不大现实的。当然，从另一个角度分析，我们总还有一种根深蒂固的观念，认为意大利这个国家的足球一直是以防守著称，我们过去称之为"钢筋混凝土式的防守"，就是意大利的风格。过去意大利队参加多次世界大赛，能够取得优异成绩，最重要的法宝或者叫利器，就是坚固的防守。所以，我们判断意大利攻不足以克，而守足以固，瑞士也不大好打开意大利的大门。所以，判断 0∶0 是一个符合逻辑的结果。

　　但看了双方的比赛，情况和预想不太一样。意大利在上半场最后阶段就丢了球，这个丢球导致他们全线陷入被动。在这之前，瑞士队其实还有几次不错的机会，但都被意大利优秀的门将多纳鲁马一一化解。国内有一位退役球员评论意大利队说，如果没有多纳鲁马，意大利队恐怕连中国队都踢不过。这话虽然夸张了不少，但表达的两个事实——意大利整体实力不好和他们的门将很好——比较准确。瑞士打入意大利的那个进球，似乎并不是一个绝对的机会。17号巴尔加斯前场左侧得球，外肋部传中，意大利队防守漏人，被插上的前卫8号弗罗伊勒候个正着，一脚低射将球打入球门左侧死角。多纳鲁马和一名后卫都作出了反应，多纳鲁马甚至碰到了皮球，但角度太刁钻，球还是窜进了球网。我们前面分析，只要意大利先丢球，他们就不好办了。因为以他们目前的实力，打瑞士这样实力很强的队伍，是没有太多的进攻办法的。因而，虽然比分落后，意大利也没有能力组织起特别有效的进攻，全场也没有几脚精彩的射门，甚至进攻组织得也不是很有力，攻到前场都不容易。但是，如果他们不攻出去，在这样的淘汰赛中，0∶1的比分和0∶10是一样的，都意味着回家，也就是失去决赛的资格。所以，从失球开始，意大利就陷入了一种两难的境地。

就在这种两难境地中，他们下半场一开场就又丢了第二个球。意大利队中圈开球以后，因为一个小小的传球失误，球权到了瑞士队脚下。瑞士队持球沿左路推进，几经传递，球到了上半场送出致命助攻的17号巴尔加斯脚下，他本来可能是想要传球的，但看见意大利队无人上来逼抢，就在大禁区内左侧左脚一拨，右脚打出一记漂亮的弧线球，多纳鲁马鞭长莫及，瑞士队扩大了领先优势。令人遗憾的是，在两球落后的情况下，我们也看不出意大利队有投入进攻，以期扳平比分的强烈欲望。他们依然踢得不紧不慢，仿佛落后的是对方。所以，后面的比赛只是消磨时间，甚至好像篮球比赛中"进入了垃圾时间"，最终，卫冕冠军意大利队不敌瑞士。

这场球进一步反映了意大利足球的衰落，这是一个令人悲哀的事实。从某种意义上看，100年来的足球历史，如果说巴西毫无争议地排在老大的位置上的话，那么，有实力和德国争夺老二位置的，非意大利莫属。毕竟他们都拿过4次世界杯冠军。但是，近年来随着意甲的衰落，曾经盛产优秀球员的意大利，也不再涌现特别优秀的球员了。过去我们看意甲，无数个大牌俱乐部风起云涌，互不相让，占据了

多少欧洲足球甚至世界足球的风光。从尤文图斯到 AC 米兰，从国际米兰到帕尔马，从佛罗伦萨到桑普多利亚，从那不勒斯到罗马，几乎可以占据欧洲足球的半壁江山。但今天，除了国际米兰还能在欧陆稍领风骚，其他球队都已是明日黄花，风光不再了。这也反映了意大利足球的整体衰落。上一届意大利队虽然获得了欧洲杯，尽管看他们也是一场一场赢下来的，但实际上只是昙花一现。后来在欧美杯中，以 0∶3 输给阿根廷队，也说明了这样一个问题。如果当时用意大利来代表欧洲的最高水平，用阿根廷代表南美洲的最高水平，看上去，意大利代表的欧洲就远远落后于阿根廷代表的南美洲，但实际上，南美洲整体水平很明显是落后于欧洲的，只是意大利不具有这样充分的代表性。

也许，世界杯的缺席，欧洲杯的出局，能够让意大利真正警醒。如果他们能够克服多年前金元足球带来的负面影响，踏踏实实抓好联赛，努力培养足球人才，我想，意大利还是会有扬眉吐气的那一天的。

大道至简

2024 年 6 月 30 日　北京时间 03:00

德国 vs 丹麦

多特蒙德威斯特法伦球场

　　德国队赢得了一场预料之中的胜利。我们从小组赛看，德国队的实力，应该说远在丹麦队之上。当然，淘汰赛打得会谨慎一点，首先做到不失球，然后再想办法攻击对手，争取稳妥地拿下比赛。这是淘汰赛的基本特征。因为这个原因，在这场比赛中，德国队也没有全力去拼，而是在稳固后防的前提下，打一些节奏不算太快的进攻，其中也包括一些非常有效果的防守反击。最后，应该说是兵不血刃地以 2：0 的比分战胜了丹麦队。从德国队的 3 场小组赛来看，这是一个自然的结果，也是双方实力的客观反映。

　　关于德国队，这里头真正应该引起重视的因素——我在前几场也说过的非常重要的一个变化——就是由于重新召回了克罗斯这样一个中场大师级的人物，一下子就把德国队的进攻盘活了。这其实是德国队真正让人值得关注的地方。我们看德国队的比赛，总是能看到他们的进攻手段特别丰富，有中路突破，有分边以后下底传中（或者肋部传中）形成的中路包抄，有远射，有非常犀利的快速反击……几乎我们所能想到的一个强队去打击对手的可能的进攻手段，在德国队的比赛中都能看到。

德国队的前几场比赛，加上今天这一场，已经进了 10 个球。这 10 个进球中，我们上面谈到的进攻套路，几乎都有所体现。这样一支德国队是令对手畏惧的，是值得我们去期待他们冲击冠军的。

今天对丹麦队的进攻，尤其漂亮的是第二个进球。这是本届欧洲杯开赛以来，所有的进球中，最为简练的一个。诺伊尔手抛球给克罗斯，克罗斯向前带球几步，瞅准时机一个精准的长传，直接传到了沿右路高速插上的前锋穆西亚拉身前——像田径比赛中的 4×100 米接力一样，克罗斯的传球时机，和穆西亚拉的启动，节奏控制到了毫发不爽的地步——然后，穆西亚拉接球后带入禁区左侧，在对方后卫贴身干扰的情况下，靠个人能力摆脱，然后一脚精准的射门，球就进了。这是令人惊喜的一个进球。克罗斯精准的长传让我们想起意大利足球巅峰时期的钢铁清道夫巴雷西，他那种 30 米、40 米的长传可以说是独步天下。而今天的克罗斯，可以说是在后腰的位置上酷似当年的巴雷西，那种传球的准确性，那种视野的开阔，那种时机的恰到好处，都是令人叹为观止的。当然，穆西亚拉也是德国队此次比赛的一个重大发现，他的速度、带球摆脱跑、射门时机掌握以及冲击力，都是一流前锋的本色。这是迄今为止一个足以入选本届欧洲杯十佳的进球。

因为这样一种简练实用的打法，能让我们回忆起 20 世纪 90 年代鼎盛时期德国队的"三驾马车"克林斯曼、马特乌斯、布雷默，以及中场的马特乌斯时代的战术打法。今天的克罗斯酷似当年的马特乌斯，而穆西亚拉、哈弗茨，仿佛让人看到了另外两驾马车的影子。1990 年，德国队时隔 16 年又获得了世界杯冠军，靠的就是这样一套阵容，这样一种快速简练的打法。今天这支德国队，确实让人看到了当年那支锐不可当的德国队的影子，从技战术的丰富性而言，甚至有过之而无不及。我们希望他们继续往前走，踢出更加精彩的足球，去赢得欧洲杯冠军，在他们的本土圆梦。

从足球发展的历史看，一支高水平的德国队，对足球、对球迷，都无比重要。

贝林厄姆抢戏

2024 年 7 月 1 日　北京时间 00:00

英格兰 vs 斯洛伐克

盖尔森基兴费尔廷斯竞技场

　　这场球会被记忆和言说的，必然是贝林厄姆常规时间最后时刻的倒钩射门。回想起来，似乎每一届世界大赛，总能有一个球被刻入永恒。1986 年马拉多纳的阿兹特克一条龙，1990 年的米拉大叔扶着角旗扭屁股，1994 年贝贝托的摇篮舞，1998年追风少年欧文的长途奔袭，2002 年小罗对英格兰的灵魂吊射，一直到 2022 年卡塔尔世界杯荷兰队绝平阿根廷队的任意球战术，都成了我们最为经典而难忘的回忆。如果我们回忆历届欧洲杯，同样会激发这样美好的感受。

　　本届欧洲杯开赛以来，小组赛第一轮进球不少，第二轮开始减少，第三轮则接连上演 0：0 大戏。与进球数直线下降的状况相吻合，那种能让人拍案叫绝的进球也寥寥无几。尽管有几脚令人赞叹的远射，但也许是我个人的偏好，不进禁区的射门，可能是优秀的，但不会是超一流的。超一流的射门，要么就是过掉所有后卫和守门员的"一条龙"，要么就是禁区内辗转腾挪或者出其不意的射门——包括倒钩。

　　而这场比赛贝林厄姆的倒钩，就其本身而言，是一个不逊于任何一届最佳进球的超一流好球。不仅因为其本身技术上的难度和精彩度，还因为它发生的时机，属于改变两队命运的关键进球。好比从技术上，梅西在西甲连过 5 人的进球并不亚于马拉多纳在世界杯上连过 5 人打入英国的那个进球，但从未有人敢说梅西的进球超越了马拉多纳，这是因为马拉多纳的进球发生在更为重要的场景，更决定球队的生死存亡。贝林厄姆是在球队已经坠入深渊的背景下完成那惊天一击的，即使是一个平庸的进球，也足以载入史册。而他是以被称为足球射门"皇冠上的明珠"的倒钩射门来挽狂澜于既倒的，这是无与伦比的进球，没有之一。

这个球的另一个意义，是它完美地掩盖了英格兰的平庸和乏味。索斯盖特本来令人发指，但这个进球掩盖了所有问题。一个拥有贝林厄姆，拥有凯恩，拥有萨卡，拥有一众优秀攻击手的豪华阵容，居然踢出来这样一种缩手缩脚、左顾右盼的足球场面，甚至连实力比他们低一大截子的斯洛伐克都可以打得风生水起，但他们却白白耗掉 90 分钟，看不出有任何追求和作为。巧妇难为无米之炊，或许米太多，巧妇也会变成拙妇。

问题的残酷性在于，索斯盖特的英格兰的这种表现，不是出于一种技术层面的专业选择，而更是出于一种为了赢不顾一切的功利主义或者说实用主义足球哲学的考虑。在 20 世纪末，巴西人从原来追求华丽的足球艺术，转而追求一种实用主义的平庸踢法，遭到了广泛批评，他们冒着骂声获得了 1994 年的世界杯冠军，证明了功利主义不招人喜欢，却能赢球的"硬道理"。但即使是那时大打防守反击、饱受诟病的巴西队，也给球迷贡献了天才的罗马里奥和贝贝托，贡献了无数激情洋溢的瞬间。但到了索斯盖特的英格兰（甚至德尚的法兰西），功利主义已经足以让每一个细节都平庸化，仿佛他们就是想告诉球迷，你想看什么样的足球？老子偏不那样踢！

除了斯洛伐克，所有欧洲杯的其他对阵国家，特别是像英格兰、法国、葡萄牙等足球发达国家的球队都该向贝林厄姆脱帽致敬。毕竟，这些国家足球的糟糕表现已经让大多数球迷忍无可忍，如果英格兰不能最终获胜，球迷的怒火不仅会倾泻给这个将球踢得一直像一杯温吞水一样半死不活的所谓"强队"，也会顺便把和他们类似的法国、葡萄牙乃至克罗地亚、比利时、意大利一并拉进骂阵，臭鸡蛋西红柿破鞋子一起伺候。这成了本届欧洲杯的一大吊诡现象：凡是你认为他应该踢好的，

英格兰队替补中场 24 号帕尔默

他一律不好；凡是你觉得他踢不好的，他反而很好。

贝林厄姆挽救了一切：自己的荣誉，球队的资格，乃至英超的权威性，甚至那些传统强队应该享有的江湖地位和虚幻名声。本届欧洲杯似乎有一个叫作"绝"的神秘力量在左右着球赛的结果、球队的去留，甚至球迷的神经系统。它有时叫作"绝杀"，有时叫作"绝平"，在这一场，它似乎应该叫作"绝对通神"，如此华丽的进球居然出现在比赛的最后一秒钟，这不是人的行为，而是神的意志。

从这个意义上说，贝林厄姆更像是一个功利主义足球的叛徒。他石破天惊的一脚射门，让我们忘掉了所有的不快甚至愤怒。也许这也是足球的一种打开方式，就像财富故事里曾经讲过的那个中国老太太，卑微地赚钱一辈子，最终敞敞亮亮地在新房里住了一天。这似乎也是一种英雄故事的原型题材，刘邦忍辱打了九十九场败仗，最终在垓下一举消灭强敌。不过，英雄则英雄矣，但所有读史的人都不喜欢刘邦，也是一个事实。

没有人在乎斯洛伐克队的黯然离去，他们踢了一场好球，甚至可以说是有这支队伍以来，完成得最漂亮的一次比赛。即使连加时赛算上，他们也仅仅比这个比他们世界排名靠前 42 位的庞然大物少 3 脚射门，但还比他们多 1 次射正。如果不是贝林厄姆最后时刻的非人类行为，也许进入八强的将是他们，这也将是斯洛伐克的历史最好成绩，他们还从来没有一次走到这样靠前的位置。

没有人相信他们会踢得这么好。整个上半场，踢得更像一支强队的是他们。他们在英格兰人的禁区前掀起了一波又一波的进攻浪潮，打得夺冠热门球队狼狈不堪，疲于奔命。他们率先取得了进球，并且把一球领先的优势一直保持到常规时间的最后。就在十几天前，他们还以同样的比分将同样强大的比利时斩于马下。他们差点成了传说中的"巨人杀手"，专门战胜那些森林中的庞然大物。这是本届欧洲杯值得记忆的瞬间，如同 1992 年的丹麦，1997 年的凯泽斯劳滕，2016 年的莱斯特城，2017 年淘汰巴黎圣日耳曼的巴萨，以及 2018 年的冰岛，这构成我们无比热爱足球的一个个理由。

全无状态的英格兰靠着两位超一流球星的瞬间发挥挽回了颜面，也许他们从此可以走上一条新的道路，最终打入决赛。毕竟，运气也在帮他们。除了贝林厄姆的

绝平，还包括被分入不那么死亡的下半区。他们下一场的对手将是瑞士，而不是令人胆战心惊的德国、西班牙和虽然不那么恐怖但同样不好对付的法国和葡萄牙，这使他们晋级的机会变得大了许多。不过，能帮他们的最终是他们自己，索斯盖特确实该好好琢磨一下，一支拥有全世界最昂贵阵容的球队不能总是一桶温吞水。但如何烧开，我们拭目以待。要知道，瑞士人可比斯洛伐克人难缠得多。

一场酣畅淋漓的胜利

2024 年 7 月 1 日　北京时间 03:00

西班牙 vs 格鲁吉亚

科隆莱茵能源球场

　　本届欧洲杯还没有开始，就有一些被称为权威机构的组织一直公布所谓的夺冠赔率。那时，居于榜首的不是英格兰就是法国。等开赛以后，德国也挤入了这一阵营。但我一直特别好奇甚至惊讶的是，居然从来没有一个机构把西班牙列为榜首。在我看来，如果一个人真正看了欧洲杯赛就会发现，难道西班牙不正是迄今为止表现最为优异的队伍吗？

　　从小组赛的表现看，6 个小组中，只有西班牙这个小组头名是三战三胜获得 9 分，而其他小组第一名，德国平一场丢了 2 分，奥地利和葡萄牙各输一场丢了 3 分，英格兰平了两场丢了 4 分，而罗马尼亚作为小组第一只拿了 4 分。而看对手，西班牙所在的 B 组是公认的"死亡之组"，意大利是上届冠军，克罗地亚曾是世界杯第二名，西班牙都兵不血刃地把比赛赢了下来。3 轮小组赛后，24 支球队中，只有西班牙一支队伍全部零封对手，只有进球，没有丢球。从哪个角度来看，西班牙也都是开赛以来表现最好的那支球队。那些所谓的权威机构难道对这么重要的事实都视而不见吗？

　　看了今天西班牙与格鲁吉亚的这场淘汰赛，我们仍然有把握说，即使加上淘汰赛第一轮，西班牙也是所有球队中表现最好的那一支。在前面介绍格鲁吉亚的比赛时，我也曾说过，从实力来看，格鲁吉亚也许可以多少有点侥幸地踢败葡萄牙，但它很难撼动西班牙的实力地位。综合各方面的情况，这应该是一场没有悬念的比赛。

　　比赛一开始，西班牙人就进入了状态，他们沿着两个边路频频发动快速进攻，多变的传球线路和快速的节奏令格鲁吉亚很不适应。尽管格鲁吉亚人不情愿，但很快就被西班牙人强大的压制力牢牢地锁死在了半场。如果西班牙人的射门再稍微冷静一点，或者格鲁吉亚的门将发挥得不是那么超常，西班牙人应该已经取得了领先。但足球有时就是这样吊诡。就在西班牙人压着格鲁吉亚人狂轰滥炸的情势下，格鲁吉亚仅仅靠着唯一一次压过半场，唯一的一次传向中路，居然就进了球。第18分钟，格鲁吉亚快速反击，卡卡巴泽右侧送出精准传中，西班牙后卫勒诺尔芒门前的解围不慎自摆乌龙。格鲁吉亚人令人难以置信地取得了领先。

　　喜欢西班牙队的人们难免紧张起来。因为，足球的历史上，有无数强弱对阵，弱队依靠一个不是机会的机会攻破强队大门以后，强队或运气不佳，或过于急躁，或被弱队严防死守，最终输掉了比赛。我们能记住的有1990年巴西与阿根廷之战，全场占尽优势、有30多脚射门的巴西队，被全场只有一脚射门就打入一球的阿根廷击败（马拉多纳精妙传球，由风之子卡尼吉亚一蹴而就），最终饮恨淘汰的例子。

　　但西班牙显得更成熟。他们丝毫没有表现出急躁，仍然按照既定的战术攻击格鲁吉亚。格鲁吉亚也没有因为先进一球而感觉减少了压力。就在格鲁吉亚进球大约20分钟后，17号尼科·威廉姆斯左侧回传弧顶，16号曼城大将罗德里得球直接轰出贴地斩直蹿网窝，西班牙不失时机地扳平了比分。紧接着，易边再战开场不久，全场表现优异的亚马尔主罚前场定位球被门将扑出，外围抢下皮球的西班牙人再次控球进攻，右侧肋部亚马尔左脚送出精准传中，门前抢点的法比安头槌破门，西班牙2：1反超比分。此后不久，西班牙前场连续的短传配合，亚马尔右侧下底横扫门前造成对方乌龙，但主裁示意越位在先进球无效，比分仍为2：1。尽管比分领先，但西班牙仍对对手保持强大压力。第75分钟，法比安在本方弧顶完成抢断，冷静观察后送出穿透性极强的精准长传，尼科·威廉姆斯得球快速推进冷静单刀破

西班牙队主力前锋 19 号亚马尔

门，西班牙 3 ：1 领先。第 84 分钟，格鲁吉亚解围不远，西班牙得球就地组织进攻，奥尔莫连在弧顶位置停带过晃出空间后远射入网。最终，西班牙 4 ：1 完胜格鲁吉亚。

尽管比赛失利，格鲁吉亚也进一步创造了历史。他们打进了本国参加欧洲杯以来的第一个淘汰赛进球。甚至在一次反击中差点靠远距离吊门打进第二个。初次参加世界大赛就能有这样惊艳的发挥，格鲁吉亚确实可以昂着头离开。在这个意义上，斯大林的名言或许也要做些修改——踢得如此之好，失败者也是不受指责的。

进入八强的西班牙面对的对手将是德国，这也是令球迷难以取舍的一个结果。毕竟，到目前为止，欧洲杯上表现最为稳定，比赛最为好看的队伍，也就是这两支队伍了。但遗憾的是，这样两支本届欧洲杯的"颜值担当"，却要在四分之一决赛以后告别其中一支。有人可能会潇洒地说：一切都是最好的安排。但对不起，这个对阵安排不是——他们应该相遇在决赛。

真正的强强对话

2024 年 7 月 2 日　北京时间 00:00

法国 vs 比利时

杜塞尔多夫竞技场

　　也许所有看过欧洲杯 E 组比赛的球迷都觉得比利时人没那么强。但法国人一定不同意这样的观点。也许法国人不对，但古老的谚语告诉我们：问一个战士强不强，最好问问他的对手。

　　在对比利时队的这场比赛中，法国队尽管赢得了最后的胜利，但靠的却是对手的一个乌龙球。坐拥 12.1 亿欧元身价的他们，至今没有打入一个运动战进球，4 场比赛进球数虽然有 4 个，但除了一个点球外，其他 3 个都来自对手的乌龙球，这实在令人尴尬。如果我的记忆不差，最近 40 年来所有的世界杯、欧洲杯和美洲杯这样的大赛中，从来没出现过这样的局面——你能想象有这么一支强队，已经打入了大赛的八强，但前锋却只踢进一个点球吗？

　　不过，平心而论，尽管法国人仍然继续着他们的锋无力，但两队的表现，却是欧洲杯开赛以来最好的一场。

　　本场比赛，姆巴佩和德布劳内分别担任两队的队长。从一开始，比赛就进入了一个快速而激烈的状态，双方你来我往，场面还是相当好看的。让我们记一个比赛过程的流水账，看看比赛的激烈程度：

第 7 分钟，图拉姆对抗后倒地，裁判没有表示。

第 14 分钟，姆巴佩的射门打高了，琼阿梅尼随后不满判罚吃到了黄牌。

第 15 分钟，卡拉斯科也倒在了禁区，裁判还是没有表示。

第 23 分钟，格列兹曼犯规染黄。此后不久，德布劳内的一脚似传似射被封堵。

第 24 分钟，拉比奥特也吃到了黄牌。

第 27 分钟，卡拉斯科的射门被挡。

第 34 分钟，孔德传中，小图拉姆的头球顶偏。

第 40 分钟，琼阿梅尼突施冷箭，打偏了。

上半场补时阶段，琼阿梅尼再次爆射，可惜打飞了。上半场，两队打成了 0：0，法国队机会更多一些，但均未能把握住。

下半场刚开场，琼阿梅尼远射被封堵，姆巴佩内切之后的爆射也被破坏。

第 53 分钟，姆巴佩右脚抽射打高了。

第 60 分钟，卡拉斯科的射门打偏了。

第 64 分钟，格列兹曼射门打高了。

第 68 分钟，琼阿梅尼爆射打高了。

第 70 分钟，卢卡库一脚爆射被扑出了。

第 73 分钟，萨利巴左脚爆射打偏了。

第 77 分钟，姆巴佩禁区内的射门打飞了。

第 82 分钟，德布劳内的射门被封堵了。

…………

直到第 85 分钟，法国人总算等来了进球。穆阿尼的射门造成了维尔通亨的乌龙，法国队终于以 1：0 的比分领先对手。最终就凭借这个比分取得了最后的胜利。

看比分，似乎双方忙活半天，最终才进了一个球。但看过程，双方互为攻防，攻得漂亮，防得精彩，是比分低的重要原因。与 2018 年和 2022 年两届世界杯时相对照，法国队的阵容几乎是相同的，2018 年时，虽然主要战术体系是防守反击，但高卢军团在对阵阿根廷一战和决赛对决克罗地亚时都攻入 4 球，格列兹曼和姆巴佩在进攻端的实力和才情尽情展现。2022 年时，姆巴佩以 8 球收获最佳射手，格列兹曼作为组织核心的表现同样可圈可点。然而到了本届欧洲杯上，同样是由这两人领衔的法国攻击线，却难以打入一个正儿八经的运动战进球。是人老了 4 年导致的衰退，还是战术打法过于保守而导致进攻不力，抑或别的什么原因导致法国的锋无力？个中缘由值得我们思忖。

姆巴佩脚感不佳恐怕是重要因素。本来，姆巴佩刚刚加盟皇马，近年来一个悬案总算尘埃落定。到了德国，正可以放下包袱大显身手，但不意第一战就遭遇鼻梁骨折的意外，头部的疼痛，戴着面具的异物感，必然影响姆巴佩的发挥。在后来他出场的比赛中，我们屡屡看到姆巴佩过人不成、射门失准、传球不到位，其实与鼻梁骨的伤情有极大关系。鼻子位于头部，离人的中枢神经很近，这里受伤比肢体的轻伤更影响球员发挥。姆巴佩的发挥受了影响，法国队的实力就必然打了折扣。这是法国队突然变得大不如前的重要因素。

另外，也有人分析，吉鲁的老化和格列兹曼的失常，也是法国队实力下降的原因。大吉鲁 2022 年时还是法国队的绝对主力，现在已经沦为替补，只能在教练员变阵时作为选择之一。这样，大吉鲁原先在对方禁区内的支点作用就完全失去了，姆巴佩、登贝莱都是快马式的前锋，少了大吉鲁这样一个滩头阵地，他们的快就难以发挥作用。而格列兹曼的失常，恐怕只能与年龄大了竞技状态差有关，但比起梅西、克罗斯、莫德里奇，他的年龄并非"年迈"，发挥不佳恐怕还是要从教练员对他的安排和自己的调节方面去寻找原因。下半场回归中路后，法国 7 号的表现才有所改善，但不可否认，迄今为止，格列兹曼的表现是他作为主力代表法国队出战大赛以来最差的一次。作为法国队前场重要的进攻组织者和衔接点，格列兹曼状态的下滑，也是本届法国队进球"难产"的重要原因。接下来法国队如果想要改善进攻端的发挥，并杀出强敌环伺的死亡半区，格列兹曼重新找到前几届大赛期间的状态是至关重要的。也许，随着比赛的进程，他们都能渐渐找回状态。那样，法国队仍然是一支令任何强队都不敢小觑的夺冠热门。

法国队主力中场 13 号坎特

　　艰难迈过强敌比利时队后，法国队得以在死亡半区继续前行。下一场，他们的对手大概率是 C 罗领衔的葡萄牙队。据说，姆巴佩一直是以 C 罗为偶像的，国民偶像和超级粉丝对垒，即使不涉输赢，也有无穷看头。一念及此，吾等看客有福了。

大闹天宫

2024 年 7 月 2 日　北京时间 03:00

葡萄牙 vs 斯洛文尼亚

法兰克福竞技场

　　我记得自己看欧洲杯，最早是在 1996 年。那时最深刻的记忆是捷克队波博斯基、内德维德等黄金一代的球星。他们输掉决赛，很让人伤感了一阵子。现在 28 年过去了，无论是波博斯基还是内德维德，其面庞都已经模糊了不少，甚至想不起来了。今天看葡萄牙和斯洛文尼亚的比赛，突然想起来一个问题，假如再过 28 年，我自己能想起今天的比赛吗？

　　假如天假以年，且届时尚有正常思维，我觉得还是能记起这场比赛的。毕竟，它本身充满的强烈戏剧性，是我们在多数比赛中见不到的。而我们的记忆，总是格外垂青那些具有强烈戏剧性的事件。

　　这本来不应该是一场有悬念的比赛。从世界排名看，葡萄牙排名第 7 位，而斯洛文尼亚排名第 54 位。葡萄牙排名小组第一出线，而斯洛文尼亚排名小组第三。葡萄牙拥有 C 罗、B 费、B 席、佩佩等一众超级球星，而斯洛文尼亚，我们几乎数不出一个以往十分熟悉的名将。不过，本届欧洲杯小组赛斯洛文尼亚的表现不错，我们甚至有可能运用语言技巧，把斯洛文尼亚说得比葡萄牙更好。比如说，3 轮战罢，在意大利、葡萄牙、荷兰、比利时这样的球队都输了球的情况下，只有斯洛文尼亚和德国、西班牙、英格兰、法国、丹麦等大牌球队一样，保持了不败战绩。你看，这样说，就显得斯洛文尼亚比葡萄牙还强大。不过，看了小组赛的球迷都知道，葡萄牙小组赛是两胜一负，而斯洛文尼亚是三战皆平。从现代足球理念来讲，二者没有可比性。值得注意的倒是斯洛文尼亚三场比赛只丢了两个球，葡萄牙比他们多丢了一个。要知道，葡萄牙面对的是土耳其、捷克和格鲁吉亚这样的弱队，而斯洛文尼亚的对手有英格兰和丹麦这样的强队。

比赛的戏剧性，让一场似乎没有悬念的比赛有了看点。看得出，C罗3场小组赛一球未进，似乎让整个葡萄牙队都产生了压力。因而，面对大家心目中的"弱队"斯洛文尼亚，除了胜利，很重要的目标就是让C罗进球。赛前，C罗曾在社交媒体上发文"让我们一切顺利吧，加油！"第6次参加欧洲杯的他，毫不掩饰自己对于胜利的渴望。于是，本场比赛中的C罗，也和法国队的姆巴佩一样，拥有了"无限开火权"。全场下来，他实施了全队三分之一以上的射门，包括全部的定位球射门。令人颇为遗憾的是，虽然C罗的每一脚射门都打出了水准，但仍然不能改写自本届欧洲杯开赛以来一球未进的历史。甚至，加时赛上若塔冲锋陷阵而换来的一个点球，C罗的罚球也被对方守门员神勇扑出。这也成了这场比赛能给我们留下深刻记忆的一个重要瞬间。

整场比赛，葡萄牙还是用他们熟悉的进攻方式，慢速推进到前场，再寻找传中机会找到C罗，可惜C罗无论是起跳高度还是冲击力，都已不复当年之勇，多次争顶头球时与皮球差之毫厘。而斯洛文尼亚则用节奏变化来应对葡萄牙的轮番攻势，几次快速反击都打出了相当的威胁，只可惜临门一脚差点运气。90分钟常规时间内，双方打得有来有回，但均未能攻破对方大门，C罗的点球是葡萄牙人改写比分的难得机会，但却遗憾错失。C罗掩面哭泣，深深陷入自责。

其实，表现失误的不只是C罗。比赛临近结束，41岁的佩佩停球出现严重失误，小他20岁的塞斯克抓住机会形成单刀，幸好被葡萄牙门将科斯塔伸脚挡出。在此之前，佩佩就因为对抗能力和速度的下降，在与对方前锋、年龄只有佩佩一半的11号本杰明·奥斯科的对抗中被对方抢到身位形成单刀，可惜奥斯科的射门有失水准。

如果对方的前锋射门水准正常，佩佩一个人的失误，已经足以让葡萄牙两球落后了。

比赛被拖入点球大战。所有人都没想到，科斯塔这时候站了出来，代替 C 罗成了葡萄牙的英雄，他神勇地连续三次扑出斯洛文尼亚的点球，将对手送回了家，也算是拯救了 41 岁的佩佩和 39 岁的 C 罗。也使得这场一方一球未进的点球大战最终以特殊的方式载入史册。值得钦佩的是，加时赛罚失点球的 C 罗居然第一个站在了点球点前，并以一记水平超高的罚球为本队首开纪录。C 罗完成了对自己的救赎，也承担了自己应该承担的责任。C 罗在本场比赛中的表现可谓是一波三折。他在上半场曾有机会改写比分，但高质量的任意球稍稍高出横梁。加时赛中，他更是错失了绝杀的机会，点球也未能命中。然而，C 罗的斗志并未因此消退，他依然在场上拼尽全力，为球队的胜利贡献自己的力量。

尽管"谁也输不掉曾经付出的爱"，但是，"谁也赢不了和时间的比赛"。在另一个大陆，率领阿根廷征战第一场淘汰赛的梅西，在对阵厄瓜多尔的比赛中全场表现平平，错失单刀，甚至在点球大战中罚失点球。最终，和葡萄牙仰赖科斯塔的神勇一样，阿根廷和梅西也靠着圣马丁的发挥赢得了继续前进的机会。

回顾整场比赛，葡萄牙队在场面上占据了明显的优势，他们的控球和传球能力远胜于斯洛文尼亚队。然而，斯洛文尼亚队也展现出顽强的斗志和出色的防守能力，多次化解了葡萄牙队的进攻。关键时刻，斯洛文尼亚队也获得不少机会，未能把握住，这也成了他们失利的原因之一。

其实，如果我们回顾今年两队交锋的历史就会知道，3 个月前两队之间的一场热身赛中，葡萄牙就以 0∶2 的比分败给了斯洛文尼亚。那场比赛，C 罗和佩佩两位老将都在阵中。本场比赛，斯洛文尼亚队虽然输了，但他们同样值得尊敬。这支球队注重团队协作，球员们具有出色的防守意识和协作能力。比赛中，他们多次化解了葡萄牙队的进攻，展现出顽强的斗志和不俗的实力。在这场能够被历史所记忆的赛事中，他们的表现与葡萄牙"诸神的黄昏"相对应，可称为"大闹天宫"。

总被摆错的棋子

2024 年 7 月 3 日　北京时间 00:00

罗马尼亚 vs 荷兰

慕尼黑安联球场

　　本届欧洲杯，罗马尼亚队是一枚总被摆错的棋子。在预选赛中，罗马尼亚与瑞士、以色列、白俄罗斯、科索沃和安道尔分到一组。面对实力并不强劲的对手，罗马尼亚依靠稳固的防守，10 场比赛仅丢 5 球，以 6 胜 4 平不败战绩晋级。在第九轮客场 2 ：1 战胜直接竞争对手以色列后，携手瑞士提前晋级正赛。但由于最近若干届欧洲杯以来罗马尼亚或者缺席，或者无功，欧洲杯开赛前，很少有人把他们当盘菜。况且，世界第 43 位的排名在小组也处于底层（仅比最低的斯洛伐克高两位）。但在首战中，他们对阵世界排名高出自己 20 多位的乌克兰，靠着两脚精彩的远射和一个禁区内抢点，居然以 3 ：0 的比分战胜了对手。正当人们以为他们可以向首轮表现不佳的比利时发起挑战，甚至可以战而胜之的时候，他们又在一场基本处于下风的比赛中以 0 ：2 的比分输给了比利时。出线的前景并不明朗。而当他们第三场靠一个点球扳平斯洛伐克收获一场平局之后，他们突然成了这个奇葩小组的第一名——恕我寡闻，4 分的成绩获得第一名，在我所看过的世界大赛中，从未出现过。不过，这个难得的头名状元本来可以期待在淘汰赛中遇上一个较弱的小组第三名，

但他们遇上的居然是荷兰队。看到这个结果，估计罗马尼亚队所有队员的心都凉透了——好不容易混了个小组第一，结果 D 组的小组第三居然是这个组最强的荷兰！

荷兰曾在 1988 年德国欧洲杯上夺得队史唯一一次大赛冠军，当时在慕尼黑举行的决赛中以 2：0 击败苏联。荷兰当时拥有"三剑客"范巴斯滕、古利特、里杰卡尔德，还拥有世界级中卫科曼——正是今天荷兰队的主教练。

主帅科曼很难解释为什么荷兰有时踢得不好，有时却能踢出高水平，也许主要原因是没有巨星压阵。科曼赛后说："我们本场的开局也很糟糕，但我们最终保持了良好的控球率，并开始创造更多机会。唯一值得批评的是，我们花了太长时间才打进第二球。"种种迹象表明，小组赛第三轮荷兰 2：3 输给奥地利像是大赛经验丰富的科曼有意为之，他当时雪藏了包括西蒙斯和邓弗里斯在内的主力球员，是为了进入更有利的淘汰赛分区。

硬着头皮，罗马尼亚队踏上了在慕尼黑安联球场上演的这场八分之一决赛。比赛伊始，荷兰队便展现出其强大的进攻实力。第 75 分钟，德佩的精准射门终于为荷兰队打破僵局，表演序幕开启。随后，加克波和西蒙斯的两度连线，让马伦完成了梅开二度的好戏，也将比分锁定在了 3：0。

本场比赛，荷兰队基本上精英尽出，西蒙斯贡献两次助攻；如果队友把握得分机会的能力再强一些，攻防俱佳的右后卫邓弗里斯也会有助攻。当然，荷兰队能够取得胜利，加克波无疑是最大的功臣。他在本场比赛中不仅取得了进球，还多次为队友送出精妙助攻，盘活了整个进攻体系。而西蒙斯、德佩等球员也表现出色，他们在前场的默契配合，让罗马尼亚队的防线疲于奔命。

罗马尼亚队虽然在小组赛中表现出了坚韧的防守和犀利的反击能力，但在面对荷兰队时，他们显然未能抵挡住对方的进攻。尽管他们的球员在比赛中拼尽全力，但最终还是无法改写比分。

从赛后评分来看，荷兰队全面占优。加克波以 9.3 的高分成为全场最佳，而马伦、西蒙斯等球员也获得了不俗的评分。罗马尼亚队方面，虽然德拉古辛等球员表现不错，但全队整体实力与荷兰队仍存在差距。荷兰队的这场胜利不仅让他们成功晋级八强，更向外界展示了他们强大的实力和深厚的底蕴。而罗马尼亚队虽然失利，但他们在比赛中的顽强表现也赢得了观众的尊重。

　　总的来说，这场荷兰对阵罗马尼亚的比赛是一场实力悬殊的较量，荷兰人凭借出色的进攻和稳健的防守赢得了胜利。而罗马尼亚人已经完成了他们全部的表演任务，显然，能够打入欧洲杯十六强，他们已经完成了自己的使命，可以以胜利者的姿态回家了。

一场艰难的胜利

2024 年 7 月 3 日　北京时间 03:00

奥地利 vs 土耳其

莱比锡红牛竞技场

　　土耳其队是一支历史悠久的劲旅，自 1962 年起便活跃于欧洲赛场。初时声名不显，自 20 世纪 90 年代末期开始，土耳其队实力不断提升。尤其是在 2002 年世界杯上，他们罕见地杀入半决赛，最终夺得季军。奥地利队虽然不算欧洲一流，但仍然也可以称得上欧洲劲旅。也许因为他们的国家与德国的天然关联，他们的足球风格也和德国队惊人相似。从近些年欧战的战绩来看，奥地利要远远好于土耳其。

　　这是一个预料之外的结果。我所认识的绝大多数人预测本场比赛的结果，都押奥地利队获胜。但是，土耳其队在 90 分钟内就以 2∶1 的比分战胜了奥地利队，成功晋级八强。

　　比赛有一个戏剧性的开始。开赛仅 57 秒，本场表现最为出色的土耳其中后卫 3 号德米拉尔就利用一次角球，头球破门得分。这个犹如闪电般迅猛的进球，创造了欧洲杯历史第二快进球的纪录。事实上，就是这个似乎有些偶然的进球，很大程度上决定了比赛的最后结果。不仅这一场，在大多数双方实力不很悬殊的比赛中，过快的进球往往都会打乱双方最初的战略部署，而这种混乱了的局面通常都是有利于先进球一方的。而丢球的一方，原先计划要稳守反击的，只能改变策略投入进攻；即便原先计划要大举进攻的，也会遭遇对手更加顽强的防守。就算教练员在赛前做过全面的部署，但人总是这样一种感受情景的动物，福祸不临头，永不可能获得真实的感受，而真实的感受，才是行动的前提。

奥地利人对过早的失球缺少显然足够的心理准备，导致了上半场形势一度很混乱。他们尽管创造了比土耳其人更多的得分机会，但多少有些急躁的射门总是与进球失之交臂。反而是土耳其，由于德米拉尔的出色表现带动了全队的爆发，他们把稳守反击的策略贯彻得更加坚决，居莱尔有一脚不过中场就大脚吊门的远射，尽管未能打中门框范围，也展现了这个年轻小将的球商和想象力。下半场第 62 分钟，正是居莱尔发出的一记精准的角球，给埋伏在禁区内的德米拉尔创造了头球的机会，只见德米拉尔高高跃起，用头顶轻轻一蹭，皮球就以一道奇妙的弧线飞入了网窝。奥地利人再受打击，以 0：2 落后。

此后，双方仍然维持着奥地利人全线阵地进攻而土耳其人防守反击的局面。过了几分钟，奥地利人也利用角球的机会扳回一球。但此后双方再无建树。最终，土耳其队以 2：1 的比分成功淘汰奥地利队，展现了球队强大的反击力量和坚固的防守能力。难得的是，德米拉尔不仅进攻犀利，在防守端的表现也令人瞩目，他左挡右拦，完成了 17 次解围，成为球队的中流砥柱，其稳定的后防表现堪称无懈可击。尽管奥地利队控球率高达 60%，却一直到下半场 66 分钟的时候才将球送入对手球门。相比之下，身高 1.92 米的德米拉尔，作为一名后卫，却在进攻端表现精湛，两次头球建功帮助土耳其队取得领先，展现出难得的责任心和勇气。

这场八强赛令人看得过瘾，奥地利与土耳其的对决虽非顶级较量，但两队的实力和潜力仍让人不敢小觑。奥地利在小组赛中表现抢眼，甚至战胜荷兰这样强大的对手，获得小组第一；而土耳其的新星也逐渐崭露头角，或许会涌现出新一代黄金球员。对于这支以年轻的居莱尔为代表的球队，我们或许能够有更多的期待。

最佳比赛

西班牙 vs 德国

斯图加特梅赛德斯
奔驰竞技场

　　本届欧洲杯我认为技战术水平最高的两支球队，提前相遇在四分之一决赛中。但是，从比赛的质量看，这才是真正意义上的冠亚军决赛。

　　上半场 0：0，这几乎是赛前就预料到的事情。两队都有很强的攻击力，在前面的 4 场比赛中分别居于进球榜的第一位和第二位，双方今天都渴望打对方一个下马威，先进球为王，这都是我们期盼上半场就看到进球的理由。但是，在这样事关生死的淘汰赛中，双方的进攻都有些忌惮，双方在防守中都相当凶狠，最重要的是，双方队员彼此都太熟悉了。因而，别说进球，在禁区内形成射门都不容易。

　　在开场后的前 20 分钟，双方都不约而同地选择了高位逼抢、快速推进、努力加快比赛节奏的战术，力争打在前面，趁对手立足未稳争取先进球。但由于双方想到了一起，比赛的场面就变成了"一战"时堑壕战那样的相互绞杀。在每一个试图推进的区域，都有双方激烈的拼抢，谁都不能从容拿球，谁也不能自如摆脱，双方犯规频频，比赛时时中断。激烈的拼抢甚至造成了西班牙中场佩德罗受伤下场，西班牙主教练德拉富恩特只好对位换上了 10 号奥尔莫。始料未及的是，这个无奈之举，最终却成了西班牙队的神来之笔。

尽管拼抢如此激烈，双方仍分别在自己的右路打出了一些精妙的配合。西班牙进攻时更多地依靠他们的右边锋尼科·威廉姆斯，他屡屡运用娴熟的技术过掉对方后卫，不过，虽然每每突破德国队的防线传向中路，但基本被德国后卫挡下。真正形成的几脚射门，大都是在中路禁区外。而德国队也几乎不可能像前几场那样压在对方的半场从容转移，多数情况下，他们只能依靠后场反复的倒脚，寻找机会直塞中路，然后分边再传中。由于双方在防守上的硬度与主动性，两边都很难流畅地发挥进攻的威力，至少有一半的射门机会，前锋还来不及抢腿，就被先下"脚"为强的对方后卫破坏了。

过了20分钟以后，双方渐渐将比赛的节奏放慢了一些，不再高位逼抢，而逐步将防守的重心后移回到自己的半场。即便如此，防守的硬度依然没有丝毫降低，只是双方的进攻套路出现了一些细微的变化。西班牙甚至放弃了他们更加熟悉的传控，不惜以丢失球权为代价提升边路进攻的速度，力争打在德国人防守的前面，此举确实创造出几次颇有威胁的攻门。而德国队打的线路更长了一些，开始增加边路传中，后场直接向前传球打对方后卫的身后也成了更常见的进攻手段。由于西班牙在进攻上给德国人施加了更大的压力，连克罗斯都开始频繁地犯规，以阻止西班牙人的进攻。不过，直到中场休息，双方均无建树。我们甚至无法预测谁会先进球，更遑论预测谁会赢得比赛。

西班牙右路的亚马尔更多地承担佯攻的任务。尽管他突破能力并不亚于左路的尼科·威廉姆斯，令人眼花缭乱的盘带和过人时时让人喝彩，但为西班牙解决问题的却是他精准而冷静的右路传中。每当他游弋于右路的肋部，对手就会异常紧张。这位据说还带着中学作业本来参加欧洲杯的17岁少年有一种超出年龄的成熟气质，比起同是天才少年的巴西人维尼修斯、英国人贝林厄姆和正在与他们对垒的德国阵中的穆西亚拉、维尔茨，甚至土耳其队的居莱尔，年龄更小的亚马尔反而更显示一种少年老成的气质，看上去青涩、拘谨、中规中矩而又难掩锋芒，永远努力，永远专注于球场，颇似17岁时的梅西。下半场刚开场6分钟，正是在右路带球疾进的亚马尔精确地找到了德国人为数不多的盯人漏洞，一脚写意十足的横传塞给高速插上却无人盯防的队友 10 号奥尔莫。这位效力于德甲莱比锡的前锋也许比他的西班牙同胞更知道德国足球的软肋，他轻巧的右脚低射攻破了诺伊尔的十指关。只有这种打入绝对死角的球才能让强大的诺伊尔望球兴叹。

改写了比分，双方的心态都发生了不小的变化。由于落后，德国人调兵遣将，力图打得更简练。而西班牙人则更加自信，乐得把球权交给德国人，让他们大举进攻从而利用抢断打对方的快速反击。比赛的频率再一次变化，德国战车仿佛驶上了高速公路，迅速地提速，力图用后卫线甚至门将诺伊尔与前锋线直接联络的方法尽快展开进攻，一旦球被对方获得立即就地反抢。其实，看一支队伍是不是成熟，如同看一个人是否优秀，不要看他成功时如何华丽表演，而要看他逆境时如何把握机会绝地反击。整个下半场的后半段，才是德国人的"沧海横流，方显英雄本色"。他们的战术打法一再简化，最终简化为只要得球就迅速 45 度角吊入禁区。然后，根据球的落点展开逼抢，有人抢第一点，有人抢第二点。西班牙得到球权后，德国队会立刻展开就地反抢。一时间，比赛场面成了两队在西班牙禁区前沿的半场攻防演练，短短十几分钟时间内，德国队就形成了若干次相当有威胁的攻门机会。令人感动的时刻，包括 34 岁的老将克罗斯一次次奋不顾身的抢断，也包括老将穆勒披挂上阵——穆勒老矣，尚能饭否？答案是，这个最新的穆勒继续保持了德国队永远有一位穆勒的光荣传统。那是一个无比壮烈的时刻。如果他们机会抓得更好，或者幸运女神再垂青一点，他们可能更早一点就可以扳平比分。不过，顽强德意志人的殊死搏杀还是在最后阶段结出了果实。在常规时间的最后一分钟，米特尔施塔特从前场左侧肋部送出 45 度传中，后点基米希头球回摆，维尔茨不停球直接凌空斩，皮球飞出一道奇妙的弧线，撞中远角门柱入网。像一个奇迹，德国队扳平了比分。

德国人的欢呼只持续了很短的时间，常规比赛时间结束了。如果这个进球来得更早一些，也许他们会挟胜利之余勇一鼓作气拿下比赛。但加时赛前 5 分钟的休息给了西班牙人调整心态、重振旗鼓的机会。加时赛，德国人仍然创造了不错的机会，但比赛在此出现了一个巨大的争议。第 106 分钟，穆西亚拉禁区弧顶右脚抽射，皮球被西班牙后卫库库雷利亚挡出，穆西亚拉随即向主裁判投诉对手手球，安东尼·泰勒双手一摊，示意库库雷利亚的手处于自然位置。但从慢镜头来看，球的确打在了

德国队 13 号前锋托马斯·穆勒和西班牙 16 号中场罗德里戈·埃尔南德斯

库库雷利亚的左手上，而且库库雷利亚的左手没有紧贴身体。按照规则，这是一个确定无疑的点球——尽管如果真的判罚点球，对西班牙队而言可能也不太公平。但是，德国人就此错过了最好的胜利机会。我们如果愿意回忆，2002年世界杯决赛加时赛，裁判员判给阿根廷队的那个点球，与今天比赛中的情形惊人相似。如果德国队获得这个点球并且罚入，以德国队的防守能力，西班牙人也很难再有机会。但是，历史总是以另外的方式发生。西班牙人逃过一劫，接着在加时赛下半场的第119分钟，"德甲制造"的10号奥尔莫前场左侧肋部送出45度传中，禁区中路无人盯防的梅里诺高高跃起，狮子甩头破门——全场表现优异的吕迪格犯下了一个所有后卫都难以避免的错误，就导致了命运的终结。诺伊尔甚至都来不及作出反应，一个更加残酷的绝杀就此诞生。尽管顽强的德国人利用仅剩的时间又完成了高水平的进攻，但疲惫到极点的德国人再也无力改变结果。西班牙2∶1绝杀德国，昂首闯入四强！

这是本届欧洲杯开赛以来最为精彩的一场比赛。西班牙人和德国人联袂为全世界的球迷展示了什么叫作现代足球，也就是在高度控制的条件下如何大打攻势足球，并且打出精彩的场面，打出激烈的对攻，打出令人眼花缭乱的配合。前几年，关于传控足球的利弊得失，一直有诸多的争议。西班牙人倡导传控足球，他们在世界大赛中并没有因此展现出强大的攻击力，经常被讥为只传不控，因难以得分而饱受诟病。而德国队，他们也从过去相对简单的力量型打法向传控足球转变，偏偏在这时候，他们的成绩开始下滑，不仅两届世界杯小组未能出线，而且在各类赛场上也频频输给弱队。在这样的情况下，很多人认为德国战车已经失去了力量。因而，这场真正意义上的强强对话对于双方来讲，特别是对于德国队来讲，也是一场救赎之战。通过本届欧洲杯的比赛，特别是这一场天王山之战，德国人虽然输掉了比赛，但他们的表现足以说明他们重新站了起来，他们表现出了力量和韧性，他们并没有输掉希望。我们看到，以穆西亚拉、维尔茨为代表的新一代球员已经接下了前任的接力棒，正在向着世界足球的最高峰挺进。在两年前卡塔尔世界杯的时候，我曾经专门写文章，期盼德国足球能重新崛起。今天，我们确实看到了这种崛起的良好征兆。而对于西班牙人来讲，他们表现出的技战术风格和现代足球的意识，是所有欧洲杯参赛队伍里最好的。如果西班牙最后拿到这届欧洲杯的冠军，在我看来，这是对世界足

球发展方向的肯定。如果西班牙人被那种缺乏有效进攻的苍白足球所打败，那么不仅仅对西班牙，对世界足球而言也是一种悲哀。所以在这里，我们预祝西班牙人最后能冲进冠亚军决赛并且夺冠。我们爱足球，就该盼它变得更好。

比胜利还重要的

　　平局的结果并不让人感到意外，意外的是 0 ∶ 0。如果我们有决定权，就会选择双方各进一两个球，打个加时赛，然后再罚点球决出胜负，哪怕是掷骰子，由老天爷决定。两个拥有世界上最好前锋的队伍不进球，就像登泰山看不到日出，或者中秋节乌云满天，遗憾是肯定的。

　　我们对这两个队都有事实与情感交杂的深刻记忆。对法国，我的记忆能够追溯到普拉蒂尼、吉雷瑟和蒂加纳——著名的法兰西中场铁三角，追溯到齐达内、德约卡夫、里贝里、德尚、维埃拉、亨利和科帕，当然，还有曼联那个坏小子坎通纳。追溯到 1986 年载入史册的巴法大战，以及齐达内一头顶向马特拉齐胸口那惊人的一幕。法国足球具有极强的风格性，看到那熟悉的球衣，就能想到他们会踢出什么样的足球。而对葡萄牙，我的记忆能够追溯到菲戈、鲁伊科斯塔、德科、卡瓦略、穆蒂尼奥，以及今天还在场上的 C 罗和佩佩，已经崭露头角的 B 费和 B 席。最近十多年，葡萄牙足球的成败荣辱都和 C 罗的名字紧密相连。这是一个不论你喜欢不喜欢，都无法忽视的存在。

这两支球队的正面对撞并不罕见。据好事之徒统计，法国与葡萄牙队史上共计有过 28 次交锋，法国 19 胜 3 平 6 负打进 52 球丢 31 球，优势明显。但最近两届欧洲杯，葡萄牙对法国却是略占上风。2016 年欧洲杯决赛，葡萄牙加时赛凭借埃德尔的绝杀，以 1∶0 战胜东道主法国夺冠。2020 年欧洲杯正赛，法国与葡萄牙 2∶2 握手言和。本届欧洲杯他们再次相遇，很有点冤家路窄的味道。

从两国的历史看，葡萄牙和法国就曾经是一对冤家。法兰西第一帝国时期，为了限制英国的经济发展，拿破仑在 1806 年颁布了大陆封锁政策：禁止来自英国的货物登陆欧洲大陆，禁止其他国家去往英国开展通商航运。但葡萄牙王室执行亲英政策，对法兰西的大陆政策阳奉阴违，引起了拿破仑的愤怒。1807 年，拿破仑派兵借道西班牙入侵葡萄牙，葡萄牙女王玛丽亚一世与摄政王若昂六世率王室逃往巴西，在自己的殖民地上建立起流亡政府，里约热内卢成了葡萄牙首都。直到 14 年后，拿破仑早已倒台，葡萄牙王室才回到欧洲。直到今天，葡萄牙人依然对法国有一种特殊的敌意，如同英阿、日韩，只要遇上了，根本不用赛前动员，队员就会玩命。

这场球也一样。一上来，双方就打得难解难分，场面很激烈。但看得出，双方教练员都顾忌对方锋线的威力，在中场延缓和破坏对方的进攻上下了很多功夫，因而在对方禁区内形成的有威胁的射门并不多。第 20 分钟，法国队特奥禁区前沿重炮轰门，科斯塔注意力集中，把球扑出，算是一个相对精彩的瞬间。如果把禁区内的激烈攻防作为比赛精彩与否的标志，那么上半场双方的表现都乏善可陈。

其实，仔细分析就能发现，双方虽然大开大合，比赛攻防转换很快，但双方各有短板，导致了进攻质量的下降。法国队的短板是姆巴佩，他在左路的进攻并没有发挥出速度快的优势，过人过不去，突破突不进去，使得法国队以前赖以打破僵局的左路进攻屡屡受阻。格列兹曼也不在状态，导致法国队犀利的防反打不出来。其实不难理解，姆巴佩的进攻套路比较简单，左路下底队员给球深一点，他只要冲起来，对方防守队员就跟不上了。到了底线，姆巴佩既可以传中，也可以反扣回来，沿肋部穿插，伺机射门或助攻。状态好的姆巴佩，对手即使明白他的意图，防守动作也往往会慢半拍。这是法国队的必杀技。但本届欧洲杯，姆巴佩头一场比赛就鼻梁骨骨折，戴了个面具对阵，速度提不起来，实力就大打折扣。德尚又不想放弃这一个点的进攻，但姆巴佩又自有难处，本来是法国队的绝技，反而成了一个软肋。

而葡萄牙的短板是 C 罗。和大多数欧洲拉丁派打法的球队一样，葡萄牙在面对强敌时，其实是一支打防守反击的球队。他们阵地进攻的能力，比起短传配合起来如同水银泻地般的伊比利亚邻居西班牙，是远远不及的，因而，他们时常被对手的密集防守搞得一筹莫展。此时，最基本的套路就是边路起球，中路头球抢点，而 C 罗中路的头球，无论作为攻击点，还是作为支点，都可谓独步天下。这正是为什么 C 罗在预赛时可以多进球的原因。但如果打强队，葡萄牙往往是先加强防守，依靠他们一代代的铁闸型后卫——从迪亚斯到达洛里，从卡瓦略到阿尔维斯，再到今天的铁血后卫佩佩——强硬地阻击对手的进攻。只要能够实施抢断，就能迅速投入反击。葡萄牙的反击需要三条线快速衔接，从而在对手来不及构筑有效防范的前提下打到对方纵深，从而形成射门得分。这时，处于中锋位置上的 C 罗，一方面要具有突破的能力，快速摆脱对手的第一道拦截，维持进攻的高速度；另一方面，要和前锋线乃至中前卫形成极强的跑传默契，从而直接打到对方的要害。从本届欧洲杯的几场比赛看，C 罗的绝对速度未必下降多少，但与过去神兵天降般摆脱第一道阻截的能力相比却大感不足，所以，遇到阻截，大多数情况下选择回传，这就导致葡萄牙防反速度下降，等到其他队员得球重新投入进攻，对方的防线已经拉起来了。此外，由于 C 罗整体能力的下降，中场队员对他的信任感相对不足，尽管他在比赛中的射门次数达到 21 次，比任何人都多，但看场上，导致 C 罗总是"一个人在路上"，反复跑动却得不到球——这和梅西在阿根廷的地位完全不同。尽管如此，为了适应 C 罗，葡萄牙的速度就被硬生生地拖慢，而如果无视 C 罗，他跑到的那个位置——由于 C 罗的经验和意识，往往是最佳位置——就可惜了。这是葡萄牙虽然反击机会多但得分少的重要原因。C 罗和进攻线之间的张力成了葡萄牙队进攻不流畅的关键因素。在这种情况下，其他锋线队员如 B 费每每会选择一脚远射了之。

看得出，面对这样的短板，德尚（法国队主教练）和罗伯托·马丁内斯（葡萄牙主教练）面临着同样的问题。当然，德尚的问题是突发的，姆巴佩的受伤无法预料，但只要他能出场，似乎没有任何理由让他坐在替补席上。而葡萄牙的问题是既有的，从卡塔尔世界杯开始，C 罗的表现就演绎成了一个"老骥伏枥，壮心不已"的经典故事，

由于亿万球迷的加持，C罗出不出场，就成了一个超越足球专业问题之上的社会性话题，每每由舆论而非专家决定。显然，罗伯托·马丁内斯不会认为C罗目前的能力还足以胜任葡萄牙队的主力位置。我个人觉得，他一定明白，让C罗作为替补在下半场根据需要上场，本是葡萄牙队的一大优势。但是，他之所以安排C罗场场首发，很大程度上是对舆论的一种妥协。正因为足球是一种博弈，教练员不可能以确定无疑的结果来证明自己选择的正确或者错误，在专业的判断和大众的观点发生冲突的情况下，教练员有时就像被民意裹胁的外交官，往往是无奈的。但罗伯托·马丁内斯难辞其咎的是，在上一场葡萄牙打格鲁吉亚的时候，队内如何调适C罗与前锋线的问题已然相当突出，如果不是科斯塔的神勇，葡萄牙已经走完了自己的欧洲杯旅程。在这种情况下，罗伯托·马丁内斯仍然选择C罗首发，恐怕就不能以仁智之别来解释，更像是一种不担当。本来，面对一支实力大打折扣的法国队，如果葡萄牙在用人上更大胆一点，更实事求是一点，结局可能是完全不同的。

当然，罗伯托·马丁内斯虽然没能带领葡萄牙走上胜利之路，但他为世界足球，甚至现代体育，带来了一种令公众痴迷的精神力量。无论是C罗还是佩佩，都以自己高龄之年仍然奋力不辍的身影，击中众多球迷柔软的内心，感动了千万人。同时，他们那种勉力奔跑的形象，也让足球这项运动变得更加神圣而动人。如果从一个更高的层面上看待C罗现象——就本届欧洲杯，还能代表佩佩，代表克罗斯，代表莫德里奇，代表那些终将远去的无数英雄的背影——这也许也是葡萄牙乃至欧洲杯对世界足球的贡献。在这个世界上，有一种比胜利还重要的东西，那就是一切让你热泪盈眶的美好事物。

饶了足球吧

2024 年 7 月 7 日　北京时间 00:00

英格兰 vs 瑞士

杜塞尔多夫竞技场

　　欧洲杯期间的英格兰，已经成为幽默作家创作的灵感之源。不过，小组赛末轮 0∶0 战平斯洛文尼亚队时，一名英格兰球迷在看台上打瞌睡的图片传遍网络，这不是做假的创作，而是千真万确的事实。事后，还有媒体找到了这位名叫弗雷迪·哈恩的球迷，他表示："比赛过程实在是太无聊了，我被场上毫无生气的氛围所催眠，所以不知不觉睡着了。"这位球迷无意中拓展了足球运动的社会功能，足球比赛居然还有催眠的效果。看来，给失眠者赠送英格兰队比赛的门票，是我们向社会献爱心的新途径。

　　英格兰队本来无须担此大任。从各个方面——历史的和现实的——分析，他们的实力都远在瑞士队之上。历史上，英格兰队与瑞士队总计有过 27 次交手，战绩是 19 胜 5 平 3 负，进 65 球失 25 球，优势明显。现实地看，这支英格兰队身价达到 15 亿欧元，而瑞士队不到 3 亿欧元。前者是后者的 5 倍还多。幸亏比赛不是下注，否则，瑞士队恐怕早就破产了。

　　但从小组赛踢到淘汰赛，作为身价最高、夺冠第一大热门的英格兰队的表现，用不尽如人意都不足以表达，更准确的说法是令人大失所望。小组赛姑且不说，八分之一决赛便被斯洛伐克队逼到了悬崖边上，如果不是贝林厄姆那记惊天倒钩，英格兰队已经打道回府了。

在球迷和部分足球专家看来，英格兰的问题，不在凯恩，不在贝林厄姆，不在队员们，而就在主帅索斯盖特身上。显然，这位颇有贵族气质的主帅秉承了英国精神内涵中辨识度最高的特质——保守主义传统。早在 2020 年欧洲杯决赛的时候，索斯盖特在天时、地利、人和占尽，手握绝佳开局的大好优势下，主动回撤龟缩，最终痛失好局，点球大战告负，错失了在家乡父老面前捧杯封王的千载良机。尽管欧洲杯亚军也是历届英格兰队的最佳战绩，但如此"乘兴而行，兴尽而返"，球员不满意，媒体不满意，球迷也不满意。2022 年世界杯四分之一决赛不敌法国队，恐怕也是这种保守主义精神的又一成果。

虽然战术保守，打法死板，但英格兰队有让其他队伍羡慕不已的板凳深度，经常会在落后之际，杀出一彪人马救队伍于水火之中。毕竟，索斯盖特手中的好牌实在是太多了，随手一换便是神奇。但此番英格兰人能否延续前面的好运气，继续走在争冠的路上，要看瑞士人同意不同意。

瑞士队尽管纸面实力不及英格兰，但他们能在小组赛末轮与德国队踢成真正的五五开，八分之一决赛完胜卫冕冠军意大利队，其实力不容小觑。瑞士队近年来一直是欧洲杯和世界杯淘汰赛的常客。他们的国土夹在德法意中间，官方语言有德法意三种，足球的打法也在德法意中各取一点，其中德国的整体性和意大利的防守，都比正主不差多少。以往瑞士队曾经在世界杯上创造过不败＋零失球出局的悲壮纪录，也说明了他们的防守能力。从这个道理上，团队协同和战术执行能力一流的瑞士队，肯定要比完全看球星个人发挥的英格兰队更有机会晋级。

从阵容上看，英格兰队主力中卫格伊累计黄牌停赛，孔萨顶替出战，与斯通斯、沃克搭档三中卫，沃克在右，孔萨在左。赛前传言的正牌左后卫卢克肖有望伤愈复出，但最终没有上场。而其他位置，奉行"赢球不变阵"的索斯盖特在前场没有作出任何调整，贝林厄姆、凯恩、福登、萨卡一众攻击手悉数登场。我们几乎感受到了索斯盖特将继续"命硬"。

英格兰队主教练索斯盖特

　　瑞士队几乎没有伤病减员，可谓阵容齐整，士气高涨。对瑞士人而言，这场球的关键，倒不是对手是谁，而是他们自己能否打破"逢八止步"的魔咒，争取也进一次四强。

　　最后的结果也一如既往。比赛一样的不紧不慢，一样的令人昏昏沉沉，一样是由相对平民化的瑞士队先进了球。比分落后，英格兰主帅索斯盖特一样的调兵遣将，而派谁上场，什么时候上，连我们这些相隔万里的球迷也能猜个八九不离十。最终，完全符合概率原则的是，多次尝试之后，终于在第 80 分钟时由萨卡禁区外的一脚超远距离射门扳平比分。毫无疑问，这是一个十分漂亮的进球，即使不比贝林厄姆的倒钩更吸引眼球，也足以入选本届欧洲杯的十佳球。又是一个极具个人色彩的进球掩盖了一切，也打开了英格兰人继续前进的胜利之门。稍有新意的是，并不擅长点球大战的英格兰人居然在点球大战中笑到了最后。有人说，英格兰是狼狈地"爬"进了四强。有人甚至说，让最高明的剪辑师来，都剪不出一个英格兰队上半场的精彩集锦。但"胜利者是不受指责的，这是公理"，所以，我们还能说什么呢？

　　或者该说，饶了足球吧。

"西欧霸权"、青春派与乌龙君

2024 年 7 月 7 日　北京时间 03:00

荷兰 vs 土耳其

柏林奥林匹克体育场

　　范志毅这几天不怎么露面了，大约就是因为欧洲杯的四分之一决赛，4 场有 3 场他都预测错了。此前他有一项神迹，那就是八分之一决赛的 8 场比赛，结果都预测对了。这确实很不容易。因为法国胜比利时，德国胜丹麦，西班牙胜格鲁吉亚，葡萄牙胜斯洛文尼亚，英格兰胜斯洛伐克似乎都是铁板钉钉，但瑞士胜意大利，土耳其胜奥地利，并不是那样容易预测。事实上，那些看结果似乎铁板钉钉的，过程却出人预料。英格兰在最后一秒钟才扳平，葡萄牙靠点球晋级，都令人意外甚至错愕。这样看，范志毅预测不对四分之一和他预测对八分之一一样，都有些偶然。

　　我猜测，范志毅的有些预测，其实并非理性推演的结果，而更代表了一种愿望。比如，他预测土耳其赢奥地利，尽管预测对了，但我绝不认为，范志毅那样高水平的球员，会看不出土耳其的水平低于奥地利。因而，范志毅预测这一场土耳其胜荷兰，恐怕就是个人偏好。我试着猜一猜，也许，他更喜欢土耳其的足球风格，也许，他不喜欢欧洲足坛（甚至世界足坛）令人无可奈何的"西欧霸权主义"。

　　从 2006 年世界杯四强被意大利、法国、德国和葡萄牙占据，世界足坛就清晰

荷兰队主力后卫 4 号范迪克

地呈现出一种现象，那就是"西欧霸权主义"——来自西欧的球队，几乎占据了世界大赛绝大多数的八强、四强席位，甚至冠亚军。过去，美洲尚有一干国家，可以抵御这样的"霸权"，但现在，除了阿根廷和巴西，其他球队已经很难达到西欧一流强队的水准，无论是乌拉圭还是智利或哥伦比亚，都是如此。本届欧洲杯到十六强，东欧、北欧还可以有一席之地，但到了八强，法国、英格兰、荷兰、瑞士、西班牙、葡萄牙、德国 7 支西欧球队（当然，瑞士也可以算到中欧，但无关宏旨）占了 7 席。看到最后，唯有土耳其有机会打破"霸权"，因而，我猜想范志毅坚决地选择土耳其赢奥地利，很大程度上带着不希望欧洲杯变成西欧杯的愿望。当然，居莱尔们很争气地赢了比赛。但当东欧的饿狼，冲入西欧阵营的群虎之中时，尽管范志毅仍然希望土耳其偏师独进，但是，这只小组赛就以 0：3 输给不那么强劲的葡萄牙的独狼，败给兵强马壮的荷兰，恐怕也只能摊摊手苦笑，我们尽力了。

其实，看比赛的过程，土耳其人已经足够惊艳。尽管开场以后荷兰人以较之以往更为猛烈的攻势令土耳其人不太适应，刚开场不久德佩就连续盘带内切后兜射，差点攻破土耳其的城池。但很快，土耳其人就顶住荷兰的攻势，开始打出了自己的特点。第 33 分钟，居莱尔极具想象力的吊射高出球门横梁，但也足以惊出荷兰人一身冷汗。第 35 分钟，邓弗里斯送给土耳其人一个角球，土耳其发出的角球在第一点被解围不远，居莱尔右侧得球送出精准传中，阿卡丁后点高高跃起头槌破门，土耳其 1：0 领先！

下半场，土耳其人不遑多让，仍在勉力进攻。第 57 分钟，居莱尔主罚前场定位球，皮球绕过人墙中柱弹出，再次惊出荷兰人一身冷汗。但荷兰人也迎来球运的转机。第 70 分钟，荷兰右侧战术角球，德佩送出精准传中，中路抢点的邓弗里斯泰山压顶头槌建功，荷兰 1：1 扳平了比分。

失球打乱了土耳其的战术布置，青春的土耳其此刻就表现出驾驭比赛能力不足的弱点，防守阵型开始出现漏洞，而士气大振的荷兰队渐渐取得场上的主动权。第 76 分钟，荷兰弧顶位置发动进攻，右侧邓弗里斯得球横传门前，后点包抄的加克波抢点造成穆尔杜乌龙，荷兰 2：1 逆转了比分。尽管在补时阶段土耳其创造出绝平的绝佳机会，但被荷兰守门员维尔布鲁根神勇化解。最终，土耳其很遗憾地输给荷兰，走完了他们本届欧洲杯的旅程。

这是一场当下与未来的对话。尽管年轻的土耳其未能如愿晋级，但以居莱尔为代表的年轻球员崭露头角，展示了他们的技术水准和惊人的足球想象力，这是美好足球不可或缺的内容。而本场比赛决定性的一球为乌龙球，这也带来了一个有趣的欧洲杯纪录，那就是本届欧洲杯的最佳射手榜，至今仍被"乌龙君"占据，他已经进了 9 个球。即使以后再不进球，本届的"乌龙君"也已经成为历届之最。我猜想，这个现象的出现，与目前流行的反切小禁区附近的底线传中多有关。在离球门极近的底线附近，以更快的球速传中，更容易造成乌龙球。而之所以要大力传中，很大程度上也是因为"谁碰进去也算"的造乌龙战术。

对于土耳其来说，被乌龙球打败，会不会感觉好受些？

江山代有才人出

2024 年 7 月 10 日　北京时间 03:00

西班牙 vs 法国

慕尼黑安联球场

在德西大战之后，我们迎来了本届欧洲杯最值得关注的一场比赛。这是欧洲杯开赛以前大家预测最有冠军相的球队，和开赛以后表现最具冠军相的球队之间的对垒。德国队离开以后，这又是一场提前上演的冠亚军决战。

按照传统的足球风格区分，法国和西班牙都属于欧洲拉丁派。这种说法隐含的逻辑是，欧洲的足球都是或者说都应该是力量型的，也就是从现代足球的发源地英国传播出来的一种足球风格。但这种逻辑，其实只能概括足球运动在 19 世纪刚刚兴起时的情形，随着足球进入欧洲大陆，在法国和意大利为代表的南欧国家，一种更为细腻和精巧的新打法逐步成熟起来，此时的足球已经形成了更注重力量的北欧派和更注重技巧的南欧派的区别。而随着欧洲殖民主义的步伐，足球渐渐传播到世界上各个殖民地。值得注意的是，凡是英国的殖民地，如澳大利亚，一般也保持英式足球的风格。而法国、西班牙、葡萄牙的殖民地，如北非、南美洲的足球，则很自然地保持了南欧足球技术流的风格。从这个意义上，说南欧足球是"欧洲拉丁派"，是由于巴西、阿根廷、乌拉圭足球的崛起而混淆了时间概念的一种说法，其实该说南美足球是南欧技术流才对。但是，说"拉丁派"说了几十年，约定俗成，我们也就将错就错好了。

不过，同是拉丁派，法国足球和西班牙足球的区别也极为明显。西班牙的打法，大致保留了我们对传统拉丁派的清晰认知，只不过在传控的大旗之下，打的速度更快而已。而与传统拉丁派风格对比，法国队的变化则十分明显，最主要的是，更加简明而硬朗，线路的长短变化更加多样化。其实，以往比较典型的力量型打法代表英格兰和德国，以及拉丁派打法代表法国和意大利，其技术风格都有一种向中间靠拢的倾向，原先打长传多的，现在短传配合明显增多，而原先打短传多的，现在长传球也屡见不鲜。贝肯鲍尔讽刺当年的英国足球"只看见球在空中飞来飞去"，现在再看英国足球，早已不是这个样子。而看另一个极端的法国足球，反而有了当年英国足球的影子。这种足球风格中庸化或者中性化的倾向，在我看来是《博斯曼法案》实施之后，欧洲各国足球人才流通更加自由，在五大联赛熔炉的融汇之下逐步同质化的结果。甚至，就连东欧甚至北美的足球也渐渐被五大联赛的风格同化。西班牙仍然能够保持传统拉丁派比较纯粹的风格，在我看来几乎是一个奇迹。这个奇迹，大约与南美高水平球员更多加盟西甲有很大关系。

今天我们看到西班牙和法国的对阵，也可以视为两种拉丁派——可以称为纯粹拉丁派和修正拉丁派的对话。而两队球衣的颜色，也似乎在为这两种风格做注解：西班牙穿着他们传统的红色球衣，仿佛骄阳一样热情如火，对应尼采笔下的酒神；法国则穿着他们传统的白色队服，仿佛雪后的大地一样冷静如冰，对应尼采笔下的日神。

姆巴佩摘掉了面罩，这个小小的细节立刻让法国队的左路变得灵动起来。更多地依托于姆巴佩左路的肋部突破和传中，成为法国队进攻的一个重要突破口。比赛刚刚过了9分钟，姆巴佩就接到队友从中路向左侧肋部的传球，试图扣回来过人后射门，但被封住了角度。他敏锐地观察到球门远角的空当，一脚半高球极其精准地找到了埋伏在远端的队友穆阿尼。这是一个只要球能传过来就能形成威胁的绝佳时机。穆阿尼没有浪费这样的机会，他高高跃起，将球狠狠顶向近在咫尺的球门近端上角。来不及移动的西班牙守门员西蒙虽然竭力扑救，仍然只能望球兴叹。

西班牙队主力前锋 17 号尼科·威廉姆斯

　　法国人取得了梦幻开局。在我看来，尽管不是所有先进球的球队都有最终获胜的极大概率，但对善于防守反击而且拥有速度极快前锋的法国队来说，先进球，就意味着比赛进入了法国人熟悉的比赛节奏，他们可以如鱼得水地戏弄对手，乃至扩大比分直至获得胜利。但对于西班牙队而言，他们似乎是那种永远只有一种风格的球队，无论领先还是落后，都是如出一辙地传控。在他们传控足球的巅峰时期，无论是俱乐部的巴萨，还是国家队的西班牙，似乎都有一直把球传到对方球门里的本领，对手通常不是被击败，而是被逼疯。当然，时过境迁，法国人显然对此胸有成竹，对付西班牙式的传控——还包括德国队乃至英格兰的这类传控，只需要织紧织密防守的网络，外围任其倒脚，但只要防住其突如其来的直塞球，或者不时向肋部传中，就差不多把所谓的传控打成了机械的前场倒脚，无比熟练，却毫无意义。卡塔尔世界杯西班牙和德国队的失利，就是因为他们的对手深谙这种所谓传控体系的软肋。日本用 22% 的控球率就击败了控球率高达 78% 以上的德国，摩洛哥最终逼平比他们大一个量级的西班牙，用的都是这个办法。

　　但此西班牙非彼西班牙。如同古代两军对垒时常见的情形，尽管对方防守严密，森严壁垒，但仍然可能有一员"万夫不当之勇"的红袍小将，匹马银枪，直插敌军要害。对于足球而言，这正是打破法国人高质量防守反击的一把利器，那就是一记技术含量极高的"圆月弯刀式"世界波。这是那种只要对方打出来就可以免除所有防守责任的进球，属于足球场上的"不可抗拒力量"，无论守门员还是后卫，就如同恩格斯描述人类发现了绝对真理时的情形——惊愕地面对着它，只能袖手旁观。我们都看到了，红袍小将、还没有来得及过 17 岁生日的亚马尔有如梅西附体，打出了一脚精确制导导弹般的左脚射门，足球以一道"梅氏弧线"飞向对方大门的远角门柱与横梁的夹角——如同尚是少年的大卫以石头准确击中不可一世的歌利亚——帮助西班牙在不到上半场一半时间就扳平了比分。贝林厄姆对最佳进球的争夺，此刻遇到了最为强大的竞争者。此刻我们才明白，本来，除了精准直塞和强力头球，远射也是破密集防守的利器。但是，必须是这种像天使吻过的脚打出的球才真正有用——据说，这具躯体是梅西给洗浴过的，这是预言般的足球洗礼。

　　双方又回到了原点。此时，比赛才刚刚过去 20 分钟，一切还没有决定下来。

法国人开始前压，不仅左路打得更加坚决，右路的登贝莱也渐渐活跃起来。但是，西班牙人以一次卓有成效的二次进攻回击了法国人的反扑。第 25 分钟，10 号奥尔莫禁区内截得对方解围球，以一脚极其丝滑的挑球变向闪开角度射门，门前解围的孔德稍慢一步在阻挡中把球碰入了自家大门——不过，从球的线路看，即使孔德不碰，皮球也会从远角入网。孔德救险未果，只是改变了进球的归属——奥尔莫做了 99％的事，功劳却只能记在"乌龙君"身上。至此，"乌龙君"已经打入 10 球，创造了新的欧洲杯纪录。

甚至全场比赛还没过三分之一，双方便已打入 3 球。随后的时间里，西班牙人继续着他们的技术秀，但法国人严密防守使他们再难觅得良机。而落后的法国人越来越急躁，尽管机会不多，但他们也创造了足以得分的良机，可惜姆巴佩过于追求力量的射门飞向了看台。一直到补时 5 分钟结束，双方都未能再有建树。一个波澜不惊的下半场悄然过去，终场哨响，西班牙人闯入了决赛。

赛后，25 岁的姆巴佩表情复杂地看向 17 岁的亚马尔，如同 2018 年世界杯阿根廷输给法国时，31 岁的梅西看向 19 岁的姆巴佩。

这就是足球的故事，"江山代有才人出，各领风骚数百年"。数百年当然不可能，属于他们的辉煌也就几年。

命硬及其他

2024 年 7 月 11 日　北京时间 03:00

英格兰 VS 荷兰

多特蒙德威斯特法伦球场

　　我和儿子上了闹钟，准备凌晨 3 点起来看英格兰和荷兰的比赛。临睡前，我问他估计谁能赢。他随口说，荷兰吧，我喜欢荷兰。不过，更可能是英格兰。索斯盖特命真硬啊。

　　作为可能打入决赛的球队，法国和英格兰都有些跌跌跄跄。一直到最后半决赛被淘汰，法国的运动战进球只有 1 个，有趣的是，他们不是运动战进球的时候，反而是赢球的——对手会帮他们进乌龙球。但当他们是运动战进球的时候，他们是输球的，甚至要帮对手进乌龙球。而英格兰的情况略好一些，他们打入了 5 粒进球，小组赛 2 粒，淘汰赛两轮 3 粒，但看场面，每一场都令人胆战心惊，好几场都是在临近溺水灭顶的时候才上岸。儿子说索斯盖特"命硬"，一点不假。

　　相比之下，本届欧洲杯荷兰队的表现，也不能说像一支强队。小组赛一胜一平一负，多少有点辛苦地胜了波兰，接着打平了没有姆巴佩的法国，却在对奥地利的比赛中以 2 ：3 失利，最后仅以小组第三的位次进入淘汰赛。不过，如果说英格兰的索斯盖特是"命硬"，那么荷兰的科曼则多少有点"命好"，不仅意外地躲开了

拥有西班牙、德国、意大利、法国，被称为"死亡半区"的上半区，两轮淘汰赛的对手罗马尼亚和土耳其也都算不上一流劲旅，虽说踢得有些费劲，荷兰最终还是靠自身的实力在 90 分钟内解决了问题。5 场比赛荷兰队总共打入 10 个球，在本届欧洲杯所有队伍中和德国队并列第二（仅次于 11 球的西班牙），但也丢了 5 个球，平均每场 1 个，这反映出他们的后防线有些问题。他们的主教练就是当年大名鼎鼎的国家队后防中坚科曼，不知为何却没抓好自身的防守。比起进球少丢球也少的英格兰，本场比赛就是看荷兰矛利还是英格兰盾坚。

英格兰人与荷兰人在欧洲杯正赛舞台上正面相对，还要追溯到 28 年前。1996 年在英格兰本土举行欧洲杯的时候，希勒和谢林汉姆各进 2 球，帮助英格兰 4∶1 大胜荷兰，报了 1988 年欧洲杯被范巴斯滕戴帽羞辱的一箭之仇。那时，科曼虽然刚刚退出国家队，但索斯盖特却作为主力打满全场。

与上一场点球淘汰瑞士时的阵容相比，索斯盖特几乎没有作出任何改变——据说，他始终奉"赢球不变阵"为圭臬。因而，英格兰的阵容和套路，别说对手了然于胸，连球迷闭着眼睛也能数出端详。连续 3 场淘汰赛首发的梅努，堪称本届欧洲杯英格兰队的"最大发现"——这位 19 岁 82 天的曼联中场，不出意外地成了英格兰队史上最年轻的大赛半决赛首发球员。唯一的变化，是解禁复出的中卫格伊取代了上一场顶替他首发的孔萨。这不是变阵，这只是回归。

也许索斯盖特靠 28 年前的那场比赛获得了力量。出乎所有人意料的是，从开场到整个上半场，出现了一支令人耳目一新的英格兰队。无论是球队整体上，强烈压制对手的积极态度，还是进攻中颇为新颖的串联组合，都与前几场截然不同。这时我的脑海里突然闪过一个念头：莫非索斯盖特并非"消极怠工""战术保守"，而是"老奸巨猾""蓄势待发"？

比赛的进程仍然是从老套开始，开场第 7 分钟，荷兰前锋西蒙斯就断球打进世界波，这是英格兰人连续第三场淘汰赛先丢球。但英格兰人似乎不为所动，依然以积极姿态投入进攻，以高位压迫给对手制造麻烦。此时我们看到的仿佛不是英格兰，而是淘汰巴萨时的利物浦或者登顶欧冠时的曼城。

不过，哈里·凯恩第 18 分钟获得的点球扳平比分，也给英格兰最终的胜利带来了争议。赛后，科曼严厉谴责裁判员，认为他主导了"一次针对荷兰人的有预谋的抢劫"，甚至英格兰足球名宿内维尔也认为这个点球是"无中生有的"，将这次VAR的介入形容为一个"耻辱"。在我看来，和西班牙对阵德国时逃过的那个点球一样，英格兰人获得的这个点球，在足球公平的坐标系上更偏于不公平那一侧。如果说对德西之战我们更有把握说，那该是一个点球，那么对今天的这个瞬间，我们也同样有把握说那不该是一个点球。这让英格兰人最后的胜利多少有些尴尬。但他们或许可以聊以自慰的是，一支打出如此犀利进攻的队伍，迟早是会进球的。即使不是凯恩的点球，也该是福登的射门。毕竟，前5场几乎碌碌无为的福登，在本场居然交出了3次射门2次射正的优异答卷，追平了此前5场比赛自己的射正总和。这正是焕然一新的英格兰进攻的"福登答卷"，如果不是邓弗里斯门线上的"救命一踩"，福登就能帮助英格兰在比赛第23分钟时完成反超。

但无论如何，依靠这个成功打入的点球，英格兰人首先扳平了比分。此刻，刚刚以17次出场、创造英格兰球员欧洲杯出场纪录的凯恩，也以6粒欧洲杯淘汰赛进球的成绩，超越格列兹曼独享欧洲杯淘汰赛射手王。同时，在一届前锋不太能进球的欧洲杯上，凯恩也以3球并列射手榜榜首。我们期盼他或者西班牙的奥尔莫（或许还可以加上进了2球的贝林厄姆，别人就没啥机会了）在决赛中多进几个球，否则，金靴只进三四个球，多少有些令人失望。回忆起来，姆巴佩的世界杯金靴，可是进了8个球的。

英格兰人焕然一新的表现掩盖了荷兰人的光芒。荷兰人过于程式化的进攻套路显然尽在索斯盖特毂中。德佩受伤离场也许是一个原因，但即使德佩在场上，情况也不会好多少。左冲右突的荷兰人总是陷入重重围困，反倒是英格兰人以犀利的右路进攻不断威胁荷兰人的防线。整个上半场，我们都觉得下一秒英格兰就会反超比分。即使上半场不进球，下半场也会是英格兰的天下。

但是，只有看过球的人们才能知道，在足球场上，那种思维的惯性有多么不靠谱。你不能从上半场的表现推断下半场，甚至不能从前10分钟的表现推断后10分钟的。假如有一条曲线来描述一支球队的全场表现，那必定是一条上下起伏的线。我们看到，刚刚令人惊异无比的英格兰人迅速收敛了锋芒。半场过后，人们熟悉的英格兰回来了。同时收起上半场锋芒的，还有荷兰。显然，从比赛过程看，谁再进球，谁就差不多成了胜利者。对这一事实的担心导致了双方同时减速，但科曼的荷兰显然更吃亏，毕竟，在一场慢吞吞的比赛中，没有人比英格兰更会玩。当比赛进入了三狮军团的慢节奏，比"命硬"，谁能比得过索斯盖特？

也许我们确实该相信索斯盖特是"老奸巨猾"而不是"胆小如鼠"，因为在终场前他居然敢于作出一个极需要胆略的决定，同时换下全场表现优异的凯恩和福登！这给人的感觉是，英格兰不玩了，凑合过加时赛大家直接玩点球吧！但是，我们实在猜不到此后沃特金斯的绝杀是属于"命硬"还是"老奸"？但是，这一切真的发生了。比赛的最后1分钟，替补上场的沃特金斯接到同样替补上场的帕尔默的妙传，在对方禁区内打远角得手，帮助英格兰2：1绝杀。你可以说这是"命硬"，但也许该有个更好的说法，是"神机妙算"。

以结果论英雄，索斯盖特此前已经成了欧洲杯上最成功的英格兰教练。在索斯盖特执教国家队前，英格兰还从来没有进过欧洲杯决赛，对于欧洲杯决赛的认知，只能想象或者仰望。而今天闯入欧洲杯决赛，索斯盖特的球队已经追平了三狮军团在欧洲杯历史上的最佳战绩。其实，上一位带队达到如此高度的英格兰教练，就是3年前的索斯盖特。如此，英格兰成了历史上第四支能连续两届闯入欧洲杯决赛的球队，之前三队是苏联、德国和西班牙。继两位德国人舍恩和福格茨之后，索斯盖特成为第三位带队两次闯入欧洲杯决赛的主教练，他们的决赛成绩，都是一胜一负。如果这也成为一个规律，那就似乎预示着3年前品尝败果的索斯盖特，此次能够拿到英格兰队史上首座欧洲杯冠军奖杯。不知道那个时候，一众反对索斯盖特的人们，该说他"命硬"，还是"出色"？至少，我和儿子讨论之后，有些另外的想法，等决赛以后再聊吧。

技术流的胜利

2024 年 7 月 15 日　北京时间 03:00

西班牙 vs 英格兰

柏林奥林匹克体育场

　　欧洲杯决赛即将打响。从来不看足球的女儿听我和儿子谈得热闹，也决定半夜起来看球。有 3 个人同看决赛，看上去有点隆重。我和女儿专门出去买了啤酒和可乐，放在冰箱里冷藏起来。儿子还从网上订了一个大西瓜，切成小块也放冰箱里，权做下酒菜。因为周一还要上班，晚上的熬夜影响休息，我们 11 点就上床睡觉，把闹钟定到凌晨 2:40。比赛结束后还可以再睡两小时，庶几可以不影响第二天上班。革命生产两不误，此之谓也。

　　凌晨，我被儿子推醒，一看表，才 2:30。奇怪平时酣眠难醒的他何以能在闹钟响起前醒来，他的解释是，心里有惦记，就睡不踏实。我暗自惭愧，虽说球迷之龄已逾四十有二，但比起儿子这般，似乎还有差距。

　　以往独自看球，都是在被窝里用手机看。今天全家齐上阵，自然要在客厅里看电视。要说看球，电视的效果自非智能手机可比，但手机的优势在于随身携带，随时随处可看，但小屏看多了，眼睛不舒服。今日以大电视看，儿女作陪，伴以冰镇西瓜与啤酒，惬意之余，眼睛与口腹皆舒适。老子曰："五色令人目盲，五音令人耳聋，五味令人口爽，驰骋畋猎令人心发狂。"其实适度且有寓意所属，并不至于极端。老子没看过足球，无怪乎他只知其一，不知其二。

细察内心，在西班牙和英格兰之间，居然无所归属。儿子也如此，他本是英超曼彻斯特双雄的球迷，对英超痴迷如此，对英格兰也爱屋及乌。但此番杯赛上英格兰的表现，着实令人失望。而西班牙大放异彩，又有亚马尔少年英雄情感加持，儿子内心也彷徨起来。伊索的驴子，面对两捆相同的草料，结果饿死了。其实伊索不明白，草料不同才有选择，选择困难才会举棋不定。我们今日看球，面对西欧双雄，一个绚烂如漫天花雨，落英缤纷，一个简约如悠悠空尘，不着痕迹，两边如此不同之美妙，任谁也难以取舍。

赛前两队的世界排名对比，英格兰排第 4 位，优于西班牙的第 8 位，而在球员身价上，英格兰全队身价 15 亿欧元，是欧洲杯所有 24 强中身价最高的球队，大大高于西班牙的 9 亿欧元。英格兰队中拥有凯恩、福登、贝林厄姆等"亿元先生"，而西班牙的阵容中虽有莫拉塔、奥尔莫等球星，但无论身价还是名气都稍逊。显然，英格兰的阵容更强。但是从晋级过程来看，与英格兰前 6 场比赛常规时间踢了 4 场平局，两场淘汰赛踢到加时赛相比，西班牙是直接 6 连胜晋级到决赛，应该说西班牙的表现和状态更好。

比赛开始后，正如球迷们所预料的那样，西班牙队很快通过精妙的传控占据了场上优势。他们的进攻，基本上是通过小团队配合冲击英格兰左右两个肋部区域，拉开空当后，或者直接在肋部由左侧的威廉姆斯或者右侧的亚马尔传中，或者反插底线，在近球门处由后面插上的两个边后卫库库雷利亚或者卡瓦哈尔传中，中间则由中锋莫拉塔或者抢点射门，或者作为支点，掩护"影子前锋"奥尔莫射门得分。当然，威廉姆斯、亚马尔自己也有摆脱后射门的能力。欧洲杯 24 强中，西班牙是进攻手段最为丰富的球队。在我看来，这与西甲的联赛技术风格，特别是皇马、巴萨两强的技战术风格是一脉相承的。

相比较，英格兰虽然大牌云集，但他们的打法却是典型的防守反击。只要后场得球，就会迅速通过中场，然后边路传中。如果对方有空当，那就以低平球传入禁区，伺机射门，如果对方布防严密，那就传出高空球，中路抢点头球攻门或者组织二次进攻。与西班牙令人眼花缭乱的配合相比，英格兰的打法更为简练。

由于双方实力上的差距，刚开场基本就形成了西班牙主攻、英格兰主守的局面。在控球率上，西班牙一度达到78%，很难想象这是两支势均力敌的顶级球队打出来的数据。英格兰只能在后场加大防守密度，扎紧篱笆，严防死守。而西班牙人虽然控制了比赛，但他们也忌惮贝林厄姆、福登乃至凯恩这些巨星所拥有的快速防反能力，所以并不一味地提升节奏，而且像钓鱼者遛鱼一样，不紧不慢地控制皮球，等待对方犯错误。有时甚至传回后场乃至门将，吸引英格兰人压上来，从而找到更大的空当。尽管他们制造了不少射门机会，但大多是禁区前的远射，对英格兰队的球门没有构成太大的威胁。

随着比赛的进行，英格兰队渐渐放开了手脚，一改前期几乎放弃中场的被动局面，努力加强中场拼抢。对于西班牙队的传控打法，这种加强中场拼抢硬度的办法是有效的应对。这种情况下，英格兰反击机会显著增多，竞争格局也由一边倒变成互有攻守。但由于西班牙队后卫对英格兰前锋传球线路的封锁，英格兰并没有形成有威胁的射门。双方尽管在中前场各有精彩配合，场面热闹，但都缺乏禁区内的有力一击。上半场，双方握手言和。

下半场，西班牙作出换人调整。上半场表现出色的16号罗德里因伤无法坚持比赛，对位换上18号祖比门迪。一开场，西班牙人就主动改变进攻节奏，宁可牺牲部分球权，也要努力打对方的措手不及。这一主动求变收到明显效果，英格兰队的防守开始左支右绌。第47分钟，西班牙前场右路进攻，14号拉波尔特斜传中场右路的8号鲁伊斯，鲁伊斯不停球外脚背传给大禁区边缘的亚马尔。亚马尔得球后横向带球杀入禁区，瞅准空当传向禁区左侧，无人盯防的威廉姆斯高速插上，在对方后卫回防前一记捅射打远角攻破了英格兰球门。1：0！西班牙率先取得领先。

进球后的西班牙队士气大振，一度形成围攻英格兰大门之势。刚刚打入一球的威廉姆斯更加活跃，频频在左路制造威胁。刚过2分钟，威廉姆斯在禁区外发炮，被英格兰后卫挡下，禁区内的奥尔莫截获皮球射门，球稍稍偏出右门柱，差一点再次攻破英格兰队的城池。

索斯盖特眼见形势不好，果断作出换人调整。上一场对荷兰，索斯盖特就在下半场刚过半的时候换下主力前锋凯恩、福登组合，对位换上帕尔默、沃特金斯组合，结果帕尔默妙传沃特金斯，绝杀了荷兰。此番索斯盖特如法炮制，又一次换下凯恩和梅努，换上帕尔默和沃特金斯。令人难以置信的是，这一调整又一次收到奇效。在第73分钟，英格兰得到反击机会，萨卡右路带球内切到对方禁区内，再传球给中路的贝林厄姆，贝林厄姆再回敲给后点的帕尔默，无人盯防的帕尔默左脚射门，守门员反应不及，皮球蹿入远角，1∶1！英格兰扳平了比分。占尽大半场优势，差点就扩大了比分的西班牙又和英格兰回到了同一起跑线。

此时英格兰的士气也提升起来了。他们开始连续发动快速反击，威胁西班牙的球门。而西班牙的球员由于连续攻防转换造成体能下降，前面表现出来的默契配合也多次出现失误，场上反而出现西班牙比较被动的局面。西班牙教练员及时调整，先是换下中路作用不大的莫拉塔，对位调整为奥亚萨瓦尔，随后由纳乔对位换下中后卫勒诺尔芒，力图加强进攻。比赛最后10分钟，双方都努力加快进攻节奏，仿佛提前商量好不想打加时赛一样，都希望在90分钟内解决战斗。尽管英格兰人的进攻打得有声有色，但还是西班牙人笑到了最后。第86分钟，仿佛奇迹般的一次进攻中，西班牙前场进攻将皮球打到左路，库库雷利亚接球后传到禁区内，替补上场的奥亚萨瓦尔插上射门得手，2∶1！西班牙再次领先，射入了一个可以称为"准绝杀"的进球。

这时，就用得着我们已经听得非常熟悉的一句话——"留给英格兰队的时间不多了"。索斯盖特调兵遣将，撤下全场表现优异的福登，换上中锋伊万·托尼，力图以最简明的长传冲吊挽回败局。尽管时间不多，英格兰人还是创造了几次有威胁的射门。但西班牙人众志成城，严防死守，直到补时时间到，双方均未能改写比分。随着法国主裁判一声哨响——法国人甚至没多给英格兰人哪怕一秒钟——比赛结束了，西班牙队获得了本届欧洲杯的冠军。

这是一个名副其实的冠军。西班牙人从小组赛的头一场开始，七战七胜夺取了最后的胜利。这是大多数世界大赛冠军都没做到的事。卡塔尔世界杯的冠军阿根廷队不仅首场输球，还打了两场点球大战。像这样七战七胜夺得大赛冠军的案例，还要追溯到2002年，巴西队在日韩世界杯上也是这样夺得冠军。另一个值得骄傲的是，

西班牙队主力后卫 24 号马克·库库雷利亚

西班牙成为欧洲杯历史上夺冠最多球队，球迷疯狂庆祝

西班牙人以 4 次欧洲杯冠军的成绩，超过 3 次夺冠的德国队，独享"欧洲杯夺冠次数最多"的荣誉。这是他们应得的光荣。纵观全场比赛，他们进攻 105 对 80，危险进攻 51 对 36，控球率 65％对 35％，射门 16 对 9（其中射正球门 6 对 4），整个数据全面压倒了英格兰。最重要的是，西班牙人以他们非凡的成绩和历程，向世界展示了现代足球的巅峰水准。因为有西班牙这样的技术流存在，我们对足球的前景充满信心。

数字欧洲杯

● **2024 年欧洲杯最佳阵容（4-3-3 阵型）**

门将：马马达什维利（格鲁吉亚）

后卫：基米希（德国）、阿坎吉（瑞士）、格伊（英格兰）、库库雷利亚（西班牙）

中场：奥尔莫（西班牙）、罗德里（西班牙）、法比安·鲁伊斯（西班牙）

前锋：亚马尔（西班牙）、加克波（荷兰）、尼科·威廉姆斯（西班牙）

● **进球**

本届欧洲杯共打进 117 球（其中 10 粒乌龙球），平均每场比赛进 2.3 球，每 39 分钟打进 1 球。一共有 85 名球员在本届欧洲杯取得进球，其中打进 3 球的共有 6 人，打进 2 球的共有 10 人，打进 1 球的共有 69 人。

●平局

本届欧洲杯出现了 17 场平局，其中有 14 场平局诞生于 36 场小组赛中，也难怪本届欧洲杯的小组赛遭到球迷广泛吐槽。另外还有 3 场平局出现在淘汰赛中，分别是葡萄牙 0：0 斯洛文尼亚，葡萄牙 0：0 法国以及英格兰 1：1 瑞士。

●欧洲杯最佳球员

罗德里（西班牙）

●欧洲杯金靴

本届欧洲杯金靴破天荒由 6 名运动员共享，他们是：加克波（荷兰）、凯恩（英格兰）、米卡乌塔泽（格鲁吉亚）、穆西亚拉（德国）、奥尔莫（西班牙）、施兰茨（斯洛伐克）。他们均打入 3 球。

●欧洲杯助攻王

亚马尔（西班牙）4 次助攻

●欧洲杯最佳年轻球员

亚马尔（西班牙）

●欧洲杯进球 TOP5 球队

1. 西班牙 7 场比赛进 15 球

2. 德国 5 场比赛进 11 球

3. 荷兰 6 场比赛进 10 球

4. 瑞士 5 场比赛进 8 球

   土耳其 5 场比赛进 8 球

5. 英格兰 7 场比赛进 8 球

●欧洲杯射门王 TOP5

1. 姆巴佩（法国）24 脚射门进 1 球

2. C 罗（葡萄牙）23 脚射门进 0 球

3. 哈弗茨（德国）19 脚射门进 2 球

4. 凯恩（英格兰）18 脚射门进 3 球

5. 亚马尔（西班牙）18 脚射门进 1 球

●欧洲杯最佳纪录 TOP5

欧洲杯历史最年轻进球球员纪录：亚马尔（16 岁 362 天，西班牙 2 ：1 法国）。

欧洲杯历史全胜夺冠纪录：西班牙队，7 战全胜夺冠，成为一支欧洲杯历史唯一 7 战全胜夺冠的球队。

欧洲杯历史最年长出场球员纪录：佩佩（41 岁 130 天）。

欧洲杯历史最快进球纪录：巴伊拉米（23 秒，阿尔巴尼亚 1 ：2 意大利）。

欧洲杯历史点球大战三连扑纪录：迪奥戈 – 科斯塔（葡萄牙点球 3 ：0 斯洛文尼亚），他是第一位在欧洲杯点球大战中不失球的守门员。

●欧洲杯最佳进球 TOP5

1. 贝林厄姆（英格兰）　八分之一决赛　英格兰 2 ：1 斯洛伐克　第 90+5 分钟

2. 亚马尔（西班牙）　半决赛　西班牙 2 ：1 法国　第 21 分钟

3. 居莱尔（土耳其）　小组赛　土耳其 3 ：1 格鲁吉亚　第 65 分钟

4. 奥亚萨瓦尔（西班牙）　决赛　西班牙 2 ：1 英格兰　第 86 分钟

5. 斯坦丘（罗马尼亚）　小组赛　罗马尼亚 3 ：0 乌克兰　第 29 分钟

美洲杯开幕

美洲杯 2024

CONMEBOL Copa América

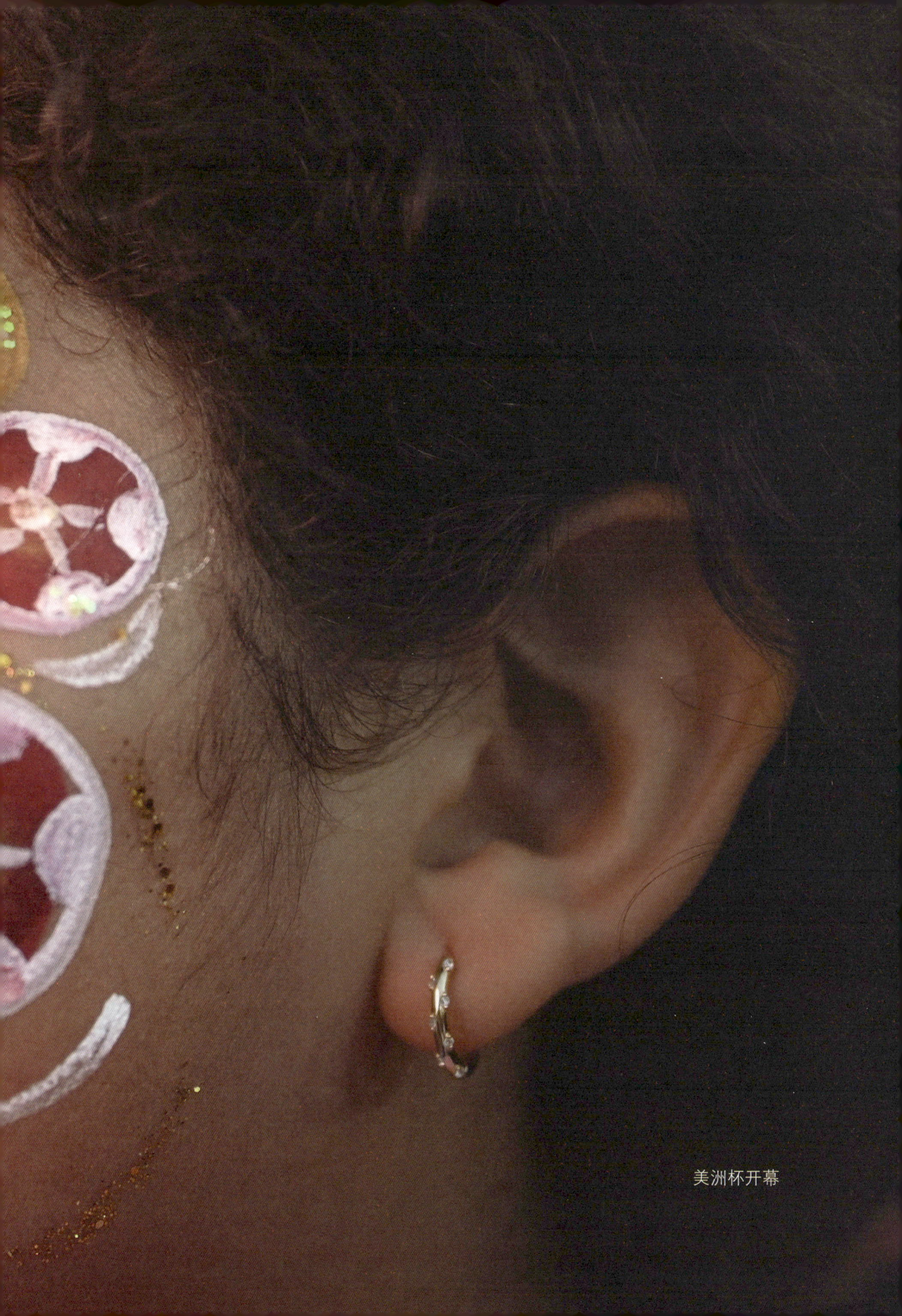

美洲杯开幕

美洲杯开幕

谈谈美洲杯

　　就在欧洲杯硝烟正起，欧罗巴各路诸侯杀得难解难分之际，也有一个笑话悄悄流传。据说有两个"资深"球迷，结伴看了几天比赛，被精彩场面吸引，几乎流下口水。其中一位突然有所感悟，若有所思地说："你看，没有梅西吧？我早就说他不行了！"另一位也很吃惊："啊，不可能吧？这么大的比赛，姆巴佩也有，C罗也有。怎么能没有梅西？梅西呢？"

　　是啊，梅西哪里去了呢？原来，他去参加美洲杯了。

　　今年也是美洲杯举行之年。这是我年初就知道的。但从年初开始，各大媒体关于欧洲杯的宣传就铺天盖地，以至于几乎让人忘了今年还有美洲杯。我是等欧洲杯开幕以后，在看某一场球的时候突然反应过来，美洲杯是什么时候开始比赛呢？本来的设想，是欧洲杯结束以后，再专门安排时间看美洲杯。但到网上一查，惊讶地发现，美洲杯是 6 月 21 日开始，到 7 月 15 日早上 8 点最后一场比赛，而欧洲杯是 6 月 15 日开始，7 月 15 日凌晨 3 点最后一场比赛。这就是说，欧洲杯和美洲杯不仅有 24 天的时间是重叠的，而且，最后的决赛也仅仅差几个小时。对于一个球迷来说，这种安排好的一面是有密集的球看，坏的一面是看球太密集。极端情况下，也就是从 6 月 21 日开始，到欧洲杯小组赛 6 月 27 日结束那一天，假如一个球迷既想看欧洲杯，也想看美洲杯，并且不落下一场比赛，那他每天至少要看 6 场球，除了下午 2 点到晚上 8 点之间可以睡个觉，其他的时间几乎就在屏幕前！

这是一种难以再现的享受，也是一种无法承受的折磨。

至于南美洲足球联合会为什么要这样安排美洲杯的时间和赛程，我一时得不到确切的信息。事实上，由于美洲杯的时间安排经常出现那种不按我们习惯的 4 年一届来的情况，球迷们也是多次诟病的。然而情况似乎并没有实质性的改善，反而引起一部分人对这种更为随性的赛制的赞许。或许，我们应该先简要地回顾一下美洲杯的历史。毕竟，先搞清楚"是什么"，才好判断"对不对"。

美洲杯是一项由南美洲足联成员国参加的国家级足球赛事，赛事前身为南美足球锦标赛，亦是全世界历史最悠久的国家级足球赛事。前面讲过，该比赛由南美洲足联主办，开始时每年举办一次，1927 年后不定期举行，到 1959 年开始每 4 年举行一届赛事。截至 2021 年，已经举办 47 届美洲杯。2023 年 1 月 27 日，南美洲足联宣布 2024 年美洲杯将在美国举行。

值得注意的是，从赛事本身的内涵来看，美洲杯仅仅是南美洲足联的赛事，并非涵盖整个美洲。有时我们看到墨西哥甚至日本等非南美国家派队参赛，那是因为这项赛事一直有一个"光荣传统"，就是每届可以邀请部分非南美国家参赛。人们可能也注意到，不仅非南美国家能够对阵，非南美国家甚至可以承办赛事。你看，本届美洲杯就不是在南美洲而是在位于北美洲的美国举办。

首届美洲杯举办于 1916 年（相比较首次举办于 1956 年的亚洲杯、1957 年的非洲杯和 1960 年的欧洲杯，是不是美洲杯才配得上"历史悠久，底蕴深厚"），是全世界历史最悠久的足球赛事。这一年的 7 月 2 日至 17 日，为庆祝国家独立 100 周年，在当时的阿根廷总统伊里戈延的倡议下，阿根廷举办了首届南美足球锦

标赛。除了东道主阿根廷，当年还有智利、乌拉圭和巴西参赛。以后，美洲杯足球赛由南美洲 10 支实力最强的国家队参加，是南美洲最高水平的比赛。比赛由南美洲足联主办，开始时每年举办一次，1927 年后不定期举行，到 1959 年以后，改为每 4 年举办一次。但也经常会因为某些原因变更时间。1975 年，南美足球锦标赛更名为美洲杯（而欧洲杯实际上至今还叫"欧洲足球锦标赛"，欧洲杯只是一个习惯性的叫法）。2021 年 7 月 11 日，阿根廷队 1：0 战胜巴西队，获得最新一届美洲杯冠军。截至这一年，乌拉圭队和阿根廷队都是 15 次夺冠，巴西队 9 次夺冠。虽说南美足协组织的美洲杯有时也会放在美洲之外举行，但多数情况下，还是由美洲国家"自己的事自己做"。由于时间悠久，南美洲就那么几个国家，所以很多国家都是多次举办。据统计，阿根廷举办过 9 次，智利和乌拉圭各举办过 7 次。

1993 年后，美洲杯赛邀请了墨西哥和美国参赛。1999 年，因美国队的退出，于是邀请了日本队。2018 年 10 月 26 日，国际足联批准了美洲杯自 2020 年起每 4 年举办一届的提议。似乎是为了珍惜最后的"随意"，在 2019 年举办了下一届美洲杯，东道主是巴西。在巴西美洲杯之后，2020 年还将举行美洲杯，美洲杯自此正式改成 4 年举办一次。

美洲杯的竞赛组织形式是 12 支球队分 3 组进行分组赛（ABC 三组），每组 4 队，各组采取单循环制，胜者得 3 分，平者各得 1 分，负者得 0 分，每组前 2 名及 2 支最佳成绩第 3 名球队将晋级四分之一决赛。由八强至决赛均以一场决胜负，法定时间 90 分钟战平，无须加时 30 分钟，直接互射点球决胜负。从 2011 年起，改为法定时间 90 分钟战平，须加时 30 分钟，再战平才互射十二码点球决胜负。

2024 年美洲杯是第 48 届美洲杯，由南美洲足联和北中美及加勒比地区足球联会共同主办，计划于 2024 年 6 月 20 日—7 月 14 日在美国举办。本次美洲杯原本由厄瓜多尔举办，但在 2022 年 11 月，厄瓜多尔放弃举办赛事。2023 年 1 月 27 日，由于南美洲足联与北中美及加勒比地区足球联会达成新战略伙伴关系，美国便接过了主办权。本次比赛增加了 4 支队伍，也就是共有 16 个国家参赛，其中 10 支队伍来自南美洲足联，6 支来自中北美及加勒比海地区。2024 年 5 月 17 日，美国美洲杯官方宣布，本届美洲杯每支球队最多可报名 26 名球员参加比赛，但比赛日替补席上各参赛队的成员最多仍为 23 人，包括代表团的球员和教练组成员。2023 年 11 月 21 日，南美洲足联宣布，2024 年美洲杯的揭幕战在亚特兰大举行，决赛在迈阿密进行。

本届美洲杯的 16 个参赛队伍是：A 组：阿根廷、秘鲁、智利、加拿大；B 组：墨西哥、厄瓜多尔、委内瑞拉、牙买加；C 组：美国、乌拉圭、巴拿马、玻利维亚；D 组：巴西、哥伦比亚、巴拉圭、哥斯达黎加。

北京时间 6 月 21 日上午，本届美洲杯的首场比赛由卫冕冠军阿根廷对阵加拿大，经过一场激战，最终，阿根廷以 2∶0 胜。在今后的 25 天内，我们将通过代表美洲最高水平的其他 31 场比赛，欣赏足球在另一个大陆上的美好时刻，见证一个新的美洲冠军的诞生。

这很辛苦，但也很值得。

静悄悄的揭幕战

2024 年 6 月 21 日　北京时间 08:00

阿根廷 vs 加拿大

佐治亚州亚特兰大梅赛
德斯奔驰体育场

　　这场 2024 年美洲杯的揭幕战似乎没有引起太大的反响。毕竟，在同一个时间段内，欧洲杯正在如火如荼地激战，剧情已经相当火爆。但事实上，真正的球迷会相当看重这场跨越大西洋的足球盛宴，不仅因为世界冠军阿根廷和他们的精神领袖梅西要出场，更重要的是，这场球标志着一个新的开端。

　　以往我们谈论美洲杯的时候，其实它真正的内涵是南美杯，偶尔会邀请一两支北美的球队捧个场。但从这一届开始，南美洲足球联合会和北中美及加勒比地区足球联会联袂举办美洲杯，南美 10 支球队参加，北美 6 支球队参加，这就把原来名不副实的美洲杯做成了真正的美洲杯。你看，首场比赛的对阵双方，一边是南美洲的阿根廷，一边是北美洲的加拿大，看美洲地图，一个在最南，一个在最北，把新的美洲杯演绎得无比充分。套用过去常说的一句话就是：两个队开始比赛是一小步，但背后的改革却是一大步。试想，我们观看这场比赛，等于见证了美洲足球的一次重大变迁。这意义难道不比一场欧洲杯的比赛——即使是法国对荷兰这样的比赛——重要得多吗？

阿根廷队主力前锋 10 号梅西

阿根廷的正式国际比赛不能算少，既包括美墨加世界杯南美地区选拔赛，也包括这次美洲杯。但毕竟梅西已经是 37 岁高龄，他的比赛是看一场少一场了。因而，从这个意义上讲，不管欧洲杯如何如火如荼，美洲杯却是非看不可的。

看出场阵容，阿根廷基本保持了卡塔尔世界杯时的那套阵容，世界杯决赛时的出场队员，仍有 8 人出现在本场首发中。其他的，也仅仅因为比赛的针对性需要，从世界杯决赛的替补阵容进入了本场首发阵容而已。阿根廷人显然非常希望拿下本届美洲杯，毕竟，他们虽然拿过 15 次美洲杯，但主帅斯卡洛尼和梅西也都仅仅拿过一次而已。另外，这次的机会比以往任何一次都好，苦主智利今不如昔，不大可能对如日中天的阿根廷形成大的威胁，即使他们有幸打入决赛，阿根廷也正好能借此一雪前耻。而老对手巴西显然正值低迷，他们内部出了很多问题，连世界杯预选赛都连战连败，而且，内马尔也因伤不在阵中。只要阿根廷自己不出问题，其他队伍很难从实力上撼动他们。看来，只要做好自己的事情，别出大的问题，天时地利人和都有利于阿根廷夺冠。精明的美国人把决赛的地点选在迈阿密，显然已经预设了阿根廷是决赛一方的剧情。梅西在迈阿密已经有了非凡的影响力，只要阿根廷打入决赛，还怕这次比赛没有一个好的市场回报？

加拿大队同样基本沿用了两年前卡塔尔世界杯的阵容。世界杯上，加拿大实力平平，三战三负，进了 2 个球，丢了 7 个球，看战绩也仅比中国队参加世界杯时略强。以这样的阵容打阿根廷，只要阿根廷人自己不犯错误，加拿大人不会有多少机会。揭幕战就遭遇强敌，对他们来说其实是件好事。因为鉴于两年前的经验，阿根廷肯定会打得谨慎些，即使赢加拿大，也不大可能猛追穷寇，让加拿大背上一堆负净胜球。在本组的 4 个队中，加拿大世界排名最低。他们应该有这样的自知之明。

比赛就是在这样的背景下开始的。看台上涌入了数万名观众，现场气氛较之欧洲杯最热闹的场面也不遑多让。毕竟，梅西的市场号召力还是无人能及的。

比赛开始后，双方都在有意识地放慢节奏打控制，阿根廷是不着急赢，加拿大是晚一会儿输。双方默契了十几分钟之后，速度就逐步提了上来。其实加拿大也并非一味死守的菜鸟，他们通过几次反击还真是打出阿根廷一身冷汗，如果不是前锋射门过于拘谨，也许他们还是先进球的一方。但随着时间推移，比赛的节奏还是掌

握在梅西的手里。上半场双方踢成了0：0，也算是一种礼貌的试探。下半场刚开场，梅西策动进攻，麦卡利斯特持球疾进，就在门将扑上来的一瞬间，他机敏地将球拨给右路插入禁区的阿尔瓦雷斯，后者打空门得手，阿根廷取得了领先。接着他们还有两次通过精妙配合和前场反抢创造机会，造成了梅西的单刀，但梅西都很遗憾地将球打丢。一直到比赛的最后，梅西看准时机直传劳塔罗，后者巧妙地将球通过门将的小门打入大门。阿根廷就以2：0的比分兵不血刃地战胜了加拿大，兑现了策划中的3分。

从全场的情况看，梅西虽然打满全场，但状态不是特别好。对于阿根廷来说，这是唯一需要担心的事。当然，梅西也有非常大的调整空间，等到了淘汰赛阶段，我想他会有一个更好的状态的。毕竟，多少年来，别人眼中的关山飞渡，对他而言就是闲庭信步。

不进球是足球之觞

2024 年 6 月 22 日　北京时间 08:00

秘鲁 VS 智利

德克萨斯州阿灵顿
AT&T 体育场

按照 2023 年末的国际足联世界男足排名，秘鲁和智利分别排在第 35 位和第 40 位。单看这次美洲杯的参赛队伍，他们分别排在第 8 和第 9 位，正好在中游。对照最近 10 年来，我们对南美足球的印象，秘鲁基本吻合，但智利略感意外。在我的印象中，智利一直是南美足球的一支劲旅。在拙作《我看世界杯：一部世界足球的当代史》中，我曾经这样评价南美足球：

乌拉圭一直被列为南美三强，我私下里觉得，其实该是两雄加三强，两雄自然是巴西和阿根廷，三强则是智利、乌拉圭和哥伦比亚。

这差不多表明了我对南美足球竞争态势的看法，甚至认为智利是可以排在乌拉圭之前的。这当然有个缘由：在梅西率领阿根廷队夺取上届美洲杯冠军之前，他们曾经两次打入最后的决赛，而阻挡他们最后登顶的，都是同一支球队，那就是智利队。虽说历史上两队交手 66 次，阿根廷取得了 44 胜 19 平 3 负的压倒性成绩，但 2015

年和 2016 年两届美洲杯决赛，都是智利在点球大战中战胜阿根廷，阻止了梅西实现首获美洲杯的愿望。有人说点球大战具有一定的偶然性，但能和阿根廷在决赛中相遇，这本身就说明了智利的实力。然而 2016 年以后，智利足球似乎就在逐步走下坡路，不仅两届世界杯都未能进入决赛阶段，世界排名也逐年下滑。我查了一下，智利的下滑速度令人吃惊：

2016 年　第 4 位

2017 年　第 10 位

2018 年　第 9 位

2019 年　第 16 位

2020 年　第 17 位

2021 年　第 19 位

2022 年　第 28 位

2023 年　第 40 位

这几乎就是一个断崖式的下跌。究其原因，也和我们看到的许多强队风光不再原因相似，黄金一代球员纷纷退役，而后继力量远远赶不上前人。从 2022 年智利征战卡塔尔世界杯预选赛的队伍中我们还能看到智利 38 岁的布拉沃、34 岁的比达尔、34 岁的梅德尔、33 岁的伊斯拉、33 岁的桑切斯。而在 12 年前的 2010 年南非世界杯，这几位球员，就已经是当时智利阵中的主力，事实上也就是智利足球黄金一代的代表。也就是说，这样一批横空出世的优秀球员整整用了将近 15 年，为智利足球带来无限荣誉，但现在，等他们黯然退场的时候，智利足球就"落花流水春去也，天上人间"了。

而与智利对阵的秘鲁，倒是稳定在一个相对较低的水平上，既没有大的起色，也没有断崖式下跌。

这样两支球队的交锋，由于技战术水平有限，加上南美足球甚至成为一种风格的粗野，导致双方的比赛动作极大，犯规不断，场面火爆，但激烈有余，精彩不足。

双方都没有相对成熟的进攻套路能将球传入对方的禁区。整场球看下来，"瘦死的骆驼比马大"的智利仍然略占上风。但看数据，这个上风也仅仅体现为控球率65％对35％，其他，进攻98对102，危险进攻33对34，都显得旗鼓相当。虽然智利的射门数以11次对7次领先于秘鲁，但秘鲁有4次射正球门，智利却只有1次。从战术的有效性看，秘鲁反而好于智利。最终双方都未能敲开对方的球门，以0：0收场。

　　这种攻无力的状况令人担忧。如果说第一场阿根廷对加拿大没有进更多的球是战术使然，而智利对秘鲁这一场则是进攻乏力。这是令人担忧的倾向。毕竟，从直观上看，如果有一个因素能够真正地摧毁足球，那就是不进球——就好比，如果有一个因素能够摧毁人类，那就是年轻人都不要孩子。

一切皆有可能

2024 年 6 月 23 日　北京时间 06:00

厄瓜多尔 vs 委内瑞拉

**加利福尼亚州圣克拉拉
李维斯体育场**

在看这场球之前，我对厄瓜多尔有些了解，主要因为厄瓜多尔曾 4 次打进世界杯决赛阶段，并且进过一次十六强，总的看来表现平平。能给人留下深刻印象的是他们参加卡塔尔世界杯，在揭幕战中出场，并战胜了东道主卡塔尔。那场比赛有一个有争议的越位判罚，让我记忆犹新。他们的头号球星瓦伦西亚，就是那个在揭幕战中实现了进球帽子戏法（可惜其中一个被判越位）的光头球星。后来他们还踢平了荷兰，可惜在关键一战中输给了塞内加尔，在只有前两名才可以出线的世界杯赛场上，获得小组第三，未能重现 2006 年打入十六强的辉煌。这次参加美洲杯，他们的阵容有一些调整，但卡塔尔世界杯时的主力阵容，还有一半以上出现在了对委内瑞拉的比赛阵容之中。

而对委内瑞拉，我就不那么熟悉了。过去也曾多次看过这支队伍的比赛，但基本是看阿根廷或者巴西对他们，他们只不过是强队的背景板。事实上，似乎也不曾记得，委内瑞拉不甘当背景板，揭竿而起赢上一场。他们国家队的国际足联排名是第 50 位，大大低于处于第 32 位的厄瓜多尔。如果让我预测双方比赛的结果，一定是猜厄瓜多尔胜利。

但是，这场比赛最终是实力稍弱的委内瑞拉获得了胜利。而这场胜利的缘起，始于上半场第 20 分钟厄瓜多尔头号球星恩纳·瓦伦西亚在对方禁区内的一次恶劣犯规。看比赛就能知道，那是一个粗野无比的蹬踏，完全可能造成对方球员受到重伤。主裁判第一时间向恩纳·瓦伦西亚出示黄牌，随后 VAR 介入，主裁判作出改判，直接向恩纳·瓦伦西亚出示红牌将其罚下。尽管后面的比赛过程仍有曲折，但可以说，就是这个粗暴而轻率的犯规，导致了厄瓜多尔最后的失败。

当然，厄瓜多尔尽管少一人，但在上半场还是显示了强大的攻击力。第 40 分钟，他们开出前场任意球到禁区内，委内瑞拉球员解围失误，萨米恩托迎球抽射破门，厄瓜多尔取得了领先。

双方易边再战，随着时间的推移，厄瓜多尔少一人的麻烦开始显现出来——那就是体能的下降要快于对手。渐渐地，委内瑞拉开始掌握比赛的主动权。第 65 分钟，委内瑞拉右边锋隆东在对方禁区内接队友开出的界外球，随后回敲，下半场替补上场的前锋 9 号贾德尔迎球推射破门，委内瑞拉将场上比分扳成 1∶1。

但是，厄瓜多尔的噩梦还没有结束。第 75 分钟，委内瑞拉前场右路将球斜传到禁区内，又是隆东头球攻门，球被门将扑出，同样是下半场替换上场的 25 号贝洛跟进补射破门，委内瑞拉反超了比分。虽然我们不能说这是一个冷门，但毕竟，实力较弱小的一方战胜更强大的一方，还是能够带给人们更多的惊喜。你看，从牧野之战到官渡之战，从淝水之战到赤壁之战，人们总是更能记住那些以弱胜强的著名战例。

这是美洲杯 B 组的一场较量。对于胜利的委内瑞拉而言，如果他们能再战胜实力较弱的牙买加，就有可能以两战积 6 分的成绩挤掉厄瓜多尔闯入八强。而厄瓜多尔则因此战失利而陷入被动，即使他们战胜牙买加，也必须要挑战并取胜更为强大的墨西哥才有机会，这是很大的一个困难。而且，他们的头号射手瓦伦西亚还要因为禁赛，不能出现在第二场比赛的阵容中。这让我们禁不住感叹，一些优秀的人最终未能成功，也许仅仅是因为年轻时走错一步路而已。

不过，一切皆有可能，在足球场上，这句话不仅仅是可能，还是常态。

取胜比参加更重要

墨西哥 vs 牙买加

德克萨斯州休斯顿
NRG 体育场

对于中国球迷而言，墨西哥对牙买加的这场比赛，处于最佳观看时间段——星期天上午 9 点。你看，即使有人熬夜看了欧洲杯，9 点钟起来看球，也不是过于痛苦的事情。而且，中央广播电视总台转播这场比赛。我是看了两场无声球赛，又对照了阿根廷和墨西哥这两场有解说的情况，才猜测出央视安排。由于欧洲杯和美洲杯同时开战，解说员就不足了。这样，更受欢迎的欧洲杯就成了重点，场场直播，场场解说。而美洲杯则做不到如此，只能"场场直播，部分解说"。阿根廷当然有此待遇，而随后的智利、秘鲁、厄瓜多尔和委内瑞拉则没有。墨西哥对牙买加这场解说重新出现，显然，这一定是因为墨西哥，而不大可能是因为牙买加。

在由墨西哥、牙买加、厄瓜多尔和委内瑞拉 4 队构成的小组里，按照实力排名，当是墨厄委牙这样的次序。实力最强、志在出线的墨西哥，曾经 11 次参加美洲杯（墨西哥地处中美洲，经常受邀参加），拿过两次亚军。这次作为种子队参赛，头一场对阵实力最弱的牙买加，墨西哥的目标，恐怕平了就是输。如果连小组中最弱的对手都不能拿下，后面如何面对厄瓜多尔这样相对更有冲击力的强敌？

　　由于个人事务的缘由，我只看了这场比赛的下半场（不过，上半场看了部分回放）。这场球给我最大的感受就是，现场的欢呼声、呐喊声和加油助威声震耳欲聋。据我分析，墨西哥和牙买加离美国不远，这两个国家的球迷，自然都涌到了比邻而居的德克萨斯——我猜想美国人把墨西哥和牙买加的比赛安排在德克萨斯，一定有刺激体育旅游的目的。现在全世界都这么玩，美国人差不多是始作俑者。他们人文古迹很少，吸引游客，没办法像我们一样动辄五千年文明，只好另辟蹊径，以体育赛事引流，赚球迷的钱。从现场宏大的气势，也能猜得出美国人一定赚得盆满钵满。

　　另一个强烈的感受，就是整场下来，墨西哥几乎把一场比赛整成他们请来一个陪练的"半场攻防演练"。看数据，进攻 131 对 83，危险进攻 50 对 39，控球率61％对39％，射门 20 对 11，射正 9 对 4。如果这些数据还不足以说明"半场攻防"，那就看看下半场的一边倒，攻防演练尤其明显。重要的是，尽管双方有 31 脚射门，射正球门也有 13 脚，但最终的比分却只有 1∶0。显然，从场面的观察也可以看出，双方较多的射门都是对方禁区外机会不是太好的远射。对比欧洲杯，解决类似这样破密集防守，墨西哥的办法要更多一些。

　　全场唯一的进球发生在下半场第 69 分钟，墨西哥左后卫 6 号阿尔蒂加在左路禁区边上重炮施射，打入了全场唯一的进球。对于球迷而言这多少有些令人失望，但对志在必胜的墨西哥，这已经是一个理想的结果。可能对于所有参加大赛的队伍而言，他们的小九九都与奥运格言相反，叫作"取胜比参加更重要"。

北美有强兵

2024 年 6 月 24 日 北京时间 06:00

美国 vs 玻利维亚

**德克萨斯州阿灵顿
AT&T 体育场**

　　有一个关于足球的问题：在 2023 年，美国和德国哪个国家的男子足球队成绩更好？我猜想，大概有多一半的人会回答德国。但如果我们找出权威答案，也就是国际足联每年年末公布的世界男足排名，上面赫然标明：美国队排在第 12 位，而德国队排在第 16 位。而且，不仅美国，还有乌拉圭、哥伦比亚、墨西哥 3 支美洲球队，排名都在德国之前。

　　当然，这并不是说，让德国队和美国队（或者乌拉圭、哥伦比亚、墨西哥等球队）赛一场球，后面的球队就一定能赢德国队。但反过来，如果美国队赢了德国队，你也不能觉得这是冷门。

　　这种事实有助于澄清我们关于美国足球的一些习惯性认识。中国足球队因为成绩不佳，经常会遭到人们的批评，此时，也会有人替中国队打打圆场说：一个国家不可能什么项目都好，中国有乒乓球、举重、跳水等优势项目，所以足球不好完全可以理解。然后——重点在这里——他们还可能会说：你看，美国是世界上体育最强大的国家，但他们的足球也不行嘛。事实上，美国是世界足球强国。2023 年底，把美国队放在欧洲可以排到第 9 位，放在美洲，可以排到第 4 位，放在非洲，可以排到第 2 位，而如果放在亚洲，那是妥妥的第 1 名。

昨天，2024 年美洲杯 C 组第一轮的两场比赛接连开战，头一场即是美国队对阵玻利维亚队。过去有个说法，叫作"南美无弱旅"。但玻利维亚就是南美洲国家，他们是美洲杯参赛队中为数不多的世界排名低于中国队的球队。如果有一个或者几个南美国家的世界排名低于中国队，那就不好意思说"南美无弱旅"了。有一些数据可以作为参考：2022 年世界杯足球赛 32 强的世界排名平均值是 22.8，今年欧洲杯 24 强的世界排名平均值是 26.4，而美洲杯 16 强的世界排名平均值是 38.5。显然如果我们要说"南美无弱旅"，不如说"欧洲无弱旅"。

这就差不多搞明白了，美国对玻利维亚，不是足球实力相当的两个国家队之间的比赛，而是一个强弱对话——也许，差距就类似于美国和玻利维亚的军事实力。如果要预测，几乎所有人都会预测美国队获得胜利。

事实上，美国队也几乎是兵不血刃地拿下了本场比赛。从双方排出的出场阵型就能看到，美国队排出的是攻击型的 4-3-3 阵型，门将 1 号特纳，两年前，他就是卡塔尔世界杯时美国队的门将，3 号理查兹、5 号罗宾逊、13 号里姆和 22 号斯卡利组成四后卫，4 号亚当斯、7 号雷纳和 8 号麦肯尼组成中场，而 10 号普利西奇则和 20 号巴洛贡、21 号维阿组成前锋线。这 11 名球员，全部来自五大联赛，其中半数以上来自英超。最大牌的球星自然是 AC 米兰的主力前卫普利西奇。而玻利维亚首发的 11 名球员，全部来自其国内联赛。

开场不久，美国队就控制了场上局面。第 2 分钟，美国左侧打出战术角球，主罚角球的普利西奇与队友在左侧做了一个配合，得球后内切两步，右脚兜出完美弧线破门，美国打出完美开局，以 1：0 领先玻利维亚。

随后的比赛，也是美国队控制了场上局势。看数据（美国队在前），进攻 118 对 77，危险进攻 58 对 23，控球率 61% 对 39%，射门 20 对 6（其中射正 8 对 3），角球 7 对 1，应该说，全面压制了对手。并且在上半场第 43 分钟，又是由普利西奇在反击中送出斜传，20 号中锋巴洛贡禁区左侧低射得手，美国扩大比分以 2：0 战胜玻利维亚，不出意外取得了首场胜利。

精彩是硬道理

2024 年 6 月 24 日　北京时间 09:00

乌拉圭 VS 巴拿马

佛罗里达州迈阿密
硬石体育场

　　北京时间 6 月 24 日上午 9 点，美洲杯小组赛 C 组第一轮乌拉圭迎战巴拿马的比赛正式打响。应该说，这又是一场不大可能产生悬念的比赛。毕竟，乌拉圭是整个美洲世界排名仅次于巴西、阿根廷的球队，而巴拿马的世界排名只处在第 41 位。乌拉圭曾经参加过 14 届世界杯的比赛，并且在 1930 年和 1950 年两次获得世界杯冠军，是著名的世界杯"冠军俱乐部"成员（全球一共只有 8 个国家）。而巴拿马历史上只是在 2018 年参加过一次世界杯，进了一个球，但没胜一场球。两队历史上也曾数次交手，基本上都是乌拉圭大比分获得胜利。

　　我对乌拉圭足球队的印象，主要来自几个不同时期的世界级前锋，包括国米前锋雷科巴、拉齐奥"灵猫"鲁本·索萨、2010 年世界杯大放异彩的迭戈·弗兰、巴黎圣日曼前锋"卡大佐"卡瓦尼，以及最为著名的"王子"弗朗西斯科和至今仍活跃在世界足坛、与梅西并肩战斗的"苏牙"苏亚雷斯。当然，在我心中最为重要的还是弗朗西斯科和苏亚雷斯，前者让我知道了乌拉圭足球，而后者让我喜欢上了乌拉圭足球。

乌拉圭队主力中场 4 号阿劳霍

此次苏亚雷斯也入选了乌拉圭国家队，我一秒钟不落地看完整场比赛，其实也想看看苏亚雷斯的风姿。但令人遗憾的是，苏亚雷斯并没有出现在乌拉圭队的首发名单之中，而且，下半场教练员换了好几个队员，却没给苏亚雷斯留哪怕一分钟的上场时间。显然，乌拉圭首发前锋们优异的表现，已经事实上剥夺了苏亚雷斯的出场机会。

我对巴拿马足球几乎一无所知，但仅仅从场面上看，比我想象的要好一些。而似乎应该更加强大的乌拉圭，并没有始终表现出压倒对手的绝对力量。如果要对全场比赛做一个不太准确的划分，可以说，一头一尾的两个 10 分钟大致是乌拉圭时间，而中间 70 分钟左右的时间是双方共有的，甚至巴拿马人在一些时段还占了上风。这强烈提示我们，知道了比分的结果去想象比赛的进程，往往不够准确，甚至与实际情况大相径庭。这也好比在社会上你不能完全按照一个人现有的地位去想象他的能力和努力。

乌拉圭人能赢得比赛，是因为他们有一个不错的开局。第 15 分钟，乌拉圭左路比尼亚斜传球给到 20 号阿劳霍，后者弧顶远射世界波破门，乌拉圭 1∶0 胜巴拿马。这个球，从边路传到阿劳霍脚下的时候，其实并不是一个绝对的射门良机，但阿劳霍以左脚内侧打出一记具有强烈旋转的弧线球，恰好越过对方守门员的防守半径，直挂球门右侧死角。这个球虽然不如梅西 2019 年对阵皇家贝蒂斯队时射入的那个入围普什卡什奖的精彩吊射，但球的飞行路径绝对有异曲同工之妙。显然，尽管足球是集体项目，但有时球员个人的绝对能力会起决定性的作用。

此后，双方互有攻守，乌拉圭人靠着他们几乎是千篇一律的右路进攻，不断威胁着巴拿马的球门。而巴拿马虽然有所顾忌，但还是投入更多进攻的兵力。一直到比赛进行到第 85 分钟，比赛的场面基本都是双方在中场附近的拉锯战，即使有时攻到禁区前沿，也难以形成有效的进攻。我甚至以为这恐怕就是比赛的结果了。

但是，乌拉圭人在第 86 分钟打入了杀死比赛的一球。因为上半场曾经屡失良机而一直渴望进球的利物浦前锋努涅斯终于迎来了他个人的高光时刻。乌拉圭人还是习惯性的右路 45 度传中吊向对方球门远角，位置不错的 20 号阿劳霍起跳抢点头球攻门，球被顶到对方后卫肩膀上反弹而起，候个正着的努涅斯不等皮球落地便凌

空怒射，球像闪电一样飞入巴拿马队的大门。他们等了整整 70 分钟，终于等来了第二个进球。

未曾料想，仅仅 4 分钟的补时阶段，双方好像打开了闸门一样，迎来了进球的狂潮。先是乌拉圭队 17 号左后卫比尼亚头球破门扩大比分，原以为大势已去的巴拿马人居然在比赛结束还有十几秒钟的时候，依靠一次神来之笔般的快速反击，由右前卫 23 号穆里略（马赛俱乐部队员，他也是全队唯一一个在五大联赛踢球的队员）兜射扳回一城。最终乌拉圭队以 3 ∶ 1 战胜巴拿马队取得开门红。

难得的是，这场比赛创造了本届美洲杯开赛以来的单场进球最多纪录，而且，4 个进球，各具特点，个个精彩。单从观赏的角度看，这是开赛以来最为精彩的比赛。因为有这样的比赛，我们还要继续努力把美洲杯看下去。当然，美洲杯的遗憾，就是这样的比赛太少。

J 罗的胜利

2024 年 6 月 25 日　北京时间 06:00

哥伦比亚 vs 巴拉圭

德克萨斯州休斯顿
NRG 体育场

　　每次看到哥伦比亚队（甚至不是对于其内容，而仅仅是这个名称），我的心里都会有些特殊的情感。在我的记忆中，这个国家的足球一直展现着一种颇为另类的样貌，从一个意义上你可以说，那是最好的足球，华丽、细腻，充满想象力，让人如痴如醉地欣赏甚至沉醉；而另一个意义上，你也可以说那是最差的足球，从战术效果上看，华而不实，中看不中用，常常把能赢的球踢输，而且永远不肯作出改变。

　　不过，即使这样的记忆，也有很多年不曾泛起了。尽管我常年坚持看全世界的足球比赛，从未中断，但这个曾经耀眼到极致的队伍仿佛一夜之间消失了踪影，几乎没有留下什么痕迹——回忆起来，不怎么看哥伦比亚队的比赛，已经差不多 20 年了。

　　20 世纪末一直延续到本世纪初，是哥伦比亚足球的黄金时代。如果我们要回忆这一段历史，其实说出 4 个人，就差不多有足够的代表性。

　　第一个是"疯子"守门员伊基塔。作为哥伦比亚黄金时代几乎无人竞争的一号守门员，他的守门风格可谓疯狂，经常充当自由人角色，带球跑出禁区与对方前锋比脚法。更为神奇的是，在 1995 年温布利大球场举行的英格兰对哥伦比亚友谊赛中，全世界球迷见证了伊基塔用"倒踢紫金冠"、身体鱼跃前倾用两个脚后跟将球踢出大门的方式防守英格兰队吊门的传奇时刻。后来，这个百年足球史上的绝唱以"蝎子摆尾"的名称载入史册。别的守门员都活在历史之中，只有伊基塔是在创造历史。

第二个是卡洛斯·巴尔德拉马。这位顶着一头蓬松金发的哥伦比亚球星，凭借大师级的前腰表现在世界足坛的历史中刻上了自己的名字。由于酷似金庸武侠小说《倚天屠龙记》中亦正亦邪的谢逊，巴尔德拉马被中国球迷冠上了"金毛狮王"的绰号。1987 年，巴尔德拉马带队赢得美洲杯季军，并被评选为年度南美足球先生。此后的哥伦比亚队深深打上了巴尔德拉马的烙印。到了 20 世纪 90 年代，哥伦比亚队所向披靡，在 3 年间仅有一场败绩，甚至在世界杯预选赛中对阵阿根廷的比赛中，巴尔德拉马不断运用最为擅长的直塞传球，一次次打穿阿根廷队防线完成助攻，率队客场 5：0 狂胜阿根廷。至此，黄金一代的哥伦比亚达到了历史巅峰，并在国际足联 1993 年公布的世界足坛排名中一度升至榜首，巴尔德拉马也再度当选南美足球先生。

第三个是阿斯普里拉。这位强壮的哥伦比亚前锋，身体素质好到令人惊异的地步，他一步启动的爆发力以及高速状态下与肢体柔韧性相结合的连续成套动作，都可以媲美差不多同时期的大罗。作为球队的反击箭头，他既能在一对一时走外线凭速度强吃对手，也能连续变向挤占空间冲击对手的肋部。他射术精湛，不但可以左右开弓，还有一脚令对手守门员胆寒的任意球——就是依靠在帕尔马时罚出的任意球，他终结了 AC 米兰 58 场不败的神话。也是他独中三元，帮助纽卡斯尔以 3：2 的比分击败当时如日中天的巴塞罗那，留给了世界足坛永恒的经典。

第四个叫埃斯科巴。1994 年美国世界杯足球赛上，埃斯科巴在小组赛同美国队一战中曾不慎将球捅入自家大门，直接导致哥伦比亚队输球，积分垫底。回到国内，当埃斯科巴从麦德林市一家夜总会出来时，凶徒对他连射 12 枪，埃斯科巴因抢救无效身亡，震惊世界。从中，也揭开了哥伦比亚足球为大毒枭控制，总是在赌球、洗钱、贩毒中沉沦的悲惨世界。

这 4 个人的球场表现和人生经历，正好代表了哥伦比亚足球黄金一代的一个缩影。巴尔德拉马的华丽、伊基塔的疯狂、阿斯普里拉的狂放和埃斯科巴的悲剧，正

哥伦比亚队主力中场 10 号 J 罗

是哥伦比亚足球在过去岁月里的主题词。

比起那像足球场上的芭蕾舞者一样的黄金一代，今天的这支哥伦比亚队尽管仍然穿着那身明黄色的艳丽球衣，但技术风格不但平庸了许多，甚至还粗野了一些。不过，曾经在 10 年前的巴西世界杯上以一记技惊四座的凌空远射而扬名天下的哥伦比亚头号球星 J 罗还是发挥出了他的作用。在全场攻势占优，但又久攻不下的情况下，J 罗充分发挥了他视野开阔、脚法精湛的特点，连续送出两脚精准传中球，分别由两位在英超水晶宫效力的球员 21 号莫诺斯和 16 号胡斯廷·莱尔马以两记有力的头球攻破了对方的大门。从 J 罗精准的传球线路和落点，我们还能依稀看出当年黄金一代的影子。

巴拉圭队虽然下半场利用头球扳回一球，但最终还是以 1 ∶ 2 比分败下阵来。纵观全场，哥伦比亚队的实力比巴拉圭队强出不少。真正能与他们实力抗衡的队伍，在整个美洲杯的阵容中，大概只有巴西、阿根廷和乌拉圭三强。如果这支队伍最后打入决赛，我们恐怕不能视其为冷门。

巴西不巴西

2024 年 6 月 26 日　北京时间 09:00

巴西 vs 哥斯达黎加

加利福尼亚州英格尔伍德 SoFi 体育场

　　今天的焦点战就是这一场，由巴西队对阵哥斯达黎加队。从实力看，这又是一场强弱分明的赛事。巴西队尽管近年来似乎已经"零落成泥碾作尘"，但仍然排在世界第五的位置上。而哥斯达黎加则在 50 名开外。巴西队取胜，似乎是我们所能想象的唯一结果。所不同的，似乎只是赢几个球的问题。

　　这是我们都不能说陌生的两支球队。巴西队自不待言，从某种意义和某个特定的时间，他们几乎就是足球的代名词。我曾经在 20 年前写过一篇文章，叫作《足球，你的另一个名字叫巴西》。这当然只是心情而已。本届美洲杯的巴西队，较之往届似乎有些衰落，但据媒体公布，巴西锋线球员总身价居然达到了 4.7 亿欧元（其中维尼修斯 1.8 亿、罗德里戈 1.1 亿、马丁内利 7000 万、恩德里克 6000 万、拉菲尼亚 5000 万），这已经充分说明这支出现在美国的巴西队仍然是世界上首屈一指的豪华之师。今年欧洲杯和美洲杯同时举行，也被媒体视为两代球王的隔空大战，老球王自然是梅西和 C 罗，而新的球王"未来佛"，欧洲虽然在姆巴佩和贝林厄姆之间各有认同，但美洲无疑就是巴西队中最为昂贵的维尼修斯。不消说历史上的巴西

巴西队主力前锋 7 号维尼修斯

足球如何人才辈出和成绩斐然，单是以维尼修斯领衔的本届阵容这一长串名字，就足以傲视天下群雄。

而站在巴西队对面的这支中美洲劲旅哥斯达黎加队，即使曾经取得过不俗战绩，但较之星光熠熠的巴西队，自然黯然失色。中国球迷对哥斯达黎加不能算是陌生，2002年中国队第一次参加世界杯，非常巧合的是，今天的对阵双方均是我们小组赛遇到的对手。当时中国球迷信心爆棚，提出了"赢哥平土小负巴"的宏伟目标，认为这样就能打入第二阶段。当然，最后的结果有点打脸，中国队首战就以0：2不敌哥斯达黎加队（我就在现场看过这场比赛，简直失望透顶），后来又连负巴西和土耳其，最终进0球丢9球，小组赛后就打道回府了。但就是这支赢了中国队的哥斯达黎加队，与巴西对阵输了个2：5。卡塔尔世界杯，哥斯达黎加也是著名的"大比分输球专业户"，他们首战就以1：6的悬殊比分输给了西班牙，次战居然神奇地以1：0的比分胜了日本（成为这个小组唯一一个战胜日本的球队），第三战，又在2：1领先的情况下，被德国人连入3球，最终以2：4败下阵来。显然，以这样一支算不上很强的队伍来对阵强大的巴西，估计少输几个球就是最大的胜利。

比赛的数据也充分反映了双方的差距。巴西对哥斯达黎加，进攻167对47，危险进攻90对11，控球率74％对26％，角球9对1，射门19对2，射正球门3对0。看这些数据就能想象，整场比赛都是巴西围着哥斯达黎加的球门狂轰滥炸，哥斯达黎加基本没有还手之力。上半场第7分钟，拉菲尼亚右路杀入禁区，面对门将小角度打门，被挡出底线。第12分钟，帕奎塔送出直塞，罗德里戈拿球突入对方禁区强行打门，皮球擦着球门立柱出了底线。第22分钟，维尼修斯接队友传球，突入对方禁区被撞倒，裁判没有判罚点球。第25分钟，吉马良斯在禁区内被撞倒，裁判还是没有判罚点球。第30分钟，拉菲尼亚任意球传中，罗德里戈抢点头球一蹭，马尔基尼奥斯前插推射破门，主裁判与VAR裁判沟通后判定越位在先，进球无效。第39分钟，帕奎塔带球突入禁区传中，皮球击中巴尔加斯身体弹出底线，巴西队球员示意巴尔加斯禁区内手球，但主裁判仍未予判罚。补时阶段，罗德里戈外围一脚抽射，皮球高出横梁。

下半场比赛，开始第47分钟，巴西队开出角球，罗德里戈禁区内抢点头球射

门偏出底线。第 53 分钟，卡尔沃铲倒罗德里戈，裁判出示黄牌警告。第 59 分钟，拉菲尼亚横传，维尼修斯分球，罗德里戈跟上推射被挡出。第 63 分钟，帕奎塔外围远射击中立柱。第 72 分钟，巴西队进攻，右路起脚传中，防守队员禁区内抢点头球解围失误，顶向自家大门，门将在门线把球挡出。第 79 分钟，阿拉纳弧顶高质量抽射，塞奎拉飞身把球扑出。第 87 分钟，罗德里戈禁区内被放倒，裁判依然没有判罚点球。伤停补时阶段，吉马良斯接队友传球，禁区前沿一脚远射，皮球高出横梁。全场比赛结束，任谁也难以想到，这样一场一边倒的比赛最终没有大比分，甚至没有进球。比分定格在 0∶0。

这恐怕是本届美洲杯开赛以来最大的冷门，比相对弱小的委内瑞拉战胜更为强一点的厄瓜多尔要冷十倍。当然，这样一个偶然的结果，如果对照巴西近 5 场正式比赛连续不胜（1∶1 委内瑞拉、0∶2 乌拉圭、1∶2 哥伦比亚、0∶1 阿根廷、0∶0 哥斯达黎加）的情况，或许就能看得更清楚一些。5 场比赛，除了阿根廷很强，其他球队实力都远在巴西之下，但他们只进了两个球。显然，除了运气成分，这批巴西队员门前把握机会的能力，比起他们的前辈大有不足。对于 62 岁的巴西主帅多里瓦尔来说，通过本届美洲杯解决球队前锋得势不得分的问题，从而打好未来的世界杯预选赛，可能比冲击美洲杯冠军还要重要。毕竟，巴西队拿美洲杯冠军已经 9 次，但落选世界杯决赛阶段的比赛，还一次也没有发生过。

一失足成全场恨

秘鲁 vs 加拿大

堪萨斯州堪萨斯城
儿童慈善公园

　　这场比赛是美洲杯小组赛第二轮的首场比赛，由 A 组相对较弱的两支球队南美洲的秘鲁对阵北美洲的加拿大。首战之中，加拿大负于卫冕冠军阿根廷，而秘鲁则和实力在其上的智利握手言和，双方都未能进球。此番再战，双方必然全以取 3 分为目标。尤其是秘鲁，如果此战不胜，下一轮对阵强大的阿根廷，恐怕凶多吉少。而加拿大手中一分没有，全取 3 分的愿望自然非常迫切。

　　开场以后，秘鲁队打得更加主动，他们通过两个边路的快速进攻，频频威胁加拿大的球门。上半场第 33 分钟，他们甚至利用一个前场左路任意球的机会，14 号前锋拉帕杜拉在禁区中央高高跃起，将皮球顶入对方大门，可惜越位在先。但总体上看，秘鲁队通过快速简练的进攻占据了场上的主动，如果他们再耐心一点，也许先进球的就是他们。

　　比赛的转折点发生在下半场第 54 分钟。双方在边路拼抢，秘鲁队右后卫 15 号阿劳约抢截对方 14 号沙菲尔伯格，抢脚踢向对方小腿，将对方踢翻。裁判员出示黄牌警告，随即在 VAR 裁判的提示下改判红牌将阿劳霍罚下。这成了本场比赛的

一个转折点。少了一人的秘鲁队渐渐陷入被动，终于在第 74 分钟，加拿大队利用一次快速反击的机会，由 10 号戴维单刀直入，攻破了对方守门员阿莱塞把守的大门，取得了 1 ： 0 领先。此后双方均无建树，最终加拿大赢得了这场关键之战。

对于秘鲁队来说，真正的教训是既踢出精彩激烈的比赛，又要避免粗野的犯规。这似乎是南美足球的一个通病，仿佛不踢得粗野一点，就不够勇猛顽强。但事实上，粗野的足球不仅破坏了足球特有的美感与流畅，也会给本队的战术安排带来麻烦。秘鲁在这场比赛中，满盘好棋，就输在一个粗野的动作上，教训不可谓不深刻。

关键之战

2024 年 6 月 26 日　北京时间 09:00

智利 vs 阿根廷

新泽西州东卢瑟福
大都会人寿体育场

　　如果有人规定，本届美洲杯小组赛只能看一场比赛，我一定会选择阿根廷对智利的这场比赛。理由很简单，如果一定要选阿根廷队的比赛，在阿根廷小组赛的 3 场比赛中，他们对智利队的这一场比赛是最有悬念，因而也是最有看点的。

　　关于智利队的情况，我在记述他们对秘鲁队的那一场比赛时已经做了介绍。其中与本场比赛高度关联的情况，就是这支队伍，似乎一直是作为阿根廷队的苦主而存在的。

　　本来，从历史战绩看，阿根廷对智利还是具有相当大的优势的。据统计，历史上双方曾经交手过 66 次，阿根廷取得了 44 胜 19 平 3 负的压倒性优势成绩，但是，2015 年和 2016 年两届美洲杯决赛，智利都在点球大战中战胜阿根廷夺冠。而那时，恰恰是梅西处于国家队无冠而无比渴望获得一次美洲杯冠军的时候，但是，他们两次千辛万苦打入决赛，却两次被"智利丝带"（智利的国土形状像一条丝带）缠死在胜利的门槛前。上一届美洲杯，梅西虽然率领阿根廷队获得冠军，但他们却没有遇上智利队。这样的夺冠历程，也许会让智利人轻蔑地一笑：毕竟没有碰上我们啊。

如果碰上，冠军还说不定是谁的呢。

当然，这是假想的情景。但阿根廷希望在美洲杯的比赛中遇到智利并且战而胜之，恐怕也是真实的愿望。

天遂人愿，本届美洲杯，阿根廷居然和智利分在了同一个小组，正好给了他们一个正面对决的机会。在首场战胜加拿大之后，次战只要战胜智利，阿根廷就能顺利从小组出线。但也必须看到，这也是一场只能胜、不能输的比赛。如果输掉比赛，小组出线也会遇到障碍，而更为重要的是，又会重新陷入"逢杯必败"的"智利丝带"之中。

而智利队则没有这样复杂的心理。他们首战在占有优势的情况下踢平秘鲁队，只获得1分。第二轮不论遇上谁，也必须力争取胜。他们显然可以分析到阿根廷这种想赢怕输、瞻前顾后的心态，自然可以借此从战术上乃至心理上消耗对方，从而抓住时机战胜他们。其中最可采取的战术，无非就是死缠烂打，用总是管用的"智利丝带"缠死阿根廷。在这个问题上，他们心理没包袱，脚下有办法。

比赛就在这样一种特殊的心理情态之下打响了。经过与加拿大"以赛代练"的揭幕战后，遭遇老冤家智利的阿根廷，不出意料地被对手缠斗不已。而智利人最重点的纠缠对象，就是阿根廷的"前场发动机"梅西。整个上半时，梅西屡次被比他小10多岁、如影随形的2号苏亚佐蓄意侵犯。第25分钟，在边线准备分球的梅西，被苏亚佐蛮横地从身侧撞倒，而这次示威和挑衅意味十足的犯规，旋即被身为梅西保镖的德保罗记了一笔。4分钟后拼抢半场球时，德保罗一脚踩在了苏亚佐的小腿上，后者也同样不忍这口恶气，此后的比赛中不惜染黄，也要飞铲德保罗以牙还牙。这样的场面，几乎贯穿整场比赛。梅西在这样激烈的缠斗中无谓消耗了大量体能，因而尽管尝试数脚远射，但仍然未能收获本届杯赛的首粒进球。回顾梅西近年来的国家队比赛，连续两场不进球的情况极为罕见。

不过，除去亲自摧城拔寨，梅西做到了能够做到的一切。最终，还是依靠梅西在终场前发出的落点极佳的角球，给劳塔罗的绝杀时刻创造了条件。尽管智利队"像一头闯入青花瓷器店（阿根廷球队衣的颜色）的公牛横冲直撞"，但阿根廷队最终还是降服怪兽，两连胜提前小组出线。当疲惫不堪的梅西微笑着走出大都会人寿体

阿根廷队主力守门员 23 号马丁内斯

育场时，他的心里定然是一块石头落了地。还有 4 场球，相信阿根廷也将从容走到最后。

这场比赛也是阿根廷名帅斯卡洛尼的胜利。在双方球员都疲惫不堪的最后关头，斯卡洛尼令旗一挥，换上了以逸待劳的精兵迪马利亚和劳塔罗，终于导致同样体能消耗严重的智利队出现了防守漏洞，无人看守的劳塔罗打入近在咫尺的进球。对于常常在关键时刻进球的梅西，这也许是个正常操作，但作为常常不可思议"吐饼"的劳塔罗，以这样的方式打入制胜之球，对他本人，对阿根廷，甚至对热爱阿根廷队的球迷们，都可以长出一口气了。

比起首战就被哥斯达黎加逼得交了白卷的巴西，这支蓝白军团的经验和自信都更胜一筹。而梅西虽然连续两场没能收获进球，但他仍然是场上最耀眼的那一个。全场比赛中，这位全世界最著名的 10 号 11 次尝试过人成功 7 次，传球成功率94.1%，20 次地面对抗赢了一半，送出 5 次关键传球，间接策动了劳塔罗的绝杀。对于刚刚度过 37 岁生日的梅西，这一切是正常的操作。而如果梅西一切正常，就如同即将发射的火箭一切正常，接下来就是见证奇迹的时候了。

无心插柳柳成荫

2024 年 6 月 27 日　北京时间 06:00

厄瓜多尔 vs 牙买加

佐治亚州亚特兰大梅赛
德斯奔驰体育场

　　我不知道美洲杯有没有足球彩票可以买，如果有，且让我猜这一场的输赢，我大概率会买厄瓜多尔胜利。那么此时此刻，我就该后悔自己没有买彩票了。

　　从两队头一轮的表现看，厄瓜多尔要好于牙买加。当然，隔空判断两队的实力而不看他们直接交手，很难看出谁更出色。因为足球其实是一种制约与反制约的博弈之术，它本身包括两种能力：冲击对手的能力和制约对手冲击自己的能力，两者同等重要。一支好的球队通常是两种能力都强的，那就叫作攻守兼备。但无论如何，能力的强与弱，都要表现在对对手的制约和反制对手的制约的具体行动中。但具体到是前者为主，还是后者为主，则体现出不同的竞赛风格。有的更强调充分发挥自身的能力去制约对手，通常会以攻为主，打在前面；有的则把限制对手的发挥放在更突出的位置，通常会以守为主，伺机反击。其实，不只是足球，所有的对抗性体育项目都有这个特点。

　　在本场比赛中，厄瓜多尔就更倾向于强调充分发挥自身的能力。从一开场，他们就积极投入进攻，不仅在中前场投入了更多的兵力，而且锋线还采取高位逼抢频频通过右路进攻威胁对方的防线。一时间，在牙买加的后场双方拼抢激烈。感到威胁的牙买加后卫下脚凶狠，经常把对方铲得人仰马翻，场面上从一开始便进入了白热化。但厄瓜多尔还是通过中前场巧妙的串联形成了几次相当犀利的进攻，对对方的后防线形成压制，差一点攻破对方的球门。一时间，牙买加人甚至很难通过中场，仓促中的大脚球每每送给对手。而厄瓜多尔人则在他们的头号球星瓦伦西亚因红牌停赛的情况下，仍然打出如此快速而压迫性极强的进攻，证明了他们的实力。这也令人感受到，上一场他们因为细节处置不当而输给委内瑞拉，多少还是有点爆冷门的意味。

进球很快就来了，但并非进攻逻辑的自然结果，而是一个意外。厄瓜多尔角球吊入禁区被对方顶出，左路进攻队员重新抢到皮球传给3号因卡皮耶，因卡皮耶传中时球碰到飞身封堵的牙买加14号帕尔默飞向球门，不意间，球画出一道诡异的弧线，变成了一脚绝佳的吊射。守门员扑救不及，球居然进了！这种"有心栽花花不开，无心插柳柳成荫"的进球尽管匪夷所思，但也颇似我们的人生，决定命运的，有时是努力，有时是意外。

不过，在任何足球比赛中，先进球总是硬道理。陷入被动的牙买加队只能选择冒险打出来，这样就造成更多的后防空当和对手更多的进攻机会。上半场第44分钟，厄瓜多尔队获得了点球。他们左路传到对方禁区，2号托雷斯头球打在7号格雷格·利手上，裁判没有表示，随后VAR提示给了点球，10号派斯主罚点球破门，厄瓜多尔又进一球，扩大了领先优势。

下半场双方易地再战，牙买加人继续加强进攻，力图挽回败局。他们的努力收到了成效。第55分钟，牙买加扳回一城！左路角球开到禁区，厄瓜多尔17号普雷西亚多解围失误，牙买加5号左后卫平诺克推射被挡，门前埋伏的前锋9号安东尼奥补射破门，将比分扳成了1：2，牙买加人立刻士气大振。此后，双方进入你来我往的拉锯战。牙买加队居然创造了几次不错的机会，如果临门一脚更准确一点，也许他们就扳平比分了。但是，第90分钟，厄瓜多尔抓住左路反击机会，由下半场才替换上场的14号阿兰·明达左路一条龙突破到禁区，单刀推射破门。这是一个足以竞争最佳进球称号的射门。最终，厄瓜多尔3：1战胜牙买加，取得了关键

的 3 分。而牙买加两战两败，即使下一场战胜手握 3 分的委内瑞拉，恐怕也很难摆脱被淘汰的命运。

豪猪的哲学

2024 年 6 月 27 日　北京时间 09:00

委内瑞拉 VS 墨西哥

加利福尼亚州英格尔伍德
SoFi 体育场

　　看完这场比赛，我首先要对委内瑞拉表示歉意。在我的心目中，这个位于南美洲北部的小国是一个足球相对落后的国家，既没有在大赛中获得过相对理想的战绩，也没听说过他们有哪怕一位能稍有知名度的优秀球员。唯一一位我们所知的委内瑞拉球员，是曾在中超大连人队踢球的 23 号龙东——看 23 号这个号码，就知道他甚至都不是球队的绝对主力。他们头一场对阵厄瓜多尔，开赛前的预测，我猜的是厄瓜多尔胜利。当然，大家都知道最后是委内瑞拉取得了胜利。但我对此的解释是，厄瓜多尔虽然更加优秀，但他们出色的前锋瓦伦西亚招来红牌的鲁莽犯规是比赛的转折点，如果瓦伦西亚更加冷静一点，胜利的天平也许就在厄瓜多尔一边。

　　但这场比赛才让我们了解到了委内瑞拉的真正实力。在对阵两支世界排名都远在自己之上的球队时，委内瑞拉即使不是实力更强的那一支，也是准备更充分因而比赛针对性更强的那一支。我们确实该对两连胜的委内瑞拉队表示深深的歉意。

　　从比赛的场面上看，墨西哥队似乎还是占有一定的优势。如果比赛不是看谁踢进了对方的大门，而是看双方关于攻防的统计数据，那裁判员就应该判定墨西哥获

胜。毕竟，进攻次数 112 对 97 似乎差别不大，但危险进攻 64 对 21，控球率 61％ 对 39％，射门次数 18 对 10，射正球门 5 对 2，角球次数 7 对 1，都让我们能够想象这是一场一边倒的比赛，墨西哥主攻，而委内瑞拉主守。但如果更加认真地分析比赛进程，我们就会发现，委内瑞拉的 4-2-3-1 阵型极具弹性，进攻时能够投入六七人的兵力，而防守时又能迅速回防。这种阵型在对付厄瓜多尔和墨西哥这样实力略强于自己的对手时，每每有一种类似豪猪一样的特殊效果——这种特殊的弹性使他们顶住了墨西哥人的攻势，还以一种特殊的方式逐步掌握了比赛的主动权。他们的办法，就是多少有些"蛮不讲理"地加快比赛的节奏，后场得球后迅速出球，大脚开向前场找自己的前锋，控住了就投入进攻，控不住则就地反抢。这样，比赛场面看上去混乱不堪，球权反复交换，所有的人都在快速奔跑。比赛就这样进入了墨西哥人不熟悉的节奏。他们本来是希望有一个更加有效的控制的。

　　控制就是不控制，不控制反而实现了更高层次的控制。这就是这场球带给人的辩证法。委内瑞拉靠着这种把比赛的节奏带入双方都陌生的领域的打法，成功地把双方略有差距的实力消弭于无形。这是一种令人感叹的战术能力，你虽然不能希望它次次见效，但这一次，他们笑到了最后。孙子曰："凡战者，以正合，以奇胜。故善出奇者，无穷如天地，不竭如江河。"此之谓也。

这就是足球

2024 年 6 月 28 日　北京时间 06:00

美国 vs 巴拿马

佐治亚州亚特兰大梅赛
德斯奔驰体育场

　　美国是一个体育强国，多数体育项目都是世界领先水平。我在前面曾经说过，其实美国的足球也是世界发达水平。但是，也许美国人更想用自己的优势项目赢得比赛。他们的做法是：把足球比赛变成拳击比赛。

　　这本来是一场没有悬念的比赛。因为，从 2023 年底双方的世界排名看，美国队排第 12 位，巴拿马队排第 41 位。从双方交战的战绩看，美国与巴拿马最近的 10 次交锋中，美国 4 胜 5 平 1 负，占据绝对上风。另外，如果我们暗生联想，美国还是这次比赛的东道主，总没有理由让美国人输掉比赛吧？

　　但是，美国人确实输掉了比赛。

　　比赛刚开始，整个战局还在沿着美国人取胜的方向发展——倒不是有什么盘外因素在起作用，而是美国队的实力确实强于巴拿马队。刚开场 4 分钟，美国人就依靠一个前场任意球敲开了巴拿马队的大门，但很遗憾，由于进攻队员"体毛越位"，进球被判无效。这也许就是美国人后来变得急躁的原因——VAR 的判罚也许是正确的，但来得太慢了。美国人已经陪伴着全场的球迷庆祝了好长时间，结果等来的

却是 No goal——实在浪费感情，也让人情绪糟糕起来。

但是，这仍然不能解释美国队中锋蒂莫西·维阿（小维阿）为何脑残般地在毫无征兆和必要的情况下突然连续两次击打对方球员头部的行为。当时，球在美国队的后场，后卫们正在前后倒脚，试图寻找合适的出球线路。就在这时——幸亏电视全景镜头记录下了这个情景。小维阿似乎与盯防他的对方后卫 25 号米勒有一个身体接触，然后，大约是对方手上的动作——或许是开场以来巴拿马队员比较粗野的动作——突然激怒了他，然后，他就在大约三四秒的时间内，两次击打对方的头部。他自己也许觉得那很巧妙，在击打的时候，他甚至没有看着对方，似乎只是手臂无意中挥到了对方的头部。第一次击打，对方没有作出反应。第二次，对方大叫一声就势躺在了地上。裁判员吹停比赛，果断地向小维阿出示了黄牌，但随即被 VAR 裁判提醒，改判了红牌。小维阿被罚下场，电视镜头一直追随着这位小将走下场时沮丧的脸庞。

在绿茵场上，球员突然崩溃攻击对手（当然也包括攻击裁判），结果被红牌罚下的情况屡见不鲜。最为著名的就是齐达内在 2006 年世界杯上被意大利后卫马特拉齐激怒，然后用头部撞击对手胸口，结果被红牌罚下，最终导致法国队丢掉冠军的事件。在足球历史上，马拉多纳、大罗、C 罗、梅西、贝克汉姆都有过这样的时刻。尽管今天都已经成为足球五色斑斓的一部分而载入史册，只是，我们已经很难还原球员之间冲突的真实情形，遑论心理过程。这样的球员总是被谴责不已，但那一瞬间他的内心经历了什么，恐怕只能是一个永远无法搞清楚的谜。

被罚下的维阿虽然年轻，却并非等闲之辈。他今年 24 岁，去年夏天以 1100 万欧元的价格从里尔转会至尤文，本赛季至今他代表尤文出场 33 次，其中 12 次首发，打进 1 球并送出 2 次助攻。而看过卡塔尔世界杯美国队比赛的球迷一定还记得那场最终导致美国队出线的平局，美国队在小组赛第三轮对阵威尔士队的比赛打成 1∶1平，最终挤掉对手惊险出线，为美国队打进关键一球的球员正是今天被罚下的维阿，那时他只有 22 岁。

如果一个球迷足够老，那他对这个姓氏不会陌生。因为现代足球历史上还有一个维阿，是一个极富传奇色彩的人物。百度百科上是这样介绍他的：

1988 年，维阿登陆欧洲联赛，加盟法甲摩纳哥，之后效力于巴黎圣日耳曼、AC 米兰、切尔西、曼城以及马赛。2001 年，维阿转会至阿联酋的阿尔贾兹拉。维阿的职业生涯夺得过两次意甲联赛冠军、一次法甲联赛冠军、一次英格兰足总杯冠军，并于 1995 年包揽金球奖和世界足球先生两项个人荣誉。2003 年，维阿宣布退役。

维阿从 20 世纪 80 年代开始为利比里亚国家男子足球队效力，其间曾担任国家队队长。2001 年，维阿以球员兼教练的身份率领利比里亚国家队历史性地杀进了世界杯资格赛。

2003 年，维阿在利比里亚共和国创立"民主变革大会党"，开始政治生涯。2005 年，维阿在利比里亚总统竞选的第二轮票选中落败。2017 年 12 月 27 日，维阿以 61.5% 的得票率成功当选利比里亚第 25 任总统。

而今天被罚下的小维阿，正是当年金球奖得主、世界足球先生、利比里亚总统乔治·维阿的儿子。

小维阿的鲁莽和冲动导致了比赛局势的变化。虽然此后不久，美国队 20 号前锋巴洛贡轰入一记世界波，使美国队取得了领先。但被场上少一人和巴拿马粗野踢法整得疲惫不堪的美国队渐渐陷入被动。第 26 分钟，巴拿马队 2 号后卫塞萨尔·布莱克曼就靠禁区前从后卫人丛中觅得一个角度后以一记精彩的低射破门，帮助巴拿马队扳平了比分。小维阿的冲动还是招致了后果。

下半场，虽然美国队也曾打出一些漂亮的进攻，但总体上还是巴拿马队依靠人数上的优势掌握了主动权。虽然法里尼亚精彩的远射被美国人化解，但下半场替换上场的 9 号法贾多为巴拿马送上了另一份精彩。法贾多接队友右路传中，在禁区内抢点打近角入网，将场上比分改写为 2∶1。最终，回天乏术的美国队输给巴拿马，爆出了一个不大不小的冷门。毕竟，美国队总身价高达 3.5 亿欧元，而巴拿马的总身价只有 2448 万欧元。但，这就是足球。

大胜的背后

2024 年 6 月 28 日　北京时间 09:00

乌拉圭 vs 玻利维亚

新泽西州东卢瑟福
大都会人寿体育场

　　这几天一直在看美洲杯的球迷都知道，中央广播电视总台对美洲杯不同的比赛"待遇"不同。重要的比赛是有解说的，而不重要的比赛则没有解说。喜欢刨根问底的我不免想要了解，所谓重要或者不重要的边界在哪里？比如，巴西和阿根廷的比赛一定是有解说的，而像厄瓜多尔对牙买加这样的比赛一定是没有解说的。但有些处于中间地带的球赛——既不像巴西阿根廷那么强，也不像牙买加那样弱的，会怎么对待呢？后来，我大概发现了其中的规律，那就是，只有传统意义上的南美三强是有解说的，其他的队伍，哪怕是世界排名只比乌拉圭低一位的美国和低三位的哥伦比亚，都没有获得"被解说"的殊荣。对于正好喜欢巴西、阿根廷和乌拉圭足球的本人来说，央视的做法很有道理。

　　这场比赛的过程像是一场"屠杀"。显然，用这场比赛的结果来说明世界排名的有用性，还是颇有说服力的。毕竟，乌拉圭 2023 年底的世界排名是第 11 位，高于我们熟悉的德国、奥地利、瑞士、丹麦等欧洲强队；而玻利维亚的世界排名是第85 位，甚至低于我们也很熟悉的中国队。也就是说，这场比赛的差距比德国队对中

VS. BOLIVIA
— 27 JUNIO 2024 —
EAST RUTHERFORD

乌拉圭队主力前锋 19 号努涅斯

国队的比赛还要大。这么看，"屠杀"虽然有点意外，但绝不离奇。

但是，如果我们从头至尾看了这场比赛的直播，那么就会意识到，造成这场比赛大比分的原因并不完全在于实力，而更多地在于实力较弱的玻利维亚选择了一种试图同归于尽的战术。从开场到结束，他们一直在与实力远远强于自己的乌拉圭队打对攻。甚至在乌拉圭人后场控球的时候，玻利维亚的前锋都会主动上抢，采取了那种一流强队才敢于使用的前场紧逼打法，这种打法一度也给乌拉圭人制造了不少麻烦。但是，过分前压的阵型必然导致后防绝对人数的减少，尤其是面对乌拉圭从后场直接长传去寻找自己的前锋，而有时又能很成功地连线的情况下，玻利维亚就会出现阵型过于前压而后防空虚的困境。这本来是一支队伍处于一球落后又急于扳回比分时才会采取的冒险打法，但玻利维亚从一开始就采用了。这就是金庸武侠小说里才会见到的情形，两大武林中人对决，没有铺垫，没有试探，上来就是绝招，招招直指要害。这样的打法，弱势的一方，赢了会很光荣，但通常会死得很壮烈。不过，我们仔细想一想，在实力悬殊、比拼内力无望的情况下，这也许是弱队唯一的机会。荆轲刺秦，项羽破釜，田横八百壮士，越人三千铁甲，都是这一路。门前摆大巴，也许死得舒服点，但玻利维亚要的，不是死的品质，而是生的机会。

玻利维亚敢于选择这样的打法，也许人们会归结于精神力量，但在我看来，或许就是因为他们与同处南美的乌拉圭彼此熟悉，因而不生畏惧之心。我小时候，曾听老人们讲牛和鹅的区别。牛体貌大于人，却怕人入骨，天天任人摆布，并不敢稍有反抗。鹅体貌小于人，但从不怕人，只要稍有不忿，立刻一头撞来，弄得人狼狈不堪。原来，牛眼看人，人大牛小，故牛怕人；而鹅眼看人，人小鹅大，故鹅不怕人。比喻这几天的球赛，欧洲的英格兰像是牛，虽然颇有实力，但看哪个队都害怕，而今天的玻利维亚就像是鹅，虽则自身比乌拉圭小了一号，自己却未必这样认为。

可惜的是，乌拉圭人攻势很盛，不到 9 分钟的时候就进了球。对他们来说，这个完美的开端导致了酣畅淋漓的结果，本届美洲杯开赛以来分差最大的胜利，三大前锋努涅斯、佩利斯特里和阿劳霍皆有进球入账，可谓皆大欢喜。对我而言有点遗憾的是，等苏亚雷斯替补上场，前面上场的小伙子们早已把猎物分光吃尽，连残羹冷炙也剩不下一点。我们想看苏亚雷斯进球，就像在欧洲杯里想看 C 罗进球，总是望眼欲穿，但总是"月移花影动，疑是玉人来"。

"大哥" "小哥" 落玉盘

2024 年 6 月 29 日　北京时间 06:00

哥伦比亚 vs 哥斯达黎加

**亚利桑那州格兰岱尔
州立农业体育场**

　　美洲球队的中文译名，以哥字开头的，只有今天对阵的两支队伍。哥伦比亚国土面积 100 多万平方公里，人口 6000 多万，放到欧洲，除了俄罗斯没有比它大的，人口也能排到前列，加上足球水平更高，可以称为"大哥"；而哥斯达黎加的国土面积只有 5 万多平方公里，500 多万人口，两者都不到哥伦比亚的十分之一，足球水平也略低，只能称为"小哥"。看上去，这场球"大哥"赢"小哥"，理所应当。不过，这也只能是戏说。如果国土大人口多就可以拿冠军，那卡塔尔世界杯决赛，我们就该看中国队对决印度队。可惜的是，世界杯八强，加起来也没有中国地盘大，也没有印度人口多。但世界足球盛宴，没有中印的份儿。

　　不管"大哥"还是"小哥"，在美洲足坛，都是排名靠前的队伍。除了传统意义上的三强，南美能与哥伦比亚抗衡的，几乎没有；北美能与哥斯达黎加抗衡的，大概就是美国、墨西哥和加拿大了。此番"小哥"挑战"大哥"，虽则历史战绩"小哥"不如"大哥"，但"小哥"刚在头一轮逼平了强大的巴西队，自然不惧实力显然不如巴西的"大哥"；而"大哥"首战将实力同样不俗的巴拉圭斩于马下，第三轮要遭遇强大的巴西，自然必须要在"小哥"身上全取 3 分。这样的背景下的双方碰撞，一定是火花四溅。

比赛一开始，双方就展开了激烈的对抗。但限于实力的因素，基本还是哥伦比亚主攻，而哥斯达黎加主守的局面。J 罗在中前场的积极调度，使哥伦比亚的进攻打得很开，开场不久就制造了几次杀机。但由于前锋过于急躁，总是临门一脚或是太正被门将没收，或是一脚开向天空，始终未能攻破对方的城门。而哥斯达黎加也抓住为数不多的反击机会，多多少少给"大哥"制造了些麻烦。但总的来讲，"小哥"对"大哥"还是相当友好，最典型的例证，就是看到"大哥"久攻不下，心中不忍，就专门派出 23 号门将塞奎拉在球门未受威胁的情况下，贸然出击到禁区边缘，双手推倒了哥伦比亚中锋科尔多瓦，为对方送上一个点球。"大哥"笑纳大礼，7 号迪亚兹骗过门将塞奎拉一蹴而就，比分就变成了 1：0。

下半场比赛，哥伦比亚攻势更盛，尽管前锋队员糟糕的射门技术浪费了不少机会，但哥斯达黎加过于缺乏整体性的防守总是把机会再如数奉还。结果，第 59 分钟和第 62 分钟的短短 3 分钟内，分别由后卫 23 号桑切斯和中锋 24 号科尔多瓦攻入两球，最终，双方的比分定格为 3：0，一个标准的大比分胜利。头号球星 J 罗奉献了第二个球的助攻，发挥了自己的作用。不过，他的作用，也许还要到后面的淘汰赛中才更加重要——他们如果能改善自己糟糕的射门，说不定还能打进最后的决赛。

两战两胜的哥伦比亚已经获得了小组出线权，他们需要等待与巴西队的比赛后，看看自己究竟是小组第一还是第二。而哥斯达黎加输掉这场比赛，就意味着基本不可能小组出线——除非下一场巴西输球，自己再大比分战胜巴拉圭。那他们将是一群伟大的英雄人物，因为他们淘汰了巴西。显然，这不大容易。但是，除了做这个梦，他们也不可能有别的事好做了。

大胜亦有隐忧

2024 年 6 月 29 日　北京时间 09:00

巴拉圭 vs 巴西

内华达州拉斯维加斯
忠实体育场

　　首轮比赛只从哥斯达黎加手中拿了 1 分，估计巴西人自己也不曾想到。毕竟，双方的实力差距，只有 3 ∶ 0 以上的大比分才该是正常的。因而，当巴西队再一次走上美洲杯的舞台，面对与哥斯达黎加旗鼓相当的巴拉圭队（两队 2023 年末的世界排名分别是第 52 位和第 53 位），他们当然会意识到，这正是一个证明自己的最好机会。当然，巴拉圭碰上了一只饿虎，恐怕就只能自认倒霉了。

　　比赛一开始，基本上就是巴西队主攻，而巴拉圭队主守的局面。巴西队多是从守门员阿利松手抛出球开始，在中后场经过反复倒脚将球运到中场附近，然后多半交给左路的维尼修斯，维尼修斯凭个人能力和速度摆脱防守，带球到底线近门柱处再伺机传中。尽管这位技术出众的年轻小将屡屡突破后将球倒三角传出，但由于巴拉圭过于密集的防守，巴西中路接应的球员总是差着半拍不能形成射门。当然，巴西队也尝试通过中路几位球员的短传渗透撕开对方防线，但巴拉圭出色的防守基本令巴西队的努力无功而返。

　　观看这一段双方的攻防实在是一件赏心悦目的事情。我突然发现，美洲杯分组，巴西所在这个小组的 4 支球队，基本都与巴西队相似，走技术流类型的球队。如果让巴拉圭的球员穿上巴西队服，再给他们找一个不算太强的对手，你完全能把巴拉圭队看成巴西队。或许我们可以像称呼哥伦比亚和哥斯达黎加为"大哥""小哥"一样，称巴西和巴拉圭为"大巴"和"小巴"。"小巴"无论是进攻还是防守，球员的个人技术风格确实与巴西队队员非常相似。他们能够比较成功地防住巴西队强大的进攻大概也与此相关。

当然，巴西队的进攻缺乏有效组织，过分依赖球星的个人作用，也是他们迟迟打不开局面的重要原因。回顾以往巴西队征战世界杯或者美洲杯的历史，他们从来不缺乏像维尼修斯这样的天才前锋，但凡能有一个出色而富有权威的教练把巴西队捏成一个整体，特别是能打造出一个弹性十足的中场的时候，也就是队伍的整体性非常好的时候，巴西队就会变得锐不可当，无比强大，但如果中场捏不到一起，比赛全靠天才前锋去单打独斗时，巴西队往往就会铩羽而归。今天的巴西，进攻时由于维尼修斯的个人表演显得花团锦簇，但却雷声大雨点小，其实就与这种中前场进攻套路单调，每每靠优秀球员的个人发挥有关。这样下去的巴西队不仅打不了强敌，怕是连巴拉圭这样的"小巴"也拿不下。也许这与他们头一场让哥斯达黎加逼平，这场球势在必得反而造成了紧张有关系。每每看着维尼修斯一个人在左路底线附近忙得不亦乐乎，传出来的球却一再被破坏，"小扣柴扉久不开"，连我们看球的都紧张了起来。甚至连巴拉圭球员禁区内手球送给巴西的点球大礼，担任头号点球手的 8 号卢卡斯·帕克塔都没能打在球门框范围之内。

真正让巴西队掌握主动的，是巴拉圭队员多少有些粗野的防守动作。也许是因为南美足球自身一直具有的特点，抑或巴拉圭人觉得这样可以分散巴西人进攻的注意力，总归他们防守时一直有着无穷无尽的小动作，也由于本场比赛的裁判员判罚尺度出奇地松，巴拉圭人的小动作确实成功地激怒了巴西人，以至于到了 30 分钟之后，特别是卢卡斯·帕克塔点球不进之后，双方的肢体冲突变得越来越多。但巴拉圭人可能料想不到的是，他们这样干扰对手，其实也极大地分散了自己后卫线的防守注意力。毕竟，巴西人的前锋被分散注意力，最多是不进球；而巴拉圭人的后场被分散注意力，结果却可能是丢球。

　　正是这种独特的心理变化，让边路上像游龙一样无孔不入的维尼修斯找到了突破的机会。那是一个值得反复观看的个人表演，只见维尼修斯从左路带球切入对方肋部，与队友连续配合，最终插入中路空当，接队友妙传，带球单刀过了守门员，将球打入球门。巴西队终于打入了本届美洲杯的第一个进球。这个球固然和维尼修斯的神勇发挥分不开，但巴拉圭人不断挑起争斗、自乱阵脚以至防守失位，恐怕也难辞其咎。

　　巴西人士气大振，很快就如法炮制攻入了第二个进球。但令人意想不到的是，在双方因巴拉圭队员防守动作过大产生激烈冲突之后，立足未稳的巴拉圭后卫处理球不慎铸成大错，被跟进的维尼修斯抓住机会将巴拉圭后卫解围不远的球直接挡进了巴拉圭的大门。这样，巴西人在上半场补时阶段又打入了第三个球。而此时，许多巴拉圭队员还沉浸在刚才冲突带来的心理阴影当中。尽管只踢了半场，但"小巴"落后"大巴"3个球，这几乎就提前注定了巴拉圭失败的命运。

　　易边再战，顽强的巴拉圭人利用巴西后防上的一次松懈，以一脚技惊四座的世界波打破了阿利松的十指关。这是一个堪比卡塔尔世界杯上梅西打入墨西哥球门的那一脚远射的一个精彩进球，也从一个侧面证明了巴拉圭的实力。而上半场罚失点球的卢卡斯·帕克塔也迎来了"自我救赎"的机会。他们又一次获得点球，难得的是，教练和队员仍然信任他们的头号点球手卢卡斯·帕克塔。就在因伤作壁上观的内马尔都不敢看向球门的紧张时刻，卢卡斯·帕克塔静下心来，慢跑几步，以一个十分漂亮的假动作骗过门将，将球打入了反角一侧。最终，巴西队以4：1的大比分战胜了实力不俗的巴拉圭队，迎来了参加美洲杯以来的首场胜利。

　　巴西队虽然获得了这场球的胜利，但他们需要总结的东西，可能比对手巴拉圭队还要多。进攻手段不够丰富，中前场流畅的配合也看不到太多，前锋经常单打独斗，遇到对手动作粗野时不够冷静，防守中路的硬度不够，等等。最重要的是，如何能够从整场的角度提升把握比赛节奏的能力，对巴拉圭队可能要求过高，但对志在冠军的巴西队，那就不能说是过分的期望。毕竟，巴西下一步的对手，无论是乌拉圭还是哥伦比亚，可都比巴拉圭难缠得多。革命尚未成功，桑巴军团仍需努力。

劳塔罗的救赎

2024 年 6 月 30 日　北京时间 08:00

阿根廷 vs 秘鲁

佛罗里达州迈阿密
硬石体育场

　　这场比赛梅西选择了作壁上观。原来我以为他会在下半场替补上场，但是直到全场比赛结束，梅西也没有出场。这是一个很自然的选择。在 6 分到手，已经顺利出线且稳获小组第一的情况下，不需要梅西再出场，而是要让他充分休息，以备战即将开始的淘汰赛。显然，斯卡洛尼的决定是非常正确的。何况，对付秘鲁这样的一个在南美洲连二流都算不上的球队，即使梅西不上场，阿根廷仍然占有很大的优势，取得胜利还是有把握的。

　　当然，对于阿根廷来讲，这场比赛的 3 分还是非常重要的。这意味着，如果他们最后夺冠，这就会是一个完美的冠军。也就是说，他们在每一场比赛中都取得了胜利，而不是像卡塔尔世界杯赛上，首场就输给了一个比他们实力差着好几个档次的沙特阿拉伯，因而在最后获得冠军时，多多少少有些遗憾。

　　当然，阿根廷在这场比赛后的收获其实不止 3 分。同样重要的是，这场比赛可以称为"劳塔罗的救赎"。我们知道，劳塔罗·马丁内斯本来是一个在意甲赛场上大杀四方的超一流前锋，具有门前捕捉战机的敏锐嗅觉和射门得分的出色能力，连

续几年都是意甲联赛的最佳射手。但是近两三年来，劳塔罗在国家队几乎成了一个喜剧人的角色，不论是谁给他传来多么容易得分的球，他都没办法把球踢进球门里去。本来应该成为进球大师的他，时常浪费梅西和其他人给他喂的"饼"，把那些踢出去比踢进去还难的球射失，因而被称为"吐饼大师"。在世界杯决赛对法国的那场比赛中，劳塔罗至少有两个必进球没有打进。如果不是梅西最后关头力挽狂澜进了球，如果不是阿根廷虽然一波三折却依然拿下比赛，劳塔罗将是千古罪人。幸好，劳塔罗吐的"饼"、造成的损失被梅西和他的队友们弥补了回来，这样，劳塔罗的那些失误，或者说他该进不进的那些球就显得没那么重要了。世界杯以后这几年，劳塔罗仍然保持了这种国家队"吐饼大师"的本色，总是莫名其妙地在门前丢失必进球。这种状况，一直维持到 2023 年底。但到今年以来，劳塔罗这种"吐饼"的状况有了不小的改观。美洲杯开赛前夕，阿根廷踢的几场热身赛，劳塔罗差不多都有进球。如果我记忆不差，今年劳塔罗在国家队已经进了 5 个球。这样的话，似乎再不能把劳塔罗视为"吐饼大师"了。但是，劳塔罗毕竟要在大赛上证明自己才好。此届美洲杯开赛以来，第一场对加拿大，第二场对智利，劳塔罗都进了球。其中第一场的那个进球，就是成功吃下了梅西以直塞喂的"饼"。那个进球对劳塔罗、对阿根廷都非常重要。而第二场对智利队的那个进球，虽然不是"吃饼"，但捕捉到那样的时机，比吃饼要困难得多。因为大家都知道，近些年来，智利队一直是作为阿根廷队的苦主而存在的，他们是阿根廷在美洲杯小组赛中真正的心腹大患。阿根廷与之缠斗了多半场，一直未能打破僵局。此时劳塔罗替补上场，不久便利用梅西开出角球造成的禁区内混乱，劳塔罗成功地在乱战之中打入一球。这样，他就帮助阿根廷以 1∶0 的比分战胜了他们多多少少有一点心理障碍的老对手智利。接着，在本场比赛中顶替梅西首发出场的劳塔罗更是大放异彩，通过下半场开赛不久和终场前两个非常漂亮的进球，帮助阿根廷全取 3 分。可以说，这时的劳塔罗才真正恢复了他的杀手本色。阿根廷在小组赛 3 场比赛进了 5 个球，有 4 个是劳塔罗打进的。这使他不仅帮助阿根廷三战三捷，也使自己暂时排在了射手榜的首位，从而也有力地证明了自己的实力。

劳塔罗走出低谷、重回巅峰的故事，其实能给我们很深的启发。人不会在一生中的任何时候都一帆风顺，一个人最终能不能成功，既取决于你能不能努力地去拼搏，也取决于你在失利的情况下或者不那么顺利的情况下，能不能有一种坚持的态度。从另一个方面来讲，我觉得不光是劳塔罗本人为今天的结果作出了努力，其实斯卡洛尼教练，以及梅西等队友对劳塔罗还是充满了信任，尽管他一再"吐饼"，大家并没有对他失望乃至绝望，而是继续不停地给他助攻。最后，劳塔罗终于在美洲杯小组赛中实现了他在国家队的蜕变。

劳塔罗的这个蜕变，对阿根廷来讲是十分重要的。这是因为，我们都知道，以往的阿根廷国家队梅西是作为一个三重角色而存在的。当然，首先第一个角色，他是全队的精神领袖，是全队的灵魂之所在。所有那些像恩佐、阿尔瓦雷斯等年轻人，都是看着梅西的，他们都是把目光沿着梅西的目光看向远方。所以，当梅西在场上时，他们心里就会特别踏实，就能踢得非常放松，全面发挥自己的水平。因此，梅西首先的角色，是一个精神领袖。其次的角色，是一个中场的组织者或者叫作发动者、串联者。我们都知道，尽管梅西每次报名都是前锋，但实际在场上，他经常有意识地回撤，到中场去拿球，然后想办法分球或者是传出那个致命一击，去帮助队友得分。就是这个时候，他其实不是一个摧城拔寨的前锋，而是一个中场组织者。最后的角色才是前锋射手。梅西自己也经常和队友打二过一配合，通过分球之后队友回传，然后他在抢点射门或者插上以后突破射门。所以，他不仅仅是阿根廷的得分王，也是阿根廷的助攻王。这种集得分之冠和助攻之冠于一身的情形，纵观整个世界足坛也罕见。大概马拉多纳在很短的时间内可以做到这一点，但是没有人能像梅西这样长期既做最佳射手又做最佳助攻。C罗只是一个射手，唯一的任务就是射门得分，没有助攻或者实时组织进攻的这种能力，或者说，他也不承担这样的角色，而其他也有很多中场大师，比如今天阿根廷队的洛塞尔索，都是只会传球，但是不怎么亲自去射门得分。因而，像梅西这样的双重角色，即使不是绝无仅有，也是罕见的。

从这一届美洲杯开赛以来，我们看到梅西前两场比赛，尽管也获得了一定的射门机会，但是至今还没有攻破对方的球门。这在梅西过去的征战世界大赛的历史上也是非常少见的。实际上我们要清醒地意识到，梅西已经37岁了——他刚刚过了37岁的生日。从竞技状态来讲，他的得分率会下降，这是一个必然的趋势。这种情

况下，梅西可能会更多地把自己的位置有意识地后撤，去拿球、去分球，在一定时候也可能突破以后再分球、传球，去帮助队友得分，而不是像以往在世界大赛中那样，自己在禁区前得分。这样，梅西的作用更多的时候就变成了一个中场组织者。因此，谁来摧城拔寨、射门得分呢？谁来完成最后的致命一击呢？我们都知道，阿根廷是一支不缺好前锋的队伍，除了梅西和劳塔罗，他们的前场还有阿尔瓦雷斯、迪马利亚、冈萨雷斯，乃至两位天才少年加纳乔和卡博尼。但尽管如此，我们仍然觉得，像劳塔罗这样的超级前锋，如果能够站出来弥补梅西后撤以后失去的攻击力，是一个非常重要的事情。也许在淘汰赛的阶段，这一点我们才会看得更清楚。多了劳塔罗这样一个点，阿根廷的前场组织就会变得更加灵活而富有活力，对手防起来就会更加困难。毕竟，到目前为止的 3 场比赛，阿根廷还没有遇到真正的挑战。那么下一步他们一定会遇上比现在小组赛这 3 个对手更强大的对手，比如说美国队，比如说哥伦比亚队，比如说过去一直给他们制造麻烦的墨西哥队，当然还有巴西队、乌拉圭队。在这样的情况下，如果劳塔罗有一个稳定的输出，能够及时射门得分，这对阿根廷最终夺冠是非常重要的。毕竟，阿根廷这一届的目标只有一个，那就是冠军。

　　似乎也该提提秘鲁。这场球，他们很遗憾地，也是无可奈何地成为阿根廷的背景板，虽然他们也创造了一些得分的机会，甚至在开场不久还有机会领先，但最终，他们还是三战两负一平被淘汰了。这当然是他们实力的反映，按道理也没什么好遗憾的。但是我们仍然要为他们点一个赞，毕竟，他们全场还是从头至尾地去拼强大的阿根廷，也给对手制造了不少麻烦，这是我们特别愿意看到的。只有不断地面对这样强大的挑战，阿根廷才是真正的阿根廷。

何以粗野？

2024 年 6 月 30 日　北京时间 08:00

加拿大 vs 智利

佛罗里达州奥兰多
Inter&Co 体育场

　　智利队在一场虽有一定优势但得势不得分的比赛中，最后以 0：0 的比分与加拿大队握手言和。结果最后以两平一负积 2 分这样遗憾的战绩，失去了进入淘汰赛阶段比赛的资格。而一胜一平一负的加拿大挤掉了智利和秘鲁，和阿根廷携手出线。对智利而言，他们也许期待着一次复兴的机会，但现在看来，他们或许还要在谷底停留一段时间。

　　刚开场，智利队打得很有气势。尽管双方在中前场都缺乏控制力，因而都采用后场通过长传找锋线的办法寻求进攻机会，这样，就使得进攻失误很多，攻防转换频频。不过，智利队员的脚下拿球技术略好，这就为他们前场创造了更多通过下底或者肋部传中的机会，他们的 9 号维克托·达维拉显得非常活跃，连续从中场插上，打出两脚极有威胁的射门，差点改写了比分。但是，左边卫 17 号苏亚佐两次鲁莽的犯规导致两黄变一红被罚下场，这成了比赛的转折点。此后尽管智利仍然坚持进攻，但由于人力微小的变化而产生的攻防压力，使他们进攻的自信心和防守的硬度都明显下降。而脚下功夫虽然不及对手，但对抗能力略占上风的加拿大人，渐渐靠

着人数上的优势占据了场上的主动。比赛的节奏逐渐放慢，甚至看得让人昏昏欲睡。尽管双方球迷卖力地发出的加油助威声隔着屏幕都能听到，但比赛还是平淡了下去。智利人明知道他们只有取胜才有进入下一阶段比赛的生机，但积极性也似乎调动不起来。比赛就这样四平八稳地结束了。

从另一个角度看，这是一场激烈但不够精彩的比赛，原因就在于双方踢得都有些粗野。我以前认为，粗野总是运动员体育道德缺失造成的，但今天看来，导致粗野的原因更可能是技术水平的不足。其实想想拳击比赛就容易明白，一个总不能打击对手有效部位的拳击手比赛必然是粗野的，但他很可能不是性格野蛮，而是缺乏有效打击对手的技术能力。如同当年我们看央视的小品，陈佩斯粗野打向朱时茂的王八拳，原因是他不会拳击。这场比赛，裁判员出示了 8 张黄牌和 1 张红牌，当然就是粗野的明证。但这粗野的缘由，恐怕是双方技术水平有限造成的——一个队员经常踢人的原因往往是，他老是踢不到球。

加拿大能够出线，也仅仅是他们比智利聪明一点，赢了小组垫底的秘鲁。这样，尽管只有一胜一平，他们仍然能跻身小组第二，进入下一阶段。但以在小组赛中表现出来的平庸实力，估计他们在淘汰赛阶段很难再前进一步了。不过，作为这个小组唯一的北美球队，加拿大最终能够出线，也算给北美洲长了一点面子。善哉善哉！

为墨西哥一叹

2024 年 7 月 1 日　北京时间 08:00

墨西哥 vs 厄瓜多尔

亚利桑那州格兰岱尔
州立农业体育场

　　墨西哥和厄瓜多尔所在的这个小组的比赛，仿佛就是为了证明国际足联公布的国家队排名有多么不靠谱。小组赛结束，世界排名最低的委内瑞拉以三战三胜积 9 分的战绩获得小组第一，而世界排名最高的墨西哥队反而遭到了淘汰。当然，墨西哥队本来有机会出线的，但是，他们未能在本场比赛中攻破厄瓜多尔的球门，就只能掩上美洲杯的门，踏上回家的路了。

　　在我的印象中，墨西哥的足球水平，应该是高于同组其他三队一大截的。在我差不多 40 年的看球经历中，墨西哥是世界杯的常客，尽管他们总是做了如马拉多纳、梅西之类伟大球星的背景板。不过，实事求是地讲，一个队老能做背景板，那也是了不起的事情。我们中国队，每次都是欲背景板而不能的。就在最近的卡塔尔世界杯上，墨西哥就给后来获得冠军的阿根廷找了不少麻烦。要不是梅西下半场那一记惊天贴地斩，阿根廷就有可能提前被他们送回家。因而在我看来，以墨西哥的实力，即使不能三战三捷，出线应该不成问题吧？

　　他们头一场只赢了牙买加一个球，似乎就有点球运不佳。而第二场，在占有一

定优势的情况下输给状态不错的委内瑞拉，也许也可以用球运不佳解释。但问题是，这一场，他们仍然是处于优势的一方：进攻次数95对80，危险进攻59对38，控球率60％对40％，射门18对9，角球5对2，似乎都可以把比赛引向胜利。但最终，他们显而易见的锋无力断送了自己的半世英名，显然，3场比赛只进1个球的队，不是应该出线的球队所为。

我是一直期待墨西哥战胜厄瓜多尔的。因为这样，墨西哥就能进入淘汰赛，然后以小组第二的身份遇上阿根廷。这将是卡塔尔世界杯后，两队又一次碰面。尽管他们神奇的门将奥乔亚没有随队参加美洲杯，但这样的遭遇战仍然能够强烈地调动我们的神经。今天，我们期待看梅西的比赛，已经不仅仅是希望他赢球，而更是希望他踢出好的过程，精彩的助攻或者射门，关键时刻的石破天惊。而阿根廷对阵墨西哥，就可能是一段新故事的开始，当然，这已经是不可能的了。墨西哥人不愿意再当强队的背景板，或许是他们不懂，"关公门前耍大刀""班门弄斧"，其实都不是贬义。

一黑冲天

2024 年 7 月 1 日　北京时间 08:00

牙买加 vs 委内瑞拉

德克萨斯州奥斯汀
Q2 体育场

在火热激情的本届美洲杯赛场上，一支球队以黑马之姿惊艳全球。今天北京时间早上 8 点，美洲杯小组赛 B 组第三轮比赛中，委内瑞拉与牙买加展开对决。对于委内瑞拉队，这场比赛的意义是他们能否创造一个历史，就是他们能否以三战三胜积 9 分的成绩成为小组第一。前两场，他们已经击败了更为强大的墨西哥和厄瓜多尔，本场面对小组实力最弱的牙买加，自然是志在必得。而对于牙买加来说，此前两战两败，已经提前被淘汰，这一场，更像是一场荣誉之战。毕竟，双方的世界排名只在伯仲之间，光脚的不怕穿鞋的，墨西哥人和厄瓜多尔人做不到的事情，不等于牙买加人也做不到。

比赛一开始，双方展开激烈争夺。整个上半场，双方都以进攻的姿态出现，更多的时候，比赛的状况就是球权在中场附近反复交换，谁都难以形成有效攻击。看上去牙买加队打得更为简练，有几次中场抢断形成反击，差点攻破委内瑞拉的大门。不过，委内瑞拉毕竟技高一筹，他们的中场攻防能力明显好于对手，逐渐掌握了比赛的主动权。下半场刚开场，委内瑞拉觅得良机，阿兰布鲁在左路 45 度将球吊入

禁区远角，贝洛高高跃起，力压对方后卫，将球从守门员腋下顶入球门，帮助球队取得领先。这个进球不仅打破僵局，激励了队伍士气，也彻底改变了竞争格局。

牙买加队显然不甘心以这样方式输掉比赛。失球后，他们进一步加强了进攻，努力想要扳平比分。这样，他们的后防线压得十分靠前，自己的后场反而形成了大片的开阔地带。这样的情形之下如果进攻时传球到位，接球自如，始终能控制球权，那自然不会暴露后防的隐忧。但如果一旦丢球给了对方打反击的机会，情况就会十分危急。事实上，牙买加队此后接连丢球，很大程度是让对方打了反击。第56分钟，埃雷拉传球给隆东，后者单刀得手，再下一城。两球领先让委内瑞拉踢得更从容了，他们控制比赛节奏，不慌不忙寻找破门机会。比赛末段，委内瑞拉队继续进攻。第85分钟，安德拉德传球给拉米雷斯，以与第二球如出一辙的方式攻入第三球，最终锁定胜局。

看双方的数据，委内瑞拉还是占有较大优势。他们进攻91对74，危险进攻62对25，控球率虽然只有53%，并非明显压倒性优势，但射门数16对8，射正球门3对1，角球9对6，都表现了较大的优势。难得的是，委内瑞拉仅有三脚射正球门就打入三球，表现出了高度的效率。这也是他们致力于高质量防反取得的成果。

至此，委内瑞拉队小组赛中连胜厄瓜多尔、墨西哥和牙买加，三战三胜，表现出色，应该说创造了一个不大不小的奇迹。他们的成功，除球员高水平发挥外，教练组的战术布置也功不可没。充分发挥出整体实力和个人特点。通过紧密防守和快速反击，持续威胁对手。同时，掌控比赛节奏确保领先优势。

特别让我们惊喜的是，曾经效力于中超的隆东发挥出色，成了全队的核心。隆东身体素质出色，射门能力一流，在本届美洲杯上，以三战进6球的出色成绩成为队史射手王和出场王。其他球员如阿兰布鲁、埃雷拉也扮演了关键角色，给我们留下深刻印象。他们在四分之一决赛中的对手是加拿大队，这是一支与他们实力相当的球队。两军相遇勇者胜，让我们祝愿这支大打攻势足球的球队能够走得更远。

失误？对不起，是失败

2024 年 7 月 2 日　北京时间 09:00

美国 vs 乌拉圭

密苏里州堪萨斯城
箭头体育场

　　我的老家有句俗语，叫作"闲时不着急，忙时没饭吃"。这句话形容今天要对阵乌拉圭队的美国队，可谓入木三分。

　　本届美洲杯开赛以来已经打了 20 场比赛，所有 16 支球队都已经战罢两轮。如果让我们评价哪一支球队是迄今为止表现最为优异的，公允地讲，恐怕不是小组赛中已经三战三胜的阿根廷，而是已经两战两胜的两支球队之一，或者是哥伦比亚，或者是乌拉圭。前者，是进攻有办法；后者，是攻守在较高水平上实现了平衡。现在看来，本届美洲杯的冠军极有可能就在乌拉圭、阿根廷和哥伦比亚 3 支队伍中产生。

　　作为 C 组的种子队，美国队抽到的不能说是一支好签。但只要正常发挥水平，小组出线应该无虞。毕竟，世界排名第 85 位的玻利维亚和世界排名第 41 位的巴拿马，实力都远在世界排名第 12 位的美国队之下。只要前两场发挥正常，美国队应该在遇到乌拉圭之前就出线了。但天有不测风云，美国队虽然在小组赛第一轮 2 ∶ 0 战胜玻利维亚，但第二轮居然意外地以 1 ∶ 2 负于巴拿马。在只有小组赛前两名才可以晋级的美洲杯，美国队到了第三轮这场比赛时面临的格局就是，只有战胜乌拉圭才能晋级，踢平就必须要看别人的脸色。而一旦负于乌拉圭的话，美国只能寄希望于玻利维亚取胜，从而依靠净胜球优势晋级，但这是一个"微茫的希望"。

比赛打得很焦灼。尽管全力进攻，但美国队却很难创造出破门良机。另一场比赛，法贾多上半场第22分钟抽射破门，为巴拿马打破僵局，早早就确定了领先优势，这也差不多抄了美国的后路。在这样的情况下，美国队一方面要全力进攻力争领先，另一方面，还要寄希望于玻利维亚能够进球进而战胜巴拿马。但很不幸，美国人等来的全是坏消息，如同冯小刚电影《集结号》中的箴言：自己是靠不住的，友军也是靠不住的。

在美国队与乌拉圭队还是0：0平的时候，巴拿马已经取得了领先。但玻利维亚下半场扳平了比分，这让美国队看到了晋级的机会。然而，短短10秒钟之后，乌拉圭队的奥利维拉就补射破门，打破了场上僵局。美国人就顾不上关注另外一场了，他们必须打进扳平的进球。因为，即使巴拿马战平玻利维亚，他们也战平乌拉圭，结果也是不利于他们的。因为前面他们输给了巴拿马。

但是，坏消息接踵而至。之后，巴拿马连入2球，最终以3：1的比分战胜玻利维亚，锁定小组第二名。而在负于乌拉圭之后，美国队排名小组第三位，最终只能饮恨，被淘汰出局。

这是美国第三次止步美洲杯小组赛，此前两次分别是在1993年、2007年。1995年、2016年两届美洲杯，美国最终都跻身半决赛。同时，美国队此前6届国际大赛小组赛第三轮连续取胜的纪录被终结，而上一次告负则是在2016年美洲杯负于巴拉圭。自1995年以来对阵乌拉圭的不败纪录也被终结，此前两队4场比赛美国取得一胜三平的成绩。美国人值得总结的还有很多。

尽管以东道主的身份出战，但美国在小组赛表现不佳，成为继智利、秘鲁、墨西哥之后又一支出局的球队。这也回应了我们经常听到的那种"阴谋论"的说法，美国如此强大，此番美洲杯又是东道主，南北美洲的两个足联难道不明白东道主淘汰会损失大量票房吗？为什么不出手相助？所以，没有阴谋，在足球场上的绝大多数时候，所见即所得。足球就是你看到的那个样子。

乌拉圭队替补前锋 9 号苏亚雷斯

　　无论如何，这就是足球。很多情况下，一个技术动作或者情绪上的小错误，你以为是失误，其实那就是失败。

两军相遇勇者胜

2024 年 7 月 2 日　北京时间 09:00

玻利维亚 VS 巴拿马

佛罗里达州奥兰多
Inter&Co 体育场

　　这是 C 组的另一场生死战。这个实力不俗的小组两轮战罢，只有两战两胜的乌拉圭确定出线，另一个名额，其余 3 支队伍都有机会。3 支待出线的队伍中，美国队本来实力最强，但他们对上的是乌拉圭，从理论上讲，美国队即使取胜也不一定出线，因为他们上一场输给了巴拿马，如果巴拿马这一场也取胜，并且多进几个球，美国队即使胜利也可能被挤到第三位，另一方面，他们输了也未必出不了线，但前提是玻利维亚必须胜巴拿马，而且既不能进球太多——那样出线的就是玻利维亚，也不能进球太少——那样巴拿马也有机会。这样看，美国输了出线机会就很小，甚至可以忽略不计。平了呢，也不一定出线，具体情况就不分析了。看上去情况很复杂，但对于玻利维亚和巴拿马，情况很简单，就是都必须全力争胜。赢了球虽然不一定出线，但输了球就肯定没戏了。

　　上半场开赛，双方打得都很谨慎，均摆出一个先做好防守，伺机组织进攻的态势。由于双方都不敢于过度前压，所以两队后场都能控制住球，到了中场，就会遭到激烈阻截。场面上看双方在中线附近激烈搏杀，球权反复交换，技术动作也都比较大。但纵观两队整体情况，队员个人能力和局部配合上巴拿马略胜一筹。上半场第 22 分钟，巴拿马传中被解围，再次顶进禁区获得二次进攻机会，17 号法贾多停球转身抽射一气呵成，完成了一个相当精彩的个人秀，继上一场对阵美国队进球以后，又取得了连场破门。此后，尽管玻利维亚发动反击攻势有所加强，但他们的传中总是不得要领，未能给巴拿马的球门造成威胁。

下半场双方打得更加小心，比赛的节奏也放慢了下来。但奇峰突起的是，第 69 分钟，玻利维亚在对方禁区前耐心传球寻找机会，10 号巴卡看准时机突然送出一脚致命直塞，下半场才换上场的前锋 22 号布鲁诺·米兰达游弋在禁区内，得球射门打进球门近角。主裁检查 VAR 后判定，米兰达没有越位，进球有效。玻利维亚扳平了比分。这个变化也给同时开赛的美国队带来了希望。但是，过了大概 10 分钟，巴拿马队左边卫 10 号巴塞纳斯左侧 45 度将球吊入禁区，小禁区里格雷罗冲顶破门，巴拿马再度取得领先。玻利维亚人尚未完全反应过来，补时阶段，巴拿马刚刚替补登场中场球员 20 号亚尼斯以一记极其精彩的凌空抽射再次攻破玻利维亚大门。这几乎就是锁定胜局的一球。最终，巴拿马人把命运牢牢把握在自己的手里，携手乌拉圭取得了出线权。

巴拿马将在四分之一决赛中对阵哥伦比亚队。这将是他们对阵过乌拉圭以后面临的最大挑战。我们只能祝他们好运了。

但求无愧我心

2024 年 7 月 3 日　北京时间 09:00

哥斯达黎加 vs 巴拉圭

**德克萨斯州奥斯汀
Q2 体育场**

　　大学快毕业的时候，同学们每人都要买一本纪念册，请其他同学留下感言。那时我也在青涩的时光，所有同学请我写"最喜欢的名言"时，我一般都写"岂能尽如人意，但求无愧我心"。现在想来，这句话依之而为人生格言，倒也不失其妙。

　　美洲杯小组赛 D 组第三轮，哥斯达黎加对阵巴拉圭，双方都遇到这个问题。哥斯达黎加前两轮一平一负仅获得 1 分，净胜球 –3 个，基本丧失了晋级的可能。而排在他们前面的巴西则 1 胜 1 平积 4 分，净胜球 3 个。看得出来，哥斯达黎加要想晋级，必须在本场比赛中获胜并多多进球，同时希望哥伦比亚战胜巴西，并且多进几个球。显然，这两个条件都不容易满足。也就是说，哥斯达黎加如果能晋级，差不多也是需要"山无陵，江水为竭。冬雷震震，夏雨雪，天地合"那样的条件，也就是说，晋级前景渺茫。不过，从比赛现场看，哥斯达黎加的球员们并未轻言放弃，可能他们也认为，足球总有可能发生奇迹。当然，奇迹的前提是他们大比分赢巴拉圭，在巴拉圭已经提前出局，失去战斗动力的前提下，似乎一个大比分胜利也并非无望。

　　果不其然，比赛开始仅 3 分钟，哥斯达黎加便打破僵局！8 号莫拉左路传中，左后卫 15 号卡尔沃头球破门，哥斯达黎加 1：0 领先！这个梦幻开局不仅提振了哥斯达黎加队员的信心，也让局势一片大好。随后仅仅 4 分钟，比分再度改写，阿尔科塞尔中场发起快攻，凭借一记远射将球打进，门将毫无反应，2：0！6 分 29 秒内连进 2 球，哥斯达黎加创造了自 1995 年美洲杯以来最快的 2 球领先纪录！

第 13 分钟，恩西索斜传禁区，阿尔米隆被铲倒，但主裁判并未判罚；第 22 分钟，恩西索右路过掉防守球员射门，皮球略微偏出立柱；半场结束时，哥斯达黎加暂时以 2：0 领先；巴拉圭上半场控球率 60%，射门 4 次均未命中，而哥斯达黎加 2 次射门 2 次破门，攻击效率相当高。但同时举行的巴西和哥伦比亚的比赛上半场打成了 1：1。如果巴西和哥伦比亚就以这样的比分结束战斗，那巴拉圭和哥斯达黎加无论打出什么样的比分，都将双双被淘汰。

下半场开始，第 55 分钟，巴拉圭发动反击，索萨单刀破门，1：2，巴拉圭追回一球，哥斯达黎加的出线前景变得黯淡起来。第 64 分钟，巴尔布埃纳头球攻门被门将扑出；第 66 分钟，哥斯达黎加后场解围时差点送出一次单刀机会，幸好被巴拉圭球员化解；接下来两队都进行了换人调整，但都未能改变比分。哥斯达黎加下半场几乎没有创造出有威胁的进攻机会，直到比赛进行到 80 多分钟时才完成首次射门。最终 2：1 的比分保持至终场。哥斯达黎加尽管取得胜利，却无缘晋级，美洲杯征程就此终结。

此时，我毕业时给同学的那句留言突然在脑海里涌现出来。对于遗憾收场的哥斯达黎加来说，努力的拼搏虽然不能换来小组出线，但这不正是"岂能尽如人意，但求无愧我心"吗？

足球，还是柔术？

2024 年 7 月 3 日　北京时间 09:00

巴西 vs 哥伦比亚

加利福尼亚州圣克拉拉
李维斯体育场

巴西队今天迎来了真正的考验。

近年来，巴西足球的衰落，日益成为一个难以回避的话题。我们这一代人的足球记忆，很大程度是关于巴西足球的记忆。在 20 世纪末，在我们心中，巴西就是足球的代名词。我们对其他球队的熟悉，往往缘于他们是巴西的对手。尽管 1982 年、1986 年和 1990 年，巴西都是夺取世界杯冠军的头号热门，但他们总是马失前蹄、在占尽优势的情况下意外输球而遭到淘汰，使得巴西的形象又多了几分悲情英雄的色彩。1994 年、2002 年巴西又两获世界杯冠军，成就了"五星巴西"的美名。但从那以后的历届世界杯，巴西再没有进入过决赛，唯一一次进入 2014 年四强，却在家门口被德国人 7：1 血洗。此后的巴西就有点每况愈下。卡塔尔世界杯，被克罗地亚淘汰，没能进入四强。本届世界杯选拔赛，巴西已经三连败，跌到了南美区第六名。现在的巴西队，恐怕不是如何重夺世界杯冠军，而是能不能参加世界杯的问题。

不过，巴西虽然虎落平阳，但回到南美洲，毕竟拥有一支价值 10 亿美元的豪华队伍，能拍着胸脯敢与之战上几个回合的，恐怕也就那么两三支队伍。阿根廷当然是头号劲敌，剩下的，恐怕只有哥伦比亚和乌拉圭了。

说到哥伦比亚，前面已经提过，新世纪以来已经"零落成泥碾作尘"，不复当年模样。不过，许是本届美洲杯开赛前备战有方，训练到位，开赛以来，显示出了一种极为不凡的竞争实力。小组赛前两个对手，虽说并非强队，但也并非任人宰割之辈，对阵哥伦比亚，巴拉圭输了个1∶2，哥斯达黎加输了个0∶3。此番对阵巴西，自然不愿为人作嫁衣。何况，倘能平或胜巴西，就是小组第一，到了淘汰赛阶段，机会就更好些。何乐而不为？

从历史交锋记录来看，巴西队在与哥伦比亚队的较量中占据明显优势。两队共交手36次，巴西队取得了21胜11平4负的成绩。然而，值得注意的是，在近年来的比赛中，哥伦比亚队多次给巴西队制造麻烦。特别是在南美区世预赛和美洲杯小组赛中，哥伦比亚队甚至两次击败巴西队，显示出了他们强大的实力和顽强的斗志。

比赛开始，巴西队仍然坚持层层推进为主要手段的阵地进攻，伺机直传打对方身后，两个边路拉菲尼亚和维尼修斯都相当活跃。但哥伦比亚显然做了充分的准备，从第一分钟开始就上了刺刀，以极其强硬的逼抢破坏巴西队的进攻节奏。一时间，双方人仰马翻，比赛不时被吹停，不时有队员痛苦倒地。巴西队也未能免俗，哥伦比亚持球进攻时，也每每以凶狠的铲断加以破坏。也许南美的裁判员对这样的犯规已经习以为常，虽然时时吹停比赛，但第一张黄牌反而掏给了回防抢断J罗而犯规的维尼修斯。前面比赛已经有一张黄牌在身的维尼修斯因此要停赛一场，错过四分之一决赛，这引得巴西教练员大为光火。我们看球的也多少有些错愕。毕竟，从动作的激烈程度来看，如果维尼修斯该得牌，那应该有好几张先给哥伦比亚队员了。

很多人把南美足球这种粗野的场上状况视为一种风格或者特点，甚至觉得这才是更加刺激的足球。但我们如果多看一些比赛就能明白，没有人会真正喜欢粗野的足球，过于火爆的场面必然损害足球真正的美感，也会使观众远离球场，最终损害的是足球本身。南美足球近些年来有逐步下滑的趋势，在我看来，与南美球队这种普遍过于粗野的踢法不无关系。

不过，哥伦比亚队凶狠的逼抢犯规还是受到了惩罚。第10分钟，巴西队获得角球，发入禁区被哥伦比亚后卫顶出，弧顶前的第二落点又被 15 号戈麦斯背身拿住。哥伦比亚 10 号 J 罗毫不迟疑地直接铲倒了戈麦斯，巴西队获得了一个角度、距离都相当不错的前场任意球。主罚的拉菲尼亚左脚打出一道奇妙的弧线绕过人墙直入球门的右上角。这是一个无解进球。哥伦比亚略显迟缓的守门员巴尔加斯当然守不住，但估计换成对面的世界最佳门将阿利松，也一样守不住。

巴西队喜出望外，立刻加快了比赛的节奏，力图尽快扩大战果锁定胜局。当然，哥伦比亚队也还以颜色，凶狠的逼抢更甚。甚至一度中断比赛，双方队员混战在一起，场面几乎失去控制。裁判员中止比赛，各施以黄牌警告。即便如此，比赛的火药味仍然十分浓烈，只要有身体接触，必有球员倒地。第 44 分钟，维尼修斯倒在对方禁区内，裁判经 VAR 提醒后没有判罚点球。但赛后技术委员会认定这是一个误判。如果此时判了点球，那巴西或许就会取得最后的胜利。但综观全场，某些时刻的场面似乎更像是一场巴西柔术的较量。这样的比赛，即便双方是世界一流的巴西队和哥伦比亚队，也难免让人一声叹息。

不过，哥伦比亚队顽强的进攻还是收到了成效。他们不断以高位逼抢威胁巴西队的防线，令经验丰富的阿利松犯下错误，仓促间将球传给了对方前锋。幸亏他将功补过，将对方的射门化解。巴西队进球之后，反而是哥伦比亚的进攻渐渐占据了上风。上半场补时阶段，哥伦比亚打出快速反击，中间位置的科尔多瓦作为有力支点接到皮球，妙传右路插上的穆尼奥斯小角度射门得分，哥伦比亚扳平了比分。上半场比赛就此结束。

下半场，双方延续了激烈而不精彩的场上表现；虽然各自创造了为数不多的射门良机，但都没能攻破对方球门。反倒是因为屡屡出现的粗野犯规不断挑起双方球员的怒火，比赛数次中断，裁判疲于奔命。这样的情形，固然是哥伦比亚相对凶狠的逼抢所致，但巴西队缺少当年巅峰时期那种艺术足球的灵动已是不争的事实，也是冲突频频的原因。最后，双方无论是足球还是拳击和柔术，都没有分出胜负，只能以 1：1 的比分和平收场。对于哥伦比亚队而言，此战的收获是下一轮成功避开了强敌，而巴西人就得去死磕乌拉圭了。秋色固然可以平分，但同样的秋色，有人看的是"万里悲秋常作客"，有人看的是"晴空一鹤排云上"，心情大大的不同。

圣马丁之夜

2024 年 7 月 5 日　北京时间 09:00

阿根廷 vs 厄瓜多尔

**德克萨斯州休斯顿
NRG 体育场**

　　阿根廷在这场四分之一决赛中获得胜利，这应该是几乎所有球迷都能预测到的结果。但整场下来，厄瓜多尔人居然把比赛拖入点球大战，却是多数人都不曾料想到的。

　　梅西出现在首发阵容中，与前几场表现优异，几乎包揽阿根廷全部进球的劳塔罗联袂锋线。中场仍然是冈萨雷斯、德保罗、恩佐和麦卡利斯特这样更多具有力量而不是技巧的组合，尤其是德保罗和恩佐，共同构成梅西身后的一道坚强闸门。而后卫线派出了莫利纳、罗梅罗、马丁内斯、塔利亚菲科的组合。总的来看，尤其是中后场，沿用了阿根廷小组赛前两场的基本阵容。有趣的是，由于劳塔罗首发上场，阿根廷这套阵容中就出现了 3 个马丁内斯，分别是前锋马丁内斯（劳塔罗）、中后卫马丁内斯和守门员马丁内斯。而事实上，看了整场比赛就会明白，阿根廷能够获得最后的胜利，至少有两个马丁内斯厥功至伟。第一个马丁内斯打入了第一个进球，而另一个守门员马丁内斯再一次发挥了圣马丁的威力，以其出神入化的扑点能力拯救了阿根廷。赛后，他说：我还没准备好回家。

这是阿根廷开赛以来打得最不好的一场球。一方面，梅西状态不好，整场被厄瓜多尔的贴身盯防所限制，拿不到球，拿到了也会遇到疯狂的围抢，导致阿根廷中前场的组织并不顺利。另一方面，厄瓜多尔全队都采取了一种以凶狠逼抢、粗暴铲断和贴身挤压为基本操作的防守方式，不仅在自己的半场如此，在对方的半场也是拼命地寻求对抗。尽管阿根廷中后场有足够的硬度来抵御对方的紧逼，但如此高频率的挤压，也很大程度上打乱了阿根廷的节奏。应该说，曾经带领卡塔尔冲上亚洲足球巅峰的西班牙籍教练菲利克斯·桑切斯为厄瓜多尔安排的战术非常成功，尽管全队实力有限，却仍然以一种整体性极强的打法让阿根廷强烈不适。其实，好的战术既包括有利于本方的发挥，也包括有效破坏对方的发挥。在高水平足球比赛中，后者甚至比前者还重要。

看全场比赛的数据，阿根廷与对手几乎是平分秋色：进攻 91 对 79，危险进攻 26 对 29，控球率 51% 对 49%，射门 8 对 9，射正 2 对 2，角球 2 对 5。单看数据，这甚至是厄瓜多尔稍占上风的一场比赛。阿根廷的数据低，正是厄瓜多尔以战术打法限制而产生的结果。厄瓜多尔虽然没把自己变好，但他们成功地把阿根廷变差了。这正是阿根廷迟迟不能打入第二球，反而在终场前被绝平的原因所在。

当然，阿根廷之所以能够在长达 3 年多的时间里占据世界第一的宝座，就在于他们虽然有梅西，但又不完全依靠梅西。就这场比赛而言，在梅西状态不好，球队被绝平的不利形势下，他们伟大的圣马丁又一次挺身而出。据说，在圣马丁守门的4 次点球决胜中，阿根廷取得了全胜。厄瓜多尔人虽然能够把比赛拖入点球大战，却没法把圣马丁拖入替补席。正是这位神一样存在的世界最佳门将，在梅西头一个点球就没有罚中的被动情况下接连扑出对方两个点球，彻底摧毁了对手的信心，也挽救了全队的信心。赛后，圣马丁被评为全场最佳球员，这既是对他神勇发挥的褒奖，从某种意义上说，也是对阿根廷一种不动声色的批评。也许，阿根廷该踢一场让圣马丁舒服些的比赛。毕竟没有一个队伍可以仅靠门将的发挥赢得冠军。当然，门将不是万能的，但没有了马丁内斯的阿根廷是万万不能的。

这场比赛也让人想起阿根廷世界杯之旅的四分之一决赛对阵荷兰队，他们也是在领先的情况下遭遇绝平，后来也是依靠圣马丁的神勇扑救，才在点球大战中淘汰

阿根廷队主教练斯卡洛尼

了对手。阿根廷在本届美洲杯的比赛中以同样的方式进入四强，似乎预示着他们将最终卫冕。不过，以梅西现有的状态，下一场对付委内瑞拉和加拿大之间的胜者，或者还有可能。但再要与另一半区的胜者，无论是巴西、哥伦比亚或者乌拉圭，都很难占得上风。斯卡洛尼当前最大的任务，就是尽快调整梅西的状态，或者，考虑梅西不首发的替代方案。毕竟，从对手的角度看，这是最近 10 年来他们离冠军最近的一次，比上届都近，如果错过了，创造像西班牙那样大赛三连冠的神迹，就可能失之交臂了。

加拿大还活着

2024 年 7 月 5 日　北京时间 09:00

委内瑞拉 vs 加拿大

德克萨斯州阿灵顿
AT&T 体育场

　　分析小组赛的形势，委内瑞拉在四分之一决赛中遇上加拿大，从双方的愿望来看，一定是双向奔赴。也就是说，假如让加拿大从 B 组挑选对手，他们一定会选委内瑞拉而不是厄瓜多尔或者墨西哥；而假如让委内瑞拉从 A 组选对手，他们也一定会选加拿大，而不是阿根廷或者智利。这种难得的"双向奔赴"源于双方的平凡和平等。他们都不是著名球队，也极少大牌球星，相比之下实力相当。这种实际上的"哥俩好"甚至表现在最后的点球大战中，前 5 个点球，他们各自罚中了 3 个，都是在第一轮、第三轮和第五轮；各自罚丢两个，都是在第二轮和第四轮，仿佛是用剧本写出来的一样。直到一球定胜负的第六轮，加拿大才勉为其难地接受了委内瑞拉继续罚失的馈赠，没有遵守凡是偶数轮一律罚失的惯例，最后赢得了这场点球大战。

　　这当然是玩笑。从赛后队员们懊丧不已的表情看，委内瑞拉其实非常希望赢得这场胜利。他们已经创造了历史，不仅仅是因为他们小组出了线，而更是因为他们是以三战三胜的战绩头名出线。这不仅意味着他们创造了历史，也意味着他们还将继续创造历史——小组第一将会遇上另一个小组的第二，这大致就避开了第一流的强队，进入四强的概率大增。当他们知道对手将是加拿大时，估计信心增加了不少。双方在历史上很少相遇，仅有的两次都战平了。从本届美洲杯的表现看，委内瑞拉还是更值得称道的。从某种意义上，这是一个天赐良机。

比赛开始后，委内瑞拉打得更加积极主动，不断通过两个边路推进到前场，然后吊向禁区，力图先攻破对方的城池。而加拿大人显然也是有备而来，他们的阵型设计更富有针对性。第14分钟，10号乔纳森·戴维带球突破到小禁区右侧，随后横敲，沙菲尔博格推射近角破门，加拿大1：0领先。此后不久，加拿大还利用委内瑞拉大举进攻、后防空虚的情势，直传乔纳森·戴维形成单刀，可惜射门有失水准，偏出不少。下半场，委内瑞拉队头号射手隆东上演了一个惊天吊射，不仅为委内瑞拉扳平了比分，也创造了美洲杯有记载以来的最远射门进球纪录。这个球，也成了这场激烈有余而精彩不足的比赛的最大亮点，完全可以竞争本届美洲杯的最佳进球，至少也应该评为五佳进球之一。

加拿大人靠着点球大战的胜利闯入了四强，也为北美球队在这一届在北美举行的美洲杯上挽回了颜面。毕竟四强中的阿根廷、乌拉圭和哥伦比亚都是南美球队。在旧大陆，欧洲杯已经变成了西欧杯，而在新大陆，你还不能说美洲杯变成了南美杯，因为——加拿大还活着。

"屠杀"的背后

2024 年 7 月 7 日　北京时间 06:00

哥伦比亚 vs 巴拿马

亚利桑那州格兰岱尔
州立农业体育场

　　哥伦比亚赢巴拿马，本在情理之中。但赢 5 个球，却是事先未能想到的。要知道，单看这一届美洲杯的表现，巴拿马并非等闲之辈。他们虽说第一轮输给了相当强势的乌拉圭队，但接着 2∶1 胜了世界排名远在自己之上的美国队，又以 3∶1 的比分胜了旗鼓相当的玻利维亚队，进 6 球丢 5 球，大开大合，敢爱敢恨，从进攻层面上看，绝非平庸之辈。但让人大跌眼镜的是，在淘汰赛上以大比分输哥伦比亚，创造了美洲杯开赛以来的最大分差。

　　在我看来，巴拿马之所以大比分输掉比赛，大致有 4 个原因：

　　第一，双方实力确有差距。从历史交锋来看，哥伦比亚队与巴拿马队互有胜负，没有明显的优势。但在最近的两场比赛中，哥伦比亚队都是以大比分获胜，占据了明显的上风。而且，哥伦比亚近来状态甚佳，本场比赛前，已经连续 27 场国际比赛保持不败，在世界杯南美洲预选赛中，又两次击败巴西，积分排在第三位。而巴拿马队虽然也有不错的表现，但整体实力与哥伦比亚队相比还是稍逊一筹。两军相遇，实力还是根本。

　　第二，两队打法相克。巴拿马队的足球风格与欧洲球队相似，注重整体，性格内敛，强调战术纪律，打传统意义上的防守反击较多，与典型的美洲风格有明显不同。面对激情如火、身体接触多、速度极快的哥伦比亚的冲击，整体对抗明显跟不上节奏。其实，更强调个人能力发挥还是更强调整体性，本来是"鱼大吃虾，虾大吃鱼"的事，谁充分发挥了自己的特点，谁就能抑制对方的发挥。从本场比赛看，哥伦比亚队员打得很放松，而巴拿马队员则动作发紧，进退失措，完全被对手抑制。

　　第三，过早丢球导致全线被动。开场仅 7 分钟，哥伦比亚就利用一次角球机会，由中锋科尔多瓦在人丛中头球抢点攻破了巴拿马队的大门。这个球并非一个很好的得分机会，但巴拿马后卫禁区内控制球的落点不力，出现了明显失误，居然被对方在人丛中觅得落点顶进球门。这个过早的失球，彻底打乱了巴拿马的攻防部署，使得善于打防守反击的他们只能压上去打阵地进攻，从而造成后防空虚而导致了更多的失球。

　　第四，对自身实力估计不足。小组赛的出色成绩，使巴拿马队高估了自身的实力，未能在面对强敌之时——即使是在丢球的情况下——仍然坚持稳守反击的战术，而是以一种鱼死网破的英雄气概，坚决地打起了他们所不熟悉的阵地进攻，于是，被速度奇快的哥伦比亚连续打反击，上半场就 0∶3 落后，最终导致大败。

　　在这场比赛中，哥伦比亚队展现了令人恐怖的攻击力量。他们的中场核心 J 罗本来近年来已经"泯然众人矣"，但在此场比赛中，表现出了较之当年巅峰状态有过之而无不及的状态和水平，立马中场，纵横捭阖，使人窥见当年巴尔德拉马的影子，以传球的穿透性和线路的长短结合而言，甚至更胜一筹。看 J 罗率领的这支哥伦比亚队，就连阿根廷这样的超一流强队，怕也要让上三分。也许，哥伦比亚队与阿根廷队之间的较量，就是冠亚军决赛。倘能有此一战，鹿死谁手，还真不好说。

悲情时刻

乌拉圭 VS 巴西

内华达州拉斯维加斯
忠实体育场

从巴西队小组赛战平哥伦比亚队以后，我就担心他们可能过不了乌拉圭队这一关。当然，我估计的是巴西队可能在 90 分钟的比赛中落败。现在，巴西输在了点球大战上，比我预想的情况要好一些。

本届美洲杯从一开始就似乎不利于巴西队。今年以来，巴西队在世界杯南美区预选赛中出现前所未有的三连败，积分已经落到了第六位。如果不是本届杯赛的扩军，他们已经跌出了直通区。赛前，队内一号主力内马尔因伤缺阵，只能作壁上观，对于既缺少信心又缺少凝聚力的巴西队而言，内马尔不在队中，可不仅仅是损失几脚射门或者几个进球的事。本届美洲杯分组，他们和最近状态奇佳的哥伦比亚分到了一起，头一轮就被多年来的手下败将哥斯达黎加逼平，幸而靠着拉菲尼亚的任意球，最终战平了哥伦比亚，只能以小组第二出线。到了淘汰赛，迎头就是同样大热的乌拉圭。倘是前些年，拿下对手自然不在话下。但这场，偏偏头号主力、皇马前锋维尼修斯又累计两张黄牌不能上场。巴西虽然坐拥豪华锋线，但大家各有情况，实力已经大打折扣。

巴西队主力前锋 11 号拉菲尼亚

令巴西队更为头疼的是乌拉圭队十分粗野的踢法。南美球队足球风格各异，相同的是动作大，侵略性强，比赛场面火爆，队员动作粗野，铲球多，拉拽多，甚至抱摔、踢人，不一而足。对于巴西这样以技术见长的球队，最怕的就是对人不对球的粗暴踢法。想当年巅峰时期的巴西队，虽然也经常面对粗暴的踢法和野蛮的后卫，但由于球队整合性更好，技术发挥流畅，尽管不免人仰马翻，但多数情况下总能让那些"屠夫"下脚慢上半拍。可是现在的巴西队，整合程度大不如前，遇到球风硬朗、对人不对球的风格，就难有作为了。

对巴西队这场比赛，乌拉圭队没有作出任何人员调整，依旧是常规主力首发。如果不过多地从球风球德的角度看问题，那么，乌拉圭队的战术意图非常清晰，那就是以强硬的防守，挤压巴西队的配合空间。从比赛的头一分钟开始，乌拉圭队便实行高位逼抢，前锋队员不惜力地奔跑，限制巴西队的出球线路，甚至逼得巴西队门将阿利松处理门球只能开大脚。在中场，乌拉圭也采取了小范围围抢、步步紧逼的战术，有效控制了拉菲尼亚、罗德里戈这样的快马冲起来。而乌拉圭一旦拿到球，就会以牺牲控球率为代价，迅速向前推进，能成功就侧打巴西队身后，丢了球就就地反抢，绝不因为害怕丢掉球权而放慢速度。由于乌拉圭队员十分凶狠的逼抢，巴西队一贯具有的行云流水般的配合变得支离破碎，让不断出现的争斗场面抢了风头。先是巴尔韦德断球时撞倒了自己下赛季的俱乐部队友恩德里克，随后在争吵的过程中，巴萨球员阿劳霍又把恩德里克撞倒，而阿劳霍在巴萨的队友拉菲尼亚则报复性地又把阿劳霍推倒。一时间，足球比赛变成了群体摔跤比赛。

乌拉圭队在比赛第 33 分钟就遭遇了本场比赛的第一个损失。在激烈争抢中，巴萨中卫阿劳霍拉伤了大腿肌肉，只能被马竞中卫希门内斯换下。此后，拉菲尼亚获得了一次绝佳单刀机会，但被乌拉圭门将罗切特封堵。整体上看，乌拉圭的凶狠逼抢极大限制了巴西队的活动空间。虽然拉菲尼亚的射门，对方前锋努涅斯的两次头球攻门略有些威胁，但也只能说是整个半场波澜不惊，巴西队谈不上有什么攻势。而乌拉圭队虽然封锁住了巴西队的大部分反击，但过于求快的心理导致在对方禁区前的进攻缺少配合，几乎没有对阿利松把守的球门构成什么威胁。

下半场的形势和上半场一模一样。双方的目的，尤其是乌拉圭的目的不是自己

把球踢好，而是让对方踢不好球。当然，在足球场上，一种令人生厌却又行之有效的所谓策略，就是"损人而不利己"——我不进球，但你也别进。第 71 分钟，乌拉圭队右后卫南德斯从侧后方放铲巴西队带球前锋罗德里戈，一开始主裁判只是出示了黄牌，但在 VAR 裁判提醒后，主裁判观看了视频回放，画面清晰显示南德斯的铲球直接铲到了罗德里戈的脚踝上，导致罗德里戈右脚踝弯曲。于是，主裁判改变判罚，直接出示红牌将南德斯罚下。这是一张毫无争议的红牌，也许该出现得更早一些。尽管巴西队在最后 15 分钟内多一人，造成对方完全变为守势，但巴西队也没有创造出太多机会，这段时间，居然只有恩德里克的一次远射。巴西人丢了射门靴，完全不知道如何把球"踢到对方球门里去"，这是比"何不食肉糜"还荒唐的事。我们记忆中的那些飘逸身影和梦幻进攻，全都变成了机械的跑动，痛苦的翻滚，仰天的长叹。

最终，当阿根廷人有大马丁关键时出手续命的时候，作为世界最佳门将之一的阿利松却未能挽救极速下滑的五星巴西。内马尔在看台上哭了，维尼修斯痛苦地抱住脑袋迟迟不肯抬头，这是盖世英雄的悲情时刻。当亚历山大在印度的泥沼里无奈宣布撤兵，当汉尼拔在梅陶罗河战役困守孤城最终逃回迦太基的时候，他们估计也都是这个表情。

放下最难

2024 年 7 月 10 日　北京时间 07:55

阿根廷 vs 加拿大

佐治亚州亚特兰大梅赛
德斯奔驰体育场

　　本届美洲杯，阿根廷再次面对加拿大。在揭幕战中，他们就已经"第一次握手"。那次，阿根廷兵不血刃，以 2：0 拿下比赛。足见纸面实力上，阿根廷要强于加拿大不少，这场半决赛应该没有悬念。但看了阿根廷对厄瓜多尔的比赛之后，我突然担心起阿根廷来了。这种心理，颇似阿根廷在卡塔尔世界杯上输给沙特之后的感受。原先觉得打墨西哥也罢，打波兰也好，本来不是问题，但一算账，两场球必须全胜，一胜一平都不行。我上大学时学过概率，深知即使阿根廷打其中任何一支队伍都有七成的把握，两连胜的概率也不足五成。也就是说，输了沙特之后，阿根廷最终能出线的概率其实不足五成。这样看上去，阿根廷目前并不保险。那么，对于当下的美洲杯，阿根廷要胜加拿大、乌拉圭或者哥伦比亚，其实胜率一定不足五成。如此，我的担心并不多余。

　　比赛的过程波澜不惊。上半场，两队都拿出了自己的实力。加拿大队打得兢兢业业，尤其是在防守上，已经针对阿根廷做了比较合理的布置。对阿根廷的进攻，防守反击是非常重要的手段，如果对方压上来打，只要他们后场有机会得球，基本

上就是快速一脚出球，打对手个措手不及。如果让他们阵地进攻，则要靠看准时机的直传——主要由梅西来完成，一点突破后，前锋既能直接射门，也能寻求禁区内的配合，策应后排插上的队友射门得分。所以，看比赛场面，阿根廷队的比赛是节奏最慢的。但一旦有了机会，全队就会发动起来，三传两倒就成了单刀。所以防阿根廷，一是不能全线压上，即使进攻丢球，前锋线也必须立刻回抢，抢上抢不上不打紧，关键是要减缓阿根廷反击的速度。二是全力控制梅西的传球线路，防止他常常匪夷所思的直塞。从今天这场球的场面看，前一点，加拿大人做得不错；后一点，则有些问题。其实他们对梅西的限制，已经足够严密，但防住了梅西，不等于防住了阿根廷无孔不入的直塞球。加拿大人丢的第一个球，就是由"影子梅西"德保罗传出的，阿尔瓦雷斯心领神会，极其灵动地跑位，就形成单刀。其实阿尔瓦雷斯的射门并不理想，左右都有更好的角度，他却选择打在对方守门员脚下，幸运的是，球正好穿裆而过。这个球，看形成进球，可以打100分，但在射门的选择上，只能打70分。阿尔瓦雷斯从优秀射手到超级射手的蜕变，需要提升的正是射门的时机与角度的把握。当然，对于加拿大这样的球队，要想防住整个阿根廷整体上的中路进攻，是不太可能的。他们想打败阿根廷，只能靠前锋进球，不能靠后卫不丢球。如果能先进球，后面就有扎紧篱笆的可能，在门前摆大巴，赌阿根廷打不进去，庶几可以赢或平球。

　　加拿大丢的第二个球，则更有些趣味。下半场刚开场，恩佐在禁区外获得机会大力射门，球贴地飞向球门中央，梅西在门前一蹭，皮球稍稍改变了飞行线路，径直蹿进了球门。有人说，这个球是梅西沾了恩佐的光。但这是没仔细看球，如果看得认真一点就能明白，守门员已经做出了扑救动作，球的线路又居中，如果梅西不蹭那一下，十有八九是进不去的。但就是梅西，在守门员非常近的距离内改变了球的线路，已经做出扑救动作的守门员完全来不及二次反应，才导致了进球。这个球算在梅西名下，当是合情合理。从某种意义上说，恰是梅西的经验和反应，才制造了这个进球。换成其他前锋，这个机会就可能丧失了。

　　阿根廷人以2∶0领先之后，加拿大人如梦初醒，打出了一波相当有水准的进攻，差点攻破阿根廷队的大门。如果他们从一开场就这样打，也许还能和阿根廷拼

阿根廷队主力前锋 11 号迪马利亚

个鱼死网破，但落后以后再追，遇到防守能力不亚于进攻能力的阿根廷，进攻就很难奏效了。起初何以不这样打，根本原因还是放不下。佛家讲放下，其实放下最难。对于加拿大队，唯一的机会是一上来就拼，力争先进球。但在没有失败之前，这样的主意很难拿。老百姓讲人想赢怕输，叫作"拿不起，放不下"。其实两军对垒，这种思想是主流。

对于广大梅西的粉丝来说，这场球不仅意味着阿根廷获胜，也意味着梅西创下了 6 届美洲杯都进球的纪录。比起射门 21 脚最终未有斩获的 C 罗，梅西又一次占了上风。但整场比赛下来，看到的是实力下降不少的梅西，令人喟叹。无论如何，阿根廷最终闯入决赛，这是一个好的结局。在这个好结局总是稀缺的时代，梅西和他的阿根廷给了全世界的球迷最好的抚慰：梦想还是要有的，万一实现了呢？

为乌拉圭一叹

2024 年 7 月 11 日　北京时间 08:00

乌拉圭 vs 哥伦比亚

**北卡罗来纳州夏洛特
美国银行体育场**

　　美洲杯十六强分为 ABCD 4 个组，AB 组为上半区，CD 组为下半区。两个半区中的两个小组，各有前两名出线，半区内交叉，再交叉，打出半区第一，与另一半区的第一，争夺冠军，两个半区的第二名，争夺杯赛的第三名。从最初的分组看，也是结合了以往的战绩和世界排名，从理论上讲，是把强弱不同的队伍均匀分配到各组之中。但小组赛 3 轮打下来，发现真正的强队其实就 4 支：阿根廷、巴西、哥伦比亚、乌拉圭。但不平衡的是，如同侯宝林传统相声《空城计》中描述不熟悉戏曲表演的主人公跑龙套站错了队一样，变成了"一边一个一边仁儿"。上半区，真正的强队只有阿根廷，巴西、哥伦比亚和乌拉圭，全挤到了下半区——仿佛苍天有眼，要让阿根廷夺冠。

　　当然，阿根廷真要夺冠，下半区三强还得碰一个，但能占点规则的便宜，这是肯定的。毕竟，乌拉圭先碰巴西，无论谁胜，都要再碰哥伦比亚，才有可能和阿根廷会师决赛。比赛的强度导致的体力消耗、队伍伤病乃至红黄牌减员，都是客观存在的。无独有偶，同时在德国举行的欧洲杯，也遇到了同样的情况。小组赛战罢，

哥伦比亚队主力前锋 7 号迪亚斯

上半区集中了德、法、西、意、葡五大高手，而下半区只有英、荷两支强队。

在美洲杯这样的竞争格局中，相对最为吃亏的就是乌拉圭。他们在四分之一决赛中遇到了巴西这样的劲敌，90分钟鏖战拼成1∶1，靠点球决战侥幸取胜后迎头又碰上了实力不凡、状态奇佳的哥伦比亚。好比《水浒传》中写武松费尽浑身气力打死"吊睛白额大虫"，挣扎着下山，却迎头又碰上一只大虫，禁不住大喊"我命休矣"。不过，武松下山碰上的，是猎户扮演的假老虎，而乌拉圭碰上的，却是J罗率领下大杀四方的真老虎——哥伦比亚队。

这是一场激烈的比赛。双方都力图"先下手为强"，通过快速而相对粗糙的进攻攻破对方的城池。而同时，双方也都以"拒敌于国门之外"的姿态，在球场每一寸土地上展开激烈争夺。身体侵犯随时可见，每一分钟都可能人仰马翻，把南美足球的火爆性展露无遗。上半场第34分钟，乌拉圭6号队员本坦库尔就因伤被替换下场。

相比之下，技战术水平的充分发挥已经不那么重要，重要的是要把战火烧到对方的半场。哥伦比亚队更多地采取大脚长传寻找前锋，然后全体压上的战术，而乌拉圭则更多地通过层层快速传递打对方禁区的两翼。但由于双方都不惜力地奔跑，上抢积极，因而球权反复交换。为数不多的射门机会，也因为前锋队员心情的急躁而放了高射炮。

全场唯一的进球出现在上半场第39分钟。J罗在右路开出的角球准确地找到了埋伏在后点的16号莱尔马，这位水晶宫中场高高跃起，以一个反弹球将球顶入乌拉圭大门。哥伦比亚在前面所有的比赛中，都在上半场就取得了进球。这一场面对实力强劲的乌拉圭，他们也照样保持了这个规矩。这是莱尔马在本届美洲杯取得的第二个进球，而且是更重要的那一个。J罗在美洲杯单届实现6次助攻，打破了梅西的纪录。这是梅西般的领袖才能享有的纪录。

失球后，乌拉圭队员变得更加急躁，双方的身体侵犯也进一步升级。上半场补时阶段，哥伦比亚右后卫6号穆尼奥斯肘击对手两黄变一红被罚下。在下半场的时间里，哥伦比亚虽然领先，却只能以10人应战。

下半场，双方动作更大，裁判员频频出示黄牌。第67分钟，乌拉圭队换上老

将苏亚雷斯，力图挽回败局。苏亚雷斯登场后，很快就盘活了前场的进攻。不久，他就在禁区内抢点射门，可惜打中门柱，错过了扳平比分的绝佳机会。最终 10 人应战的哥伦比亚保住了胜利成果，整个杯赛都表现优异、甚至淘汰了巴西队的乌拉圭只能饮恨于决赛大门之外，他们将与加拿大队争夺本届杯赛的第三名。

本场比赛中，裁判员出示了 1 张红牌、7 张黄牌，这还是在南美裁判员普遍执法尺度较为宽松的情况之下。南美洲足球这种火爆到无法表现技术与战术的比赛场面，很难用足球比赛必要的激烈来解释。南美足球近些年呈现出一种缓慢但持久的衰落趋势，当然不能完全归咎于粗野的比赛，但恐怕粗野的球风也是重要原因。我们该要什么样的足球？对南美洲，对全世界的球迷，这是一个不得不说的话题。

感谢苏牙

2024 年 7 月 14 日　北京时间 08:00

乌拉圭 vs 加拿大

**北卡罗来纳州夏洛特
美国银行体育场**

在多数球迷的心目中，大赛的三四名决赛形同鸡肋。虽然世界杯、美洲杯还保留着这场比赛，欧洲杯已经去掉了。以往，我的习惯是不看三四名决赛的，尽管由于双方均无太大心理负担，所以球踢得会更加好看。但谁会看一场没人关心结果的比赛呢？

但错过今年美洲杯的这场比赛，我是充满了遗憾的。原因很简单，苏亚雷斯在最后阶段出场，并且打进了扳平的一球，最终帮助乌拉圭获得了杯赛的第三名。

在两年前的世界杯上，苏亚雷斯还是球队的绝对主力。在乌拉圭最后对加纳队的比赛中虽然获得胜利，却因葡萄牙输给韩国而遭到淘汰之后，我曾经在关于这场比赛的札记最后写到：

再见，苏牙，

谢谢，苏牙。

我以为，那场球之后，再也看不到苏亚雷斯在世界大赛上的身影了，遂有那样的感慨。但本届美洲杯，我在乌拉圭队的名单里看到了苏亚雷斯的名字，不禁一阵

欣喜。不过，乌拉圭在前几场比赛中，由于锋线人才济济，苏亚雷斯上场的时间极为有限，几乎没有看到他的身影。这一场，虽然我没有看现场直播，但通过回放全场录像和进球集锦，我不仅看到了苏亚雷斯在球队1∶2落后的情况下，攻入扳平一球的关键时刻，也看到了他作为球队的场上队长出来挑边的过程，最终，还看到他攻入本队最后一个点球，成功帮助球队点球战胜加拿大队的情景。

这一次之后，苏亚雷斯肯定将退出国家队，本届美洲杯大赛的舞台上，今夜极有可能是苏亚雷斯真正的绝唱。以这样的方式结束自己的国家队生涯——打入一粒进球并罚中一个点球，是一件值得纪念的事情。这是无比美好的时刻，也是无比温暖的时刻。这样的时刻，我们应该感谢足球，分享美好和温暖的，是足球自身，和一切热爱足球的人们，包括苏牙，也包括梅西和C罗，姆巴佩和亚马尔。

梅西的哭泣与欢笑

　　比赛比预定时间推迟了 80 分钟开始。据报道，原因是大批无票球迷要强行闯入，导致大量有票的球迷进不了场。这是个相当有趣的情节。很多人认为美洲杯不如欧洲杯，我觉得这个事件既可以做证明，也可以做反证。证明是说，你看，他们的组织工作太次了，球迷有票都入不了场，只好推迟比赛。反证是说，你看比赛多受欢迎，没票的球迷都一定要进去看。

　　尽管我也相信，这些球迷有不少是支持哥伦比亚队的。但我更相信，绝大多数球迷——包括那些没票却一定要闯进去看看的球迷，恐怕还是冲着梅西才来看比赛的。我的这个判断来自一个亲身经历的直观印象，去年，阿根廷与澳大利亚在北京举行了一场友谊赛，本人有幸在现场观看了比赛。难以想象的是，全场至少有一半观众都穿着梅西的 10 号球衣，还有少量穿着阿根廷队服的，仔细一看是迪马利亚的 11 号球衣，阿根廷队别的号码的球衣，据说也有。澳大利亚的球衣，一件也没见着——不知道奥塔门迪阿尔瓦雷斯恩佐德保罗劳塔罗们目睹此景作何感想。不身临其境，很难想象那种身处成千上万个梅西中间的压迫感。以此具身感受，我也能

想象昨天晚上迈阿密的情景。成千上万的人呼喊着一个名字，希望远远地看他一眼，只要他能向自己的方向瞟上一眼，就会引发山呼海啸般的狂欢。

这一届美洲杯，可以毫不夸张地称为梅西的美洲杯。尽管梅西已经参加了5届美洲杯，进了许多个球，助攻了无数次，在率队连续两届获得亚军之后，上一届不仅获得冠军，自己还获得了最佳射手、最佳助攻手和最有价值运动员奖，但从来不像这一届美洲杯，各种安排都围绕着梅西来展开。小组分组抽签，阿根廷队获得的差不多是上上签，只要他们自己不犯迷糊，打进决赛是没太大问题的——当然他们也迷糊了一下，差点被厄瓜多尔拉下马。而决赛放在迈阿密，傻子都明白，那是梅西的主场。主办方希望通过梅西来提高美洲杯的社会影响力和市场号召力，用心毫不掩饰。当然，对于全球无数的梅粉而言，只要一直能看梅西出场的阿根廷，什么样的用心并不重要。

但如果以场上表现论，本届美洲杯就不能说是梅西的美洲杯。阿根廷打了6场比赛，梅西只踢了4场半，在笃定获得小组第一的情况下，小组赛第三轮对秘鲁，梅西被雪藏。最后的决赛，梅西无奈伤退。4场半比赛交出的答卷，是1个进球1个助攻，过人24次，传中17次成功8次，传球161次成功141次，除了过人数排第一外，其他均未进入前十。除了集体荣誉冠军，梅西也没有获得个人荣誉。赛会金球给了亚军球队哥伦比亚的领袖J罗，在我看来这是实至名归的选择。金靴奖属于劳塔罗，对于这位意甲最佳射手经历过的风风雨雨，这一荣誉的意义远远超过了它本身。

比赛并不好看，过于粗野的动作不仅让比赛支离破碎，也让双方都无法流畅地打出自己熟悉的东西。这令我们无比担心，这种过于粗野的足球文化——如果它也配被称为一种文化的话——将迟早毁掉南美足球。这一届美洲杯和欧洲杯同时举行，我不知道美洲杯的主办方有没有要与欧洲杯比个高低的意思，但即使有，我们也只能遗憾地说，就比赛的质量乃至观赏性，美洲杯完败于欧洲杯。主办方希望梅西能够拉动美洲杯的影响力可谓煞费苦心，但梅西带动一个阿根廷已经力不从心，带动美洲杯则完全没有可能。而导致美洲杯令人反感最多的，就是这种把足球比赛打成拳击比赛和摔跤比赛的恶劣的足球文化。这是一种把包括美洲杯在内的美洲足球拉向深渊的力量，造成梅西在最后一届美洲杯中途下场、泪洒看台的，也是这种可耻的力量。

论双方的纸面实力，哥伦比亚和阿根廷本不在一个水平线上。截至2023年底，阿根廷队的世界排名高居第1位，而哥伦比亚队只位居第14位，差距不小。但从预赛以来5场比赛的表现看，哥伦比亚在比赛的场面上至少不差于阿根廷，他们总共打入12个进球（其中有3个点球），在所有球队中排第一位。就在这场决赛中，他们交出的数据也好于阿根廷，其中进攻数131对92，危险进攻50对47，控球率56%对44%，射门18次对11次（其中射正球门4次对6次，阿根廷更好），角球7次对4次。但数据无法反映的是比赛支离破碎的程度。其实，对于现代社会背景下的一场体育比赛而言，最重要的不是双方各自攻防的水平，而是双方合作呈现出来的美感。

阿根廷的首发基本派出了他们现有的最强阵容，马丁内斯依旧把守大门，罗梅罗和利桑德罗搭档中卫，蒙铁尔和塔利亚菲科在两侧，中场恩佐、德保罗和麦卡利斯特坐镇，迪马利亚位置稍微靠前，锋线梅西搭档阿尔瓦雷斯。哥伦比亚方面，哈梅斯·罗德里格斯坐镇中场，与路易斯·迪亚斯和阿里亚斯组成中场攻击线，科尔多瓦一人突前。两队的排兵布阵针锋相对。

比赛刚开始，阿根廷就利用他们快速简练的传切配合，三传两倒就打到了哥伦比亚的禁区。不到一分钟，阿尔瓦雷斯就在禁区右侧完成了第一脚射门，虽然打偏，也惊出哥伦比亚一身冷汗。此后，阿根廷人采取高位逼抢，全力压上，力争打在前面，完全占据了场上的主动。哥伦比亚如梦初醒，立刻以牙还牙，采取高位逼抢的方式抢回比赛的主动权。第5分钟，路易斯·迪亚斯接队友长传，前场左路得球后带进阿根廷禁区，他一脚贴地抽射，打得太正，被马丁内斯得到。第14分钟，麦卡利斯特背后踢倒J罗，哥伦比亚获得前场任意球，J罗把球吊进禁区，但落点靠近门将，被马丁内斯出击摘下。第20分钟，迪马利亚左路传中，梅西中路包抄左脚推射，球打在阿尔瓦雷斯身上折射后速度变慢，被对方门将得到。这是梅西全场第一次射门。

第33分钟，哥伦比亚队差点打破僵局。整个赛事都表现优异的莱尔马禁区外

右脚抽射，幸得马丁内斯指尖稍稍捅到皮球改变路线，球擦柱而出，惊出阿根廷人一身冷汗。接着，J罗主发左侧角球传中，科尔多瓦头球攻门顶正。第36分钟，梅西下底传中球出底线，他在场外和对方阿里亚斯身体碰撞后脚踝受伤，倒地无法起身，队医进场紧急处理后，梅西重新回到比赛。但伤情的阴影已然种下。第41分钟，J罗射门被挡，里奥斯离门30米开外一脚贴地远射，虽然打正但没发上力，马丁内斯倒地抱住。第44分钟，塔利亚菲科带球突破被撞倒，梅西左前场任意球吊进禁区，塔利亚菲科头球冲顶顶高。整个上半场，双方激烈对攻，都创造了一些不错的机会，但由于临门一脚欠佳，门将发挥出色，双方都未能攻破对方的城池，0：0互交白卷。

下半场易边再战，双方都没换人。第47分钟，J罗左路传中，门前科尔多瓦头球摆渡，阿里亚斯在禁区右侧跟进小角度抽射，球稍偏出左门柱。第58分钟，迪马利亚小角度推射被巴尔加斯挡出。梅西右侧角球发到对方禁区，被哥伦比亚后卫顶出。第63分钟，梅西脚下一滑，在无人接触的情况下倒地。无法坚持的他在接受队医检查后一瘸一拐走到场边，被尼古拉斯·冈萨雷斯换下。

尽管梅西的足球生涯曾经多次经历中途换下，其中也有不少是受伤后下场，但这一次，却基本可以肯定是他永远告别美洲杯赛场了。因为这是决赛，本届美洲杯梅西不可能再上场了，而下届美洲杯时，梅西已经41岁，连是否参加两年后的世界杯都犹豫不决的他，绝不可能再参加4年后的美洲杯了。谁也料想不到，每一次世界大赛的决赛都打到最后一分钟的梅西，就这样告别了美洲杯。回到替补席的梅西难过得双手掩面痛哭，泪流满面。这将是足球史上的一个经典时刻，再现无数叱咤风云的英雄所经历过的悲情时刻，也展示了不屈的奋斗精神和冷酷命运之间永恒的张力。很多年以后，我们都会想起这个瞬间，看着在足球场上无往而不胜的梅西像个孩子一样无助地哭泣，最坚硬的顽石也会变得柔软起来。

场上，比赛仍在火爆继续。第72分钟，蒙铁尔也受伤离场，莫利纳替补出战。第75分钟，恩佐分球到左侧，塔利亚菲科插上得球后禁区左侧倒三角传中，冈萨雷斯包抄铲射破门，但塔利亚菲科接球前越位，进球被吹。阿根廷错过了一次领先的机会。第87分钟，迪马利亚右侧角球传中，罗梅罗后点凌空扫射没踢正。90分钟比赛结束，双方谁也未能破门，就像我们曾经想象的那样，比赛进入加时赛。

第 91 分钟，体力已经严重透支的 J 罗被换下，金特罗替补出场。这样，两队中的头牌球星此刻都只能坐在替补席上作壁上观。第 95 分钟，迪马利亚边路直塞，德保罗禁区右侧横传，无人防守的冈萨雷斯后点跟进推射，皮球被巴尔加斯倒地抱住。难得的是，两年前卡塔尔世界杯上只有多半场体力的迪马利亚这次直到加时赛仍然保持了旺盛的斗志，令人敬佩。

第 109 分钟，博尔哈禁区左侧劲射被利桑德罗挡出底线。左侧金特罗角球传中，前点被阿根廷后卫头球解围。第 112 分钟，加时赛替补出场的两名阿根廷队员之间完成配合进球。洛塞尔索送出直塞，劳塔罗禁区右侧面对出击的巴尔加斯推出一记半高球进网，阿根廷 1：0 领先。卡塔尔世界杯时，洛塞尔索因伤缺阵，而劳塔罗则因为屡屡"吐饼"备受质疑。此时此刻，两个卡塔尔世界杯上的失意球员开始了他们的惊艳表演，洛塞尔索传出了至今为止一生中最重要的一个球，劳塔罗也打入了他一生中最重要的一个进球。

此后，尽管双方仍在努力拼杀，但所有目睹此景的人都明白，哥伦比亚人已无力回天，阿根廷人又赢了。继西班牙 2008 年、2010 年、2012 年连续夺得欧洲杯、世界杯、欧洲杯"三明治式"大赛冠军之后，阿根廷人又一次复制了这个奇迹。巧合的是，就在几个小时前，西班牙队在刚刚结束的欧洲杯决赛上战胜英格兰夺得冠军，他们也只赢了一个球。两队都创造了新的历史。西班牙队以 4 次欧洲杯冠军的战绩超越德国独享夺冠次数最多的荣誉，而阿根廷队则以 16 次美洲杯冠军的成绩超越乌拉圭，独享夺冠次数最多的荣誉。这个夜晚，两支代表着世界足球最高技术水准的球队都创造了自己新的历史。

耐人寻味的是，劳塔罗进球之后，第一个跑向替补席上笑逐颜开的梅西，两人紧紧拥抱，仿佛进行着某种古老而神秘的仪式。这是一个没有梅西直接参与的进球，但显然就这支阿根廷队而言，梅西无处不在。在斯卡洛尼开始执掌球队，打造一支以梅西为绝对核心的球队时，梅西在队中一直发挥着三重作用。首先，他是球队第一攻击手，拥有在基本进攻套路下的无限开火权，任何进攻队员都有责任为梅西传球，替梅西策应。事实上，上届美洲杯和卡塔尔世界杯头号射手的收获，已经证明了梅西，也证明了阿根廷这一战略思想的成功。其次，梅西也是球队重要的进攻组

织者。他经常游弋于中路偏左一带，与边路进攻球员和前腰队员密切互动，选择合理的进攻方向，并伺机作出致命一传。梅西承担的这前两项任务本是互相矛盾的，如同一个人不能既讲课又听课，既当厨师又当食客。事实上，这是迄今为止大多数能称得上伟大的球员都没能做到的事情，或许只有不长一段时间的马拉多纳差可比拟。但在无数次阿根廷的重要比赛中，梅西常常是把最佳射手和最佳助攻的荣誉集于一身。最后，梅西也是阿根廷队的精神领袖。阿根廷从来不缺乏好球员，事实上，由于南美人独特的个性特征，影响巴西、阿根廷这样伟大的球队出成绩的因素，往往不是缺少优秀球员，而是优秀球员太多而互相不能团结。其实，如果单论纸面实力，2006 年甚至 2010 年阿根廷的世界杯阵容，都好于现在这支队伍。但就是这支算不上顶级的队伍，在充分发挥了梅西的领袖作用后，就能充分发挥每个人的才能，激发出巨大的创造力，夺取"三明治式"的非凡成就。本届美洲杯，虽然因为年龄的原因，梅西第一个作用已经大大弱化，但第二个、第三个作用仍然无所不在地发挥着。到了决赛，梅西因伤下场，第一个、第二个作用都不能发挥了，但只要梅西坐在场边，就会激发出全队强悍的战斗力，迪马利亚以 36 岁高龄打满加时赛，劳塔罗进球后第一个跑向梅西，就是梅西激发起的这种无形战斗力的明证。

阿根廷队获得了最后的胜利。颁奖仪式上，作为队长的梅西在领奖的时候，召唤 36 岁的奥塔门迪和同样 36 岁的迪马利亚和他一起接过奖杯。这是一个极具象征性的时刻。以他们三人为代表的老一代阿根廷球员终将退出历史舞台，而以劳塔罗、阿尔瓦雷斯、恩佐为代表的新生代球员必将接过接力棒，续写新的辉煌。梅西以这样的方式表达拳拳之意，令人动容，也发人深省。

数字美洲杯

● **2024 年美洲杯最佳阵容（4-3-3 阵型）**

门将：达米安·艾米莉亚诺·马丁内斯（阿根廷）

后卫：马·丁·因卡皮耶（厄瓜多尔）、马卡西米利亚诺·阿劳霍（乌拉圭）、克里斯蒂安·罗梅罗（阿根廷）、丹尼尔·穆尼奥斯（哥伦比亚）

中场：亚历克西斯·麦卡利斯特（阿根廷）、费德里克·巴尔韦德（乌拉圭）、哈梅斯·罗德里格斯（哥伦比亚）

前锋：里奥·梅西（阿根廷）、萨洛莫·隆东（委内瑞拉）、劳塔罗·马丁内斯（阿根廷）

●进球

本届美洲杯共打进 70 球（其中有 1 粒乌龙球），平均每场比赛 2.19 球，每 43.69 分钟打进 1 球。一共有 51 名球员在本届美洲杯取得进球，其中打进 5 球的 1 人，3 球的 1 人，打进 2 球的 13 人，打进 1 球的 35 人。

●平局

本届美洲杯出现了 8 场平局，其中有 5 场平局诞生于小组赛中。另外还有 3 场平局出现在淘汰赛中，分别是阿根廷 1：1 厄瓜多尔、委内瑞拉 1：1 加拿大以及巴西 0：0 乌拉圭。

●美洲杯金靴

劳塔罗·马丁内斯（阿根廷，5 球）

●美洲杯助攻王

哈梅斯·罗德里格斯（哥伦比亚）6 次助攻

●美洲杯最佳球员

哈梅斯·罗德里格斯（哥伦比亚）

●美洲杯进球 TOP5 球队

1. 哥伦比亚 7 场比赛进 12 球
2. 乌拉圭 6 场比赛进 11 球
3. 阿根廷 6 场比赛进 9 球
4. 委内瑞拉 4 场比赛进 7 球
5. 巴拿马 4 场比赛进 6 球